Die Zeitungsmacher

Stephan Weichert • Leif Kramp
Martin Welker

Die Zeitungsmacher

Aufbruch in die digitale Moderne

 Springer VS

Stephan Weichert
Hamburg, Deutschland

Martin Welker
Leipzig, Deutschland

Leif Kramp
Bremen, Deutschland

ISBN 978-3-658-02103-0   ISBN 978-3-658-02104-7 (eBook)
DOI 10.1007/978-3-658-02104-7

Die Deutsche Nationalbibliothek verzeichnet diese Publikation in der Deutschen Nationalbi-
bliografie; detaillierte bibliografische Daten sind im Internet über http://dnb.d-nb.de abrufbar.

Springer VS

Gedruckt auf säurefreiem und chlorfrei gebleichtem Papier

Springer Fachmedien Wiesbaden ist Teil der Fachverlagsgruppe Springer Science+Business Media
(www.springer.com)

*Dieses Buch ist unserer Kollegin,
Mitarbeiterin und Freundin
Annette Hügel gewidmet,
die im Juli 2013 verstarb.*

Vorwort

Die vorliegende Repräsentativbefragung ist eine Gemeinschaftsproduktion: Sie ist im Rahmen eines langjährigen Forschungszusammenhangs entstanden, der unter dem Titel „Statusreport Medien" Situation und Perspektiven des Journalismus in Deutschland auslotet. Die Studie „Die Zeitungsmacher" wurde von den Autoren dieses Bandes in Kooperation mit dem Marktforschungsinstitut YouGov Deutschland AG umgesetzt, das mit der operativen Durchführung der telefonischen und schriftlichen Fragebogenerhebung beauftragt war. Neben der gemeinsamen Erstellung des Fragebogens setzten die Verfasser unterschiedliche Schwerpunkte: Stephan Weichert und Leif Kramp zeichneten für die Gesamtkonzeption der Studie sowie für das Forschungsdesign verantwortlich sowie auch für die Einwerbung der Drittmittel, die für die Umsetzung des Projekts erforderlich waren. Martin Welker war insbesondere federführend bei der Auswertung der empirischen Datenerhebung und weitgehend verantwortlich für die Ausformulierung der Befragungsergebnisse in Kap. 4.

Diese Studie verdankt ihre Realisierung der Unterstützung folgender Personen und Förderern: Wir danken zuallererst der Stiftung Pressehaus NRZ und ihrem Geschäftsführer Heinrich Meyer als Hauptförderer sowie der Otto-Brenner-Stiftung und ihrem Geschäftsführer Jupp Legrand sowie der FAZIT-Stiftung als Ko-Förderer des Forschungsprojekts. Alle drei Stiftungen haben die Studie mit Fördermitteln großzügig unterstützt – und ohne sie wäre deren Umsetzung schlicht nicht möglich gewesen.

Danken möchten wir auch Holger Geißler und Cornelius Blome von YouGov Deutschland für die professionelle Kooperation während der Datenerhebung. Weiterer Dank für ihre Mitarbeit gebührt der verstorbenen Sozialwissenschaftlerin Annette Hügel, der dieses Buch gewidmet ist, und Romy Kupfer für ihren unterstützenden Einsatz bei Recherchen, der Auswertung von Befragungsdaten und weiterer Hilfstätigkeiten. Dr. Sigrun Lehnert (Hamburg Media School) danken wir schließlich für die kritische Durchsicht und die Formatierung des Manuskripts. Und nicht zuletzt sind wir Barbara Emig-Roller zu Dank verpflichtet für die – wie immer – angenehme Zusammenarbeit.

Wir hoffen, mit unserer repräsentativen Datenerhebung, den theoretischen Herleitungen, aber vor allem auch mit den darauf aufbauenden Schlussfolgerungen und Handlungsempfehlungen einen wichtigen Beitrag zur Verbesserung der Förderung und des Managements von Innovationen in deutschen Zeitungsverlagen zu leisten.

Hamburg, Bremen, Mannheim
Stephan Weichert, Leif Kramp und Martin Welker
im August 2014

Inhalt

Verzeichnis der Abbildungen

Verzeichnis der Tabellen

Einleitung: Presse im Aufbruch – das Innovationsdilemma deutscher Zeitungsverlage

> *„Die Zeitung ist die Verkünderin der Wahrheit oder eine*
> *Lügen-Trompete, ein Werkzeug des Guten wie des Bösen, je*
> *nachdem sie geleitet wird; die Zeitung hat manches Bestehen-*
> *de in Trümmern gelegt, aber vielleicht ist sie auch im Stande,*
> *aus dem Schutte wieder ein Neues Gebäude aufzuführen."*
> *(Théodore César Muret 1839)*

Am 20. Februar 2013 trifft Mathias Döpfner, Vorstandsvorsitzender der Axel Springer SE, pünktlich um kurz vor 16 Uhr im Foyer des Paul-Löbe-Hauses im Berliner Regierungsviertel ein. Monika Grütters (CDU), die damalige Vorsitzende des Bundestagsausschuss für Kultur und Medien und heutige Kulturstaatsministerin im Kabinett Angela Merkel, begrüßt Döpfner aufs Herzlichste. Die anwesenden Pressefotografen nutzen die Gelegenheit zum schnellen Gruppenbild der versammelten Verlagsprominenz: Neben Döpfner sind eigens Julia Jäkel (Vorstandsvorsitzende Gruner+Jahr), Rainer Esser (Geschäftsführer Zeit Verlag), Christian Nienhaus (ehem. Geschäftsführer WAZ-Mediengruppe) und Ulrich Lingnau (Geschäftsführer Chemnitzer Verlag) zu einem Fachgespräch angereist, in dem es laut Tagesordnung um die zukünftige Sicherung des Qualitätsjournalismus gehen solle. Der Insolvenzantrag der *Frankfurter Rundschau* und die vollzogene Einstellung der *Financial Times Deutschland* hatten unlängst dafür gesorgt, dass die öffentliche Debatte zur Talfahrt der Presse noch einmal hochkochte.

Die öffentliche Sitzung des einberufenen Gremiums in Saal E.300 verläuft jedoch anders als erwartet: Entgegen der Leitfragen, die das Sekretariat des Ausschusses für Kultur und Medien vor der Veranstaltung an alle Teilnehmer verschicken lässt, dreht sich die spätere Debatte fast ausschließlich um ein neu einzuführendes Immaterialgüterrecht zum Schutz des geistigen Eigentums der Verlage, das zehn Tage später im Bundestag auf der Tagesordnung zur Abstimmung steht – das sogenannte Leistungsschutzrecht. Der Tenor der Befürworter, als deren Sprecher

Döpfner in dieser Ausschussdebatte agiert, lässt sich einem Satz zusammenfassen: Ohne ein Leistungsschutzrecht ist die Zukunft der Presse ernsthaft in Gefahr! Die Geschäftsführer machen im Verlauf der gesamten Debatte entsprechend deutlich, dass es ihren Häusern nach wie vor an einem tragfähigen Geschäftsmodell im Netz fehle und das Leistungsschutzrecht schon aus diesem Grund zur „Schicksalsfrage" für die Verlage werde, wie Döpfner es unmissverständlich ausdrückt.[1]

Zwar erwarte man keine Subventionen vom Staat, wie auch Rainer Esser während der Sitzung beipflichtet, weil diese seiner Ansicht nach „faul und träg und vor allem abhängig" machten. Stattdessen müssten faire Wettbewerbsbedingungen gewährleistet werden, so dass die journalistischen Leistungen der Zeitungen genauso geschützt würden, wie es beispielsweise in der Film- oder Musikbranche schon lange üblich sei. Andernfalls werde man „in einigen Jahren vor den Ruinen der Presselandschaft stehen", glaubt Esser – und fordert von der Politik zugleich: „Schützen Sie uns vor den Datenkrallen aus Silicon Valley". In dasselbe Horn stößt Julia Jäkel, die von der Deutschen Bundesregierung verlangt, weiterhin Rahmenbedingungen zu schaffen, „dass wir guten Journalismus machen können". Die Frage sei für sie, ob sich eine demokratische Gesellschaft eine Zukunft ohne Qualitätsjournalismus leisten könne. Ähnlich argumentiert Ulrich Lingnau: „Wenn wir nicht mehr antreten, wenn keiner mehr da ist, findet auch keine Demokratie mehr statt." Christian Nienhaus macht den Vorschlag, die Mehrwertsteuer für Presseerzeugnisse auf null zu senken und fordert, die publizistischen Möglichkeiten öffentlich-rechtlicher Anstalten im Internet einzuschränken.

Die in der Sitzung außerdem eingebrachten Vorschläge für Stiftungsmodelle, eine erweiterte Haushaltsabgabe oder alternative Finanzierungsformen wie das Crowdfunding lehnten die anwesenden Verleger vehement ab. Döpfner bezeichnete diese Ansätze als „Alptraum" – sie seien das, „was wir nicht brauchen". Stattdessen forderten die Verlage die anwesenden Politiker auf, das Leistungsschutzrecht zu verabschieden. „Weitgehende Einigkeit" in der Ausschusssitzung stellte später der Presse- und Dokumentationsdienst des Bundestages fest – erwähnte aber nicht, dass die Chance vertan wurde, über ernsthafte Finanzierungsalternativen für den Qualitätsjournalismus zu sprechen (vgl. Weichert 2013b).

Dass die Mahnungen und Monita der namhaften Verlagsvertreter nach staatlichen Eingriffen während der zweistündigen Sitzung des Bundestagsausschusses nicht überhört worden waren, zeigte sich bereits wenige Tage später: Trotz teils großer Bedenken aus den Reihen der Opposition, aber auch seitens einiger Akteure aus der Medienbranche wie der Berliner „Initiative gegen ein Leistungsschutzrecht" (IGEL,

---

1 Vgl. Kap. 2.1. Zum Protokoll dieser Sitzung und weiterer Sitzungen aus dem Jahr 2011 vgl. Deutscher Bundestag 2011; 2013.

vgl. dies. 2010), wird das umstrittene Gesetz am 1. März 2013 mit 293 Ja-Stimmen zu 243 Nein-Stimmen im Bundestag knapp verabschiedet. Fünf Monate später tritt das Schutzrecht in Kraft, mit dem die Verlage juristisch gegen Google und andere Suchmaschinenbetreiber sowie Internetportale vorgehen wollen, die digitale Aggregationstechnologien nutzen, um Werbeeinnahmen mit Inhalten zu erzielen, die urheberrechtlich betrachtet den Verlagen gehören. Es geht um ein Gesetz, dem schon vor seiner Einführung nachgesagt wurde, dass es die eigentlichen Probleme der Verlagsbranche offenbar gar nicht lösen kann (vgl. Lischka/Reißmann 2013).

Die verlegerische Elefantenrunde in Berlin als reines medienpolitisches Kräftemessen abzutun, würde zu kurz greifen. Auch handelt es sich eben nicht (nur) um einen verzweifelten Hilferuf nach staatlichem Protektionismus unter dem Druck der Pressekrise. Nach den Hiobsbotschaften aus deutschen Zeitungshäusern, die seit einigen Jahren kein Ende nehmen wollen, geht es um erheblich mehr als reflexhafte Durchhalteparolen der Verlage oder Lippenbekenntnisse der Politik. Vielmehr offenbart die verlagsseitig geführte Scheindebatte um die künftige Finanzierung des Qualitätsjournalismus, warum die meisten Zeitungsverlage derzeit argumentativ einem logischen Zirkelschluss aufgesessen sind: Sie suggerieren, dass mit dem Ende gedruckter Periodika automatisch die Existenz des Qualitätsjournalismus auf dem Spiel stünde.

Das sich hierin abzeichnende Dilemma steht stellvertretend für die gesamte Zeitungsindustrie, nicht nur in Deutschland: Noch deutlicher als zum Zeitpunkt der Ausschusssitzung im Februar 2013 bildet sich inzwischen heraus, dass viele Verlagshäuser dabei sind, sich selber abzuschaffen, indem sie ihr Kapital, also den hochwertigen Journalismus, der ihnen jahrzehntelang exzellente Renditen und ein ausgesprochen hohes gesellschaftliches Renommee beschert hat, ausdünnen. Da sich mit ebendiesem Journalismus im Internet bislang kein Geld verdienen lässt, steht ihr Status als Rückgrat der Demokratie zu Disposition – nicht nur, aber auch, weil sie mit krassen Anzeigenrückgängen und einem historisch nie dagewesen Leserschwund zu kämpfen. Und weil sich sowohl im journalistischen Handwerk als auch in der Mediennutzung ein Paradigmenwechsel abzeichnet. Infrage gestellt werden dabei neben der traditionellen Funktionsweise der Tagespresse die gesamte Denkweise, mithin die professionellen Standards, wie journalistische Inhalte heute entstehen, verbreitet und konsumiert werden – und somit auch das Modell, wie in Zukunft mit ihnen gewirtschaftet werden muss.

Auf das Lokale heruntergebrochen kommen erschwerend strukturelle Verwerfungen in der Medienlandschaft hinzu, die gerade in Ballungsgebieten, wie das Extrembeispiel Nordrhein-Westfalens zeigt, die Bildung von Konglomeraten im Zeitungsgeschäft begünstigen. Das heißt, es werden in bestimmten Regionen immer mehr Zeitungen von immer weniger Verlagen herausgegeben und gedruckt

– mit der Konsequenz, dass ein nahezu identisches journalistisches Angebot unter verschiedenen Zeitungsmarken ensteht. Beispiele gibt es etliche – von der Funke Mediengruppe (ehem. WAZ-Konzern, *Westdeutsche Allgemeine Zeitung, Westfälische Rundschau*) über den Girardet Verlag (*Westdeutsche Zeitung, Solinger Tageblatt*) bis hin zu M. DuMont Schauberg (*Berliner Zeitung, Kölner Express, Kölner Stadt-Anzeiger, General-Anzeiger*). Diese Regionalzeitungsverlage müssen sich früher oder später den Vorwurf eines journalistischen Etikettenschwindels gefallen lassen, weil sie wesentliche Teile vormals eigenständiger Redaktionen zusammenlegen, um Inhalte für mehrere Regionalblätter zentral produzieren zu lassen. Bei gleichzeitig restriktivem Rückbau der redaktionellen Infrastruktur führt dies zu einer Presseeinfalt, die für unsere Demokratie nicht gesund sein kann.

Diese Entwicklungen auf kleinem Raum sind in gewisser Weise symptomatisch für den *Attentismus* vieler Verlagshäuser, auch der überregionalen Blätter: Statt in investigative Recherche, in journalistische Aus- und Weiterbildung, in gezielte Nachwuchs- und Talentförderung, in die Entwicklung neuer Medienformate und Darstellungsformen und damit weiterhin in Qualitätsinhalte zu investieren, wird vielerorts abgewartet und vor allem: abgewirtschaftet. Personalabbau, Honorarkürzungen, Einstellungsstopps, Redaktionsschließungen, Lohndumping, Outsourcing – die Liste der eindimensionalen Vorkehrungen, mit denen Verlage der Krise ihrer eigenen Branche Herr werden wollen, ist praktisch endlos. Gerade die jüngsten Entlassungs- und Sparwellen haben unter Redakteuren eine Angststarre hervorgerufen, die einem gesunden Innovationsklima offenkundig entgegensteht: Sich mit einer Rationalisierungsstrategie ins nächste Jahrzehnt hinüberretten zu wollen, entpuppt sich immer mehr als Irrweg, den die Verlage kaum mehr verlassen können. Ihr fehlgeleitetes Investitionsverhalten zeugt davon, wie schwer sich einige von ihnen tun, sich ihres kommoden Rückspiegeldenkens zu entledigen: Stattdessen halten sie weiter ungerührt am gedruckten Wort und an obsoleten Erlösstrukturen fest, als habe die Digitalisierung noch nicht stattgefunden.

Immerhin gibt es Akteure im Verlagsgeschäft, die sich von den aktuellen Entwicklungen der Digitalisierung weder blenden noch schrecken lassen. Sie bringen die erforderliche Anpassungsbereitschaft mit und haben verinnerlicht, dass sie nur die Flucht nach vorne retten wird. Sie lassen sich zwar zaghaft und allenfalls punktuell, aber doch festentschlossen auf die digitale Moderne ein. Allen voran der Axel-Springer-Konzern und sein Vorstandsvorsitzender Döpfner, der sich in besagter Anhörung des Bundestagsausschusses so sehr für ein Leistungsschutzrecht zugunsten der Printverlage engagiert hatte, überraschte Ende Juli 2013, also wenige Tage bevor das Gesetz in Kraft tritt, mit der Nachricht, dass Springer seine Traditionstitel *Berliner Morgenpost* und *Hamburger Abendblatt* sowie seine Programm- und Frauenzeitschriften, darunter die *Hörzu* und *Bild der Frau*, für

920 Millionen Euro an die Funke Mediengruppe verkaufen werde. Mit dem Deal verfolge Döpfner, so hieß es in sämtlichen Erklärungen, die Strategie, den Verlag weiter zum führenden digitalen Medienunternehmen auszubauen. Experten wie der renommierte Zeitungsforscher Horst Röper deuteten diesen Schritt als „Abschied von Print" (zitiert nach: Krause 2013).

Nun ist aber gerade das Verschwinden der Zeitung keineswegs ausgemachte Sache – zumal es nicht unwahrscheinlich ist, dass der Journalismus, für den Print jahrelang stand und immer noch steht, eine vielversprechende Zukunft haben könnte. Trotz der halbherzigen Digitaloffensiven vieler Verlage und einem Jahrzehnt des ziellosen Kahlschlags und erheblicher Qualitätseinbußen werden viele Prestigeblätter wie die *Süddeutsche Zeitung*, die FAZ, der *Spiegel*, der *Stern* oder Massenblätter wie *Bild* oder *Kölner Express*, aber auch die *taz* mit ihrem widerstandsfähigen Solidaritätsmodell vermutlich auch die kommenden 20 Jahre auf bedrucktem Papier überstehen, aber mindestens so lange, wie die hinter ihnen stehenden Verlegerpersönlichkeiten und Mäzene an ihnen festhalten. Was aber, so steht zu fragen, passiert mit all den anderen Zeitungen? Viele werden ihre Druckausgaben in den kommenden Jahren vermutlich einstellen, sie auf eine andere Erscheinungsfrequenz umstellen oder sich als *Online-Only*-Marken im Internet positionieren müssen. Und bei denjenigen Verlagen, die ein strategisches Umschwenken ins Digitale erwägen, bleibt unklar, ob das Digitalgeschäft überhaupt gleichbedeutend ist mit dem journalistischen.

Dass man den etablierten Dickschiffen der Tagespresse schon deshalb nicht die informationelle Grundversorgung der Gesellschaft alleinig überantworten würde und ihnen auch keinesfalls die Rettung des Qualitätsjournalismus ins Stammbuch schreiben sollte, dürfte plausibel sein. Schließlich sind Verlagsgeschäftsführer keine Samariter, jedenfalls nicht per se, sondern in erster Linie Unternehmer. Ihr Erfolg ist im Zweifelsfall daran zu erkennen, dass sie die Zeichen der Zeit – vor allem das Potenzial der sozialen Medien und der Mobilkommunikation, aber auch die Kombinationsmöglichkeiten multimedialer Darstellungsformen – zu deuten wissen und ihre Mentalität der Risikovermeidung und der Unbeweglichkeit einzutauschen bereit sind gegen einen neuen Experimentiergeist und die Vision, sich noch einmal grundlegend neu zu erfinden. Sie erkennen außerdem, dass sie ihre Redaktionen unter dem Eindruck des Strukturwandels der Presse als *lernende Organisationen* begreifen müssen, die sich – ob offline oder online – einem Prozess des lebenslangen Lernens unterwerfen müssen, weil die ständige Neuerfindung in der Digitalität des Journalismus zur Konstante geworden ist.

Das neue Reaktionsvermögen, die Lust der Mediennutzer an der Partizipation, der politisch-kulturelle Diskursraum in sozialen Netzwerken, die multimediale Verbindung erzählerischer Dimensionen und die permanente Echtzeitberichterstattung in Ticker-Manier: Es besteht kein Zweifel daran, dass der Qualitätsjournalismus im kontinuierlichen Wandel begriffen ist (vgl. Anderson et al. 2012; Deuze, 2008; Jones & Salter 2011; Kramp et al. 2013; Lilienthal et al. 2014; Peters & Broersma 2013; Plöchinger 2013). Heute Journalist zu sein bedeutet deshalb auch, immer wieder das eigene Handeln und das professionelle Rollenselbstbild unter dem Primat neuer Technologien zu hinterfragen. Dabei verlangt gerade die Verzahnung mit dem Publikum den Redaktionen die wohl extremste Veränderung ab, weil sie nicht nur die öffentliche Debatte radikalisiert und damit positiv auf die zivilgesellschaftliche Meinungs- und Willensbildung einwirkt. Sie provoziert vor allem eine ungewohnte Nähe der Redaktion zu ihrem Publikum, die von vielen Journalisten erst akzeptiert und deren Umgang erlernt werden muss, bis sie zu einer sichtbaren Qualitätssteigerung journalistischer Arbeit beiträgt (vgl. Weichert 2014).

Ziel dieses Buches ist nicht, seine Leser zu überflüssigen Rührseligkeiten zu animieren, etwa zu jener, dass ein glanzvolles Comeback der Zeitung bevorstünde, wenn sie nur beharrlich genug gegen die digitale Strömung anschwimmt. Solche pure Nostalgie würde verkennen, dass nun tiefgreifende Einschnitte erforderlich sind, damit die Zeitungen wieder als diejenigen Sturmgeschütze der Demokratie rebellieren, die sie einst gewesen sind. Genauso wenig wie das Rückspiegeldenken wollen wir das Menetekel vom Ende der Ära Print heraufbeschwören, inspiriert von den Misserfolgen der US-amerikanischen Zeitungsbranche, wo den Verlagen langsam aber sicher sowohl die finanzielle Puste als auch die Konzepte auszugehen scheinen.

Das Symbolbild des aussterbenden Dinosauriers, das für die digitale Disruption häufig bemüht wird, muss also insofern revidiert werden, weil es schlicht zu kurz greift: Die Idee der Zeitung, mithin der Geist der Presse, ist lebendiger denn je. Und ihr Abgesang wäre mehr als verwegen. Denn nach wie vor sind viele Redaktionen imstande, ihrem Publikum die Angebote und Geschichten zu unterbreiten, für die irgendwann auch im Netz eine Zahlungsbereitschaft entstehen wird. Und bisher lässt – erfreulicherweise – kein einziger Verlag in Deutschland eine derart abwegige Einwegstrategie erkennen, die seine Kompetenz – und damit die Geschäftsgrundlage seines Wirkens – ad absurdum führen würde.

Somit will dieses Buch, im wissenschaftlichen Sinne, werben – um das Verständnis derer, die im Mittelpunkt der digitalen Erosionen stehen, und denen sich die Verwerfungen der Pressekrise am unmittelbarsten aufdrängen, weil sie mit den Herausforderungen tagtäglich umgehen müssen: den Redakteurinnen und Redakteuren.[2] Es will zum Nachdenken anregen über ihre Positionen, Auffassungen

---

2 Aus Gründen der besseren Lesbarkeit verwenden wir im Folgenden die männliche Geschlechterbezeichnung, möchten aber ausdrücklich alle Zeitungsredakteurinnen und Journalistinnen einbezogen wissen.

und Befindlichkeiten, vor allem an solche Leser gerichtet, die dem Medienwandel etwas Positives abgewinnen und ihm daher mit nachhaltigem Handeln begegnen können – beispielsweise Redaktionsleiter und Verlagsgeschäftsführer. Die hier vorgestellte Studie will darüber hinaus Stein des Anstoßes sein für einen Aufbruch im Denken der Zeitungsmacher, deren Weg in die digitale Moderne zwar beschwerlich, aber nicht unmöglich ist. Und weil wir glauben, dass die allseits geforderten staatlichen Beihilfen – ob es sich um das Leistungsschutzrecht, die Absenkung der Mehrwertsteuer oder andere Forderungen handelt – nicht ausreichen werden, bis ein tragfähiges Geschäftsmodell im Internet gefunden ist. Dass in Zukunft deshalb auch *Dritte Wege* der Finanzierung des Pressemarkts in Erwägung gezogen werden sollten (vgl. Weichert 2013a), wenn nicht von den Verlagen, so doch von den Mediennutzern selbst, zeigen jüngere Erfolgsgeschichten wie das durch Crowdfunding finanzierte Autorenkollektiv *Krautreporter* oder die stiftungsfinanzierte Rechercheredaktion *Correct!v*.

In dieser Hinsicht wegweisend ist auch die Resonanz auf unsere Studie, dass inzwischen die Zuversicht in den Zeitungsredaktionen überwiegt: Auch wenn sich viele Redakteure aus gutem Grund um ihren Arbeitsplatz sorgen, deuten sie die derzeitige Situation nicht (mehr) als „Krise", sondern überwiegend als „Normalzustand" oder als „Aufbruchsstimmung" (vgl. Kap. 4). Dabei verstärkt sich offenbar das „Aufbruchs-Narrativ" (vgl. Kap. 2) zu verstärken, je mehr experimentelle Freiräume eine Redaktion genießt und je regelmäßiger sie Weiterbildungen absolviert. Allerdings trifft auch das Gegenteil zu: Die Angst der Krise kann den Redakteuren derart den Atem verschlagen, so dass sich dieser Zustand lähmend auf das gesamte Innovationsgeschehen auswirkt. Damit der Zeitungsmarkt aus dem digitalen Wandel dennoch gestärkt hervorgeht, muss er sich zweifellos entwickeln. Und das bedeutet zunächst, Fortschrittsverweigerer und Innovationsgegner – vor allem im eigenen Haus – zu überzeugen, eingeschliffene Denkmuster und Vorgehensweisen zu durchbrechen und die Ambivalenzen auszubalancieren, die eine Neuausrichtung des Zeitungsgeschäfts unter digitalen Vorzeichen verlangt. Wer den Innovationsreport der *New York Times* (2014) aufmerksam liest wird schnell feststellen, dass der wirtschaftliche und publizistische Erfolg von Verlagen heute längst nicht mehr in Kategorien von Erlösen, Auflagen oder Reichweiten gemessen werden kann. Vielmehr scheinen zunächst neue Handlungsspezifika, Redaktionsstrukturen und und Qualitätsansprüche im Kampf um „digitale Talente" auf, die einen Wettbewerbsvorteil bedeuten. Dieses *rejustierte journalistische Mindset* ist, so steht zu vermuten, der eigentliche Casus knaxus in der Debatte um die Zukunft des Journalismus.

Statt gefühlter Wahrheiten über das Wohl und Wehe des Zeitungsjournalismus präsentiert diese Studie nun belastbare Befragungsergebnisse aus Sicht der

Betroffenen, die zum einen die Spurensuche nach den Ursachen für das Innovationsdilemma der Verlage erleichtern und zum anderen die Dauerbelastungsprobe für die „Zeitungsmacher" dokumentieren. Die repräsentative Datengrundlage gibt Aufschluss über die digitale Transformation in actu, wie sie sich also in der redaktionellen Realität darstellt. Sie zeigt die Dynamiken der Mediennutzung in Relation zur Redaktion auf, beleuchtet die Zusammenarbeit von Online- und Print-Abteilungen und gibt praktische Hinweise darauf, wie die Nutzerpartizipation oder soziale Dienste wie Twitter und Facebook auf die Arbeitsumgebungen und das Handeln von Redakteuren einwirken. Neben konkreten Innovationsfeldern werden schließlich auch so prekäre Fragen wie die nach dem professionellen Rollenselbstbild von Zeitungsjournalisten, den künftigen Funktionen des Journalismus in der Gesellschaft und der Sorge über die Finanzierung des eigenen Verlagshauses thematisiert.

Zum Aufbau des Buches: Kapitel 2 rahmt unsere Studienergebnisse mit theoretischen Konzepten des Strukturwandels in Medien, Kultur und Gesellschaft. Das Augenmerk liegt dabei auf dem Innovationsbegriff und seinen Implikationen speziell für die Presselandschaft: Der digitale Medienwandel hat die Durchsetzung eines Innovationsparadigmas in der Zeitungswirtschaft begünstigt, in dessen Mittelpunkt unter anderem (neue) Varianten der Publikumsbeteiligung und die Frage nach der Lern- und Innovationsfähigkeit einer Zeitungsredaktion in Zeiten struktureller Unsicherheiten stehen. Daraus haben wir einige Annahmen formuliert haben, die für die repräsentative Redaktionsbefragung untersuchungsleitend waren. Kapitel 3 setzt die Studie in den Kontext vergleichbarer Untersuchungen, insbesondere mit Blick auf Arbeiten aus dem deutschsprachigen Raum. Anschließend werden Unterschiede und Besonderheiten herausgearbeitet und die methodischen Details von Befragung und Datenauswertung erläutert, die sodann in Kapitel 4 detailliert werden: Neben der Veranschaulichung der Ergebnisse der Datenerhebung werden hier Interpretationen ausformuliert, die den fünf abgefragten Themenschwerpunkten der Untersuchung – *Medienwandel, Innovationsfelder & -potenzial, Finanzierung der Zeitung, Journalistisches Rollenselbstbild* sowie *Arbeitszufriedenheit und Weiterbildung* – zugeordnet sind: Alle erhobenen Variablen werden anschließend zur Klassifizierung auf Redaktionsebene zusammengeführt und auf Basis einer Clusteranalyse interpretiert, die einer differenzierten Betrachtung der Innovationstoleranz der befragten Redaktionen dient. Kapitel 5 leistet eine abrundende Ergebniszusammenfassung sowie eine Einordnung der empirischen Resultate in den Theoriekontext. Auf dieser Grundlage formulieren wir außerdem Handlungsempfehlungen an die Praxis und ziehen ein Gesamtfazit der Untersuchung.

Unsere Studie „Die Zeitungsmacher" fußt auf einem langjährigen Forschungszusammenhang zu Situation und Perspektiven des Journalismus in Deutschland:

Das Projekt ist eingebunden in eine Reihe von Forschungs- und Publikationsaktivitäten, die Stephan Weichert und Leif Kramp unter dem Titel „Statusreport Journalismus" seit 2010 vorantreiben, unter anderem mit den Veröffentlichungen „Digitale Mediapolis. Die neue Öffentlichkeit im Internet" (Weichert/Kramp/ von Streit 2010) und „Innovationsreport Journalismus. Ökonomische, medienpolitische und handwerkliche Faktoren im Wandel", einer Expertenbefragung im Auftrag der Friedrich-Ebert-Stiftung (Kramp/Weichert 2012). Entstanden sind aus der umfänglichen Expertise der vergangenen Jahre rund um das Thema journalistische Innovationen – insgesamt wurden über 50 Hintergrundgespräche mit Redaktionsverantwortlichen und namhaften Medienexperten aus dem In- und Ausland geführt – auch zahlreiche journalistische Text- und Videobeiträge, die in der Zwischenzeit auf dem Debattenportal für die digitale Gesellschaft *vocer. org* erschienen sind.[3]

---

3   Einige der Beiträge, darunter auch aufbereitete Videointerviews, sind in den Dossiers „Digitale Mediapolis" und „Rebooting the News" erschienen, abzurufen unter http:// www.vocer.org/category/dossiers/digitale-mediapolis/ und http://www.vocer.org/ category/dossiers/rebooting-the-news/.

Ausgangspunkt der vorliegenden Studie ist der Arbeitskontext in den Redaktionen, der zunehmend dominiert wird von den beiden Narrativen *Krise* und *Aufbruch*. Dieses kulturwissenschaftliche Konzept offenbart, dass rahmende Erzählungen jeweils in arbeitsweltlichen, privaten oder gesellschaftlichen Zusammenhängen als sinnstiftende Diskurse intersubjektiv geteilte Wirklichkeiten und Identitäten konstruieren können (vgl. Arnold/Dressel/Viehöver 2012).[4] Es ist anzunehmen, dass Narrative in der Medienpraxis für Prozesse branchen- und organisationsinterner Selbstreflexion, aber auch für politische Regulierungsentscheidungen eine nicht zu unterschätzende Rolle spielen (Kapitel 2.1). Wer an eine Krise glaubt, neigt zu unterschiedlichen Interpretationen des Strukturwandels für Medien, Kultur und Gesellschaft, als derjenige, der einen Aufbruch erkennt. Speziell Presseverlage erkennen in diesen Narrativen einen grundlegend anderen Handlungsbedarf.

Obwohl die bisher stabilen Wertschöpfungsmodelle der Presse zur Disposition stehen (Kapitel 2.2), gehören nachhaltige Neuerungen schon immer zum Zeitungsgeschäft: Der neuerliche Drang zur Veränderung infolge des digitalen Medienwandels hat die Durchsetzung eines mächtigen Innovationsparadigmas in der Zeitungswirtschaft befördert und beschäftigt sowohl die Branchendiskurse als auch die Journalismusforschung (Kapitel 2.3). Die dynamische, mobile und breite Nutzung von Informationsmedien verlangt insbesondere von den Zeitungsmachern ein Umdenken (Kapitel 2.4) und hat maßgeblich dazu geführt, dass unter dem Stichwort der Partizipation verstärkt interaktive Ansätze von Journalismus diskutiert werden, die auch in Zeitungsredaktionen eine prozesshafte und kollaborative journalistische Praxis vorantreiben und Schwerpunktverlagerungen

---

4   Wir verstehen Diskurse nach Habermas (1971) als eine auf das Einverständnis zielende kommunikative Interaktion bzw. Verständigung, die nicht an eine bestimmte (gesellschaftliche) Mikro-, Meso- oder Makro-Ebene gekoppelt sein muss, sondern diese auch übergreifen kann.

in den tradierten Aufgabenbereichen bedeuten (Kapitel 2.5). Im Mittelpunkt der
Fachdebatten stehen damit (neue) Varianten der Publikumsbeteiligung und entsprechende Strategien der Einbettung und Partizipation von Bürgern innerhalb
journalistischer Arbeit (Kapitel 2.6). In der Frage der erfolgreichen Realisierung
von innovativen Konzepten in etablierten Medienhäusern wird sodann nach der
Lernfähigkeit einer Zeitungsredaktion in Zeiten struktureller Veränderungen und
ökonomischer Verwerfungen gefragt (Kapitel 2.7). Aus der Aufarbeitung der Forschungsliteratur werden anschließend in Kapitel 2.8 einige Annahmen formuliert,
die für unsere repräsentative Redaktionsbefragung untersuchungsleitend waren.

2.1   Damokles und die Zukunft der Zeitung

„Was wäre, wenn?" – diese Gretchenfrage stellte bezeichnenderweise eines der
führenden Online-Nachrichtenportale in Deutschland, *Spiegel Online*, im Sommer
2013 einer Reihe von Praktikern (auch einige Wissenschaftler waren darunter)
und lud seine Nutzer zu einer offenen Diskussion zu Fragen ein wie „Brauchen wir
noch Tageszeitungen, und wenn ja, welche?", „Wie sieht die Zeitung von morgen
aus?", „Was macht für Sie guten Journalismus auch in Zukunft aus"? ", „Wie ließe
sich der Journalismus alternativ finanzieren?".[5] Tausende Leser – angetrieben von
je unterschiedlichen Einschätzungen und Argumenten der Gastautoren aus der
Medienwirtschaft und des Journalismus – debattierten mit. Das von *Spiegel*-Repor-
ter Cordt Schnibben initiierte Dossier „2020 – Die Zeitungsdebatte" zu Schicksal
und Vision des Traditionsmediums Zeitung war spätestens jetzt einer breiteren
Öffentlichkeit zugänglich gemacht worden. Wenn die Debatte ein Ergebnis hatte,
dann dieses: Die Aussichten der Presse sind aufgrund der veränderten Nutzungsge-
wohnheiten ambivalent, die wirtschaftlichen Vorzeichen düster – aber im Grunde
überwiegt bei allen Experten die Zuversicht, dass sich der Zeitungsjournalismus
unter dem Druck der Digitalisierung neu erfinden und damit auch eine solide
Geschäftsgrundlage finden kann.[6]
　　Hintergrund dieser Auseinandersetzung um das Wohl und Wehe eines gedruckten Massenmediums und der Verfasstheit der Presse ist seit Jahren eben jener
ausgetragene Diskurs in der Medienbranche, der zwischen einer Krisen- und einer
Aufbruchsstimmung oszilliert. Deren Binarität mit Lévi-Strauss (1963) sowohl vor
einem struktural-anthropologisch als auch einem erzähltheoretischen Hintergrund

---

5　Vgl. http://www.spiegel.de/thema/2020_die_zeitungsdebatte/ [22.05.2014]
6　Vgl. die redaktionelle Zusammenfassung der Debatte (Schnibben 2013a).

als klassische Gegensätze gelten, die den öffentlichen Diskurs antreiben. So resümierte Journalist Schnibben (2013b), er sei sowohl von Printkollegen „unter Beschuss" geraten, die ihn als „Schwarzmaler" und „Nestbeschmutzer" bezeichnet hätten, als auch von Bloggern, „für die Zeitungen längst erledigt sind". Schnibben wurde mit zwei widerstreitenden Narrativen konfrontiert, die den selbstreflexiven Diskurs in den unterschiedlichen Akteursgruppen dominieren: ein Krisennarrativ, das sich ob der wirtschaftlichen Schwierigkeiten in der Zeitungsbranche manifestiert hat und ein Narrativ des Aufbruchs, das insbesondere von Verfechtern des digitalen Fortschritts geprägt wird.

Beide bilden Rahmungen für Selbstvergewisserungsprozesse, die Einfluss haben können auf Wahrnehmungen und Einstellungen der jeweiligen Akteure. Derlei Erzählungen prägen die menschliche Erfahrung und Identität und spielen insbesondere in institutionellen Zusammenhängen eine signifikante Rolle für den organisationalen Zusammenhalt sowie die Handlungs- und Entwicklungsfähigkeit eines Unternehmens (vgl. Gergen 2009). Die narrative Konstruktion von Wirklichkeit ist dabei nicht beliebig gestaltbar, sondern unterliegt je spezifischen Dynamiken in sozialen und kulturellen Kontexten. Dominante Narrative setzen überzeugende und glaubhafte Erzähler ebenso voraus wie eine überzeugte und glaubende Zuhörerschaft – nur dann zeitigen Narrative einen erheblichen Einfluss auf Organisationsdynamiken (vgl. Barry/Elmes 1997; Geiger/Antonacopoulou 2009).

Das „Krisennarrativ" (Franklin 2012: 665) ist in Bezug auf die Zeitung begründet durch eine ökonomische Schieflage der Pressewirtschaft, die sich zu einer existentiellen Bedrohung auswachsen könnte und sowohl aus einem Rückgang von Anzeigenerlösen und verkaufter Auflagen resultiert.[7] Hay (1996) argumentiert am Beispiel des Staates, dass Krisen diskursiv und narrativ als Interventionen konstruiert werden. Auf diese Weise sollen Fehler oder Widersprüche im jeweiligen System als Symptome einer Krise erkennbar gemacht werden. Lösbar werden diese Probleme nur durch Transformation. Mumby (1987) hat auf die politischen Funktionen von Narrativen in organisationalen Kontexten hingewiesen, die eine bestimmte interessensgesteuerte Lesart von Zuständen und Entwicklungen bevorzugen. Entsprechend spielen sowohl beim Konstruktions- als auch beim Transformationsprozess strategische Erwägungen und ideologische Prägungen betroffener Akteursgruppen in Handlungs- und Bezugsrahmen eine entscheidende Rolle. Sie identifizieren, definieren und konstituieren ein Krisennarrativ: „Through this process of ideological contestation a predominant construction of crisis may emerge. The crisis becomes lived in these terms." (Hay 1996: 255) Im Fokus steht die Überwindung der ausgemachten Krisensituation (vgl. in der Kultursoziologie

---

7　Zur ökonomischen Situation der Regionalzeitungen in Deutschland, vgl. u. a. Vogel 2014.

Berger/Luckmann 2003 [1966]: 166f.; Weichert 2006). Krisennarrative sind demnach Versuche der Wiederherstellung von Sinn durch Rituale (im Zusammenhang von Organisationen auch im Sinne einer Rückbesinnung auf Stärken und Qualitäten), der in der Krisensituationen zerfasert oder verloren zu gehen droht (vgl. Boudes/ Laroche 2009).

Ähnlich verhält es sich mit dem Narrativ des „Aufbruchs" (vgl. Rohrbeck/ Kunze 2010; Weichert/Kramp/von Streit 2010), das getragen wird von einer optimistischen Bewertung der Potenziale eines digitalen Journalismus. Während der in Krisennarrativen mitschwingende Pessimismus die erkenntnisförderlichen Vorteile eines „depressiven Realismus" in Entscheidungsprozessen haben kann (Bennett 2001: 195), erfüllt auch Optimismus – sozial wie psychologisch gesehen – gesellschaftliche Schlüsselfunktionen, die vor allem auf einer Metaebene Mentalitäten und Handlungsorientierungen rahmen – kurz gesagt: Optimismus befördert Energie statt Untätigkeit, „living over dying" (Bennett 2011: 317), und hat damit einen hohen motivationalen Wert. Auch beim Aufbruchsnarrativ sind es ideologische und strategische Motive, die den Konstruktionsprozess begleiten und einen Transformationsprozess vorsehen. Bruner (1990: 49-50) argumentierte, dass die gesellschaftliche Funktion eines Narrativs darin bestünde, eine Abweichung von kulturellen Normen, ergo: Gewissheiten abzuschwächen oder sie zumindest zu verstehen, um zielgerichtet handeln zu können. Dies wird vor dem Hintergrund des digitalen Medienwandels überdeutlich: Die Krisenerzählung ist auch deshalb ein derart mächtiges Narrativ, weil sie vom scheinbaren Zerfall einer demokratischen Instanz zeugt – der Vierten Gewalt, als deren historische Wurzel der gedruckte Journalismus noch bis vor kurzem galt.

Die Existenzfrage für das Medium Zeitung wurde in den vergangenen Jahren vor allem in der US-amerikanischen Fachliteratur häufig gestellt, nicht selten in apodiktischen Sentenzen: „Newspaper Endgame" (Fabel/Benien 2005), „The Collapse of the Great American Newspaper" (Madigan 2007), „The End of Journalism" (Charles/Stewart 2011), „The Decline of the Daily Newspaper" (Herndon 2012), „Are Traditional Media Dead?" (Sturgis 2012), „Media Smackdown" (Aamidor/Kuypers/ Wiesinger 2013) oder „Out of Print" (Brock 2013). In den USA war der Strukturwandel der Medienlandschaft zuletzt besonders dramatisch: Massenentlassungen, Auflagenverluste, Zeitungssterben liefern vermeintliche Belege für die Gültigkeit des Krisennarrativs. Dort gleicht die Situation nach fünf Jahren an Rationalisierungen einer Tabula rasa: 2007 bis 2012 wurden über 40.000 betriebsbedingte Entlassungen und freiwillige Kündigungen aus Zeitungsverlagen verzeichnet, darunter zu einem Großteil Journalisten, aber auch weitere Beschäftigte aus Herstellung und Vertrieb (vgl. Smith 2012). Insgesamt verloren nach Angaben der American Society of Newspaper Editors innerhalb von 15 Jahren 16.000 Redakteure ihre Anstellung, womit die Zahl der Beschäftigten auf etwa 38.000 Zeitungsredakteure im Jahr 2012 sank – seit 1978 war diese Zahl nie unter 40.000 gesunken (vgl. ASNE 2013). Der Niedergang der Zeitung ist in erster Linie ein personeller Rückbau, aus dem nicht selten fatalistische Prognosen entstehen, auch wenn der Glaube an den Erhalt einzelner Prestige-Blätter nach wie vor unerschütterlich ist:[8]

> „Legacy newspapers will survive one way or another, but what is sad is how many veteran newspapermen and women are no longer on these newspapers -- forced to leave, bought out, retired, dead. The legacy of legacy newspapers is rapidly disappearing. The men and women who made newspapers the greatest form of communication of the 20th century will not be around to train or influence a new generation of journalists. Journalism schools will be more important than ever, but nothing was more valuable than working on a newspaper under great editors and colleagues. Those days are numbered and that is the real tragedy of today's new media world." (Saltzman 2013)

Auch in Deutschland nimmt der Diskurs vom drohenden Verschwinden der gedruckten Presse ein episches Ausmaß an und wird inzwischen beinahe täglich von immer neuen Branchenmeldungen erschüttert: Die Gesamtauflage der Zeitungen in Deutschland sank seit Anfang der 1990er Jahre kontinuierlich jedes Jahr um etwa zwei bis drei Prozent. Das Jahr 2009 wurde vom Bundesverband Deutscher Zeitungsverleger zum schwierigsten Jahr in der Geschichte der Zeitungen erklärt (BDZV 2009). Und 2012 markierte das Jahr mit der größten Entlassungswelle im Pressesektor seit Bestehen der Bundesrepublik (Kissler 2012). Hier wie dort erscheinen die Rahmenbedingungen für die gedruckte Presse ungünstig, es regiert eine anhaltende „Circulation Disorder" (Editor & Publisher 2003), die selbst anerkannte Journalismusforscher dazu bemüßigt hat, den finalen Erscheinungstag der letzten Zeitungausgabe zu berechnen (Meier 2013; vgl. Meyer 2004). Leserabwanderung zu alternativen Informationsangeboten (zunächst im Fernsehen, später im Internet) und die Schwerpunktverlagerung der Werbewirtschaft auf Direktmarketing und nicht-journalistische Internetangebote haben offensichtlich eine Kettenreaktion ausgelöst, deren negative ökonomische Effekte für klassische Medienhäuser durch unausgereifte Innovationskonzepte nur noch verschlimmert wurden (vgl. Anderson 2014).

Der Branchendiskurs wird von der Annahme geprägt, die Krise der Printmedien sei gleichbedeutend mit einer Krise des Journalismus (vgl. kritisch: Bartelt-Kircher et al. 2010; Weichert/Kramp/Jakobs 2010; Kramp/Weichert 2012a+b; Novy 2013). Die These gründet auf den zur Disposition stehenden hohen Beschäftigtenzahlen

---

8   Prestige-Zeitungen respektive *Newspapers of Record* (Shannon/Hansen 1998) dienen in der Debatte um die Zukunft des Journalismus gemeinhin als Fixpunkte in der Argumentation für die Durchsetzungsfähigkeit von Qualitätsjournalismus.

im Printsektor: Nach der Hochrechnung von Weischenberg et al. (2006: 38) waren im Jahr 2005 mehr als 60 Prozent (ca. 29.300) der Journalisten bei Presseverlagen tätig, etwa ein Drittel bei Zeitungen (ca. 16.800), ein Fünftel bei Zeitschriften (ca. 9.600) und etwa sechs Prozent bei Anzeigenblättern (ca. 2.900). Über die existentielle Lage der Presse in Deutschland zu diskutieren, bedeutete auch deshalb in den vergangenen Jahren vor allem eines: Krisenbewältigung. „Die auf den Podien präsente Branche, bestehend aus Verlegern, Geschäftsführern, Chefredakteuren und freien Journalisten, entwickelte in dieser Zeit eine eigentümliche Routine darin, ihre Sorgen ob der unsicheren Zukunft ihres Kerngeschäfts kontinuierlich untereinander und mit wechselnden Gästen aus Wissenschaft, Politik und Blogosphäre zu teilen." (Kramp et al. 2013: 7) Als ein Ziel dieses problemzentrierten Diskurses wird auch in den USA die Absicherung bestehender Strukturen ausgemacht werden, die mittels einer Sensibilisierung für die ökonomische Bedrohung professioneller Werte und Regelstrukturen die erreicht werden kann:

„The story of journalism in 2012 is still often told as the story of the breakdown of the old world, the end of the period when ‚the news' was whatever an enumerable collection of institutionally stable actors chose to publish. This assumption ran so deep that even someone who had seen decades into the future could still believe that the digital turn in the newspaper business would favor traditional virtues of editorial choice over the new ones of user empowerment and that the business case for electronic media was around revenue generation rather than cost reduction." (Anderson/Bell/Shirky 2012: 105)

Das Krisennarrativ erreicht auch die Politik, die sich alarmiert gibt: Bereits 2008 gründete der damalige Staatsminister für Kultur und Medien, Bernd Neumann (CDU), gemeinsam mit den Verleger- und Journalistenverbänden die „Nationale Initiative Printmedien", um – so die Selbstbeschreibung – die Qualitäten von Zeitungen als „politische Leitmedien" (BKM 2009: 104) bei der Meinungs- und Willensbildung zu sichern, indem junge Mediennutzer an Printmedien herangeführt werden sollten. In den Jahren 2011 und 2013 beschäftigte sich auch der Ausschuss des Deutschen Bundestags für Kultur und Medien in mehreren Sitzungen mit der Zukunft und Finanzierung der Presse (vgl. Weichert 2013a, 2013b; Littger/ Weichert 2013; Weichert/Littger 2013).[9] In der Folge wurde ein Gesetz zur Einführung eines Leistungsschutzrechtes für Presseverlage verabschiedet, das ihnen das Recht einräumt, ihre journalistischen Inhalte im Internet gewerblich zu verteidigen,

---

9   Die Protokolle der Sitzungen sind im Internet abrufbar (Deutscher Bundestag 2011; 2013).

vor allem gegen eine unkontrollierte geschäftsmäßige Nutzung durch Dritte wie Suchmaschinen oder andere Aggregatoren (vgl. Rieger 2013).

Die Diskussion um das Leistungsschutzrecht für Presseverlage wurde begleitet von harscher Kritik seitens der Netzaktivisten und Journalistenverbände, die an der Sinnhaftigkeit, Rechtmäßigkeit und den Motiven der Presseverleger zweifelten (vgl. u. a. IGEL 2010; Wiebusch 2013). Die Kritik war auch getrieben von der Skepsis, ob die ökonomische Krise der Presse als „Schicksalsthema" des Journalismus (vgl. Lobigs 2013) nicht vor allem den Interessen einzelner Verlage nutze statt dem Journalismus als Berufsstand. So forderte der Deutsche Journalisten-Verband (DJV) als größte Arbeitnehmervereinigung für Journalisten in Deutschland von den Presseverlagen die Offenlegung ihrer Umsätze und Rendite mit der Begründung, es gebe berechtigte Annahmen, dass Zeitungshäuser ihre Zahlen verfälscht darlegen, um ihre Lage gegenüber der Politik dramatischer erscheinen zu lassen, als sie es in Wahrheit sei (Mahmoodi 2013). Nach Ergebnissen medienökonomischer Erhebungen befinden sich die meisten Presseverlage in Deutschland trotz rückläufiger Auflagen und Anzeigenerlöse zwar wirtschaftlich unter Druck, es geht ihnen aber verhältnismäßig nicht unbedingt schlecht, zum Teil werden sogar weiterhin verhältnismäßig hohe Renditen erzielt, was unter anderem durch verbreitete Rationalisierungmaßnahmen auf einen fortgeschrittenen Prozess der Konsolidierung zurückgeführt werden kann (vgl. Behmer 2012; Lobigs 2014).

Die öffentliche Wahrnehmung dominieren dagegen spektakuläre Fälle verlegerischen Versagens: Die Einstellung der *Abendzeitung* in Nürnberg, der Mainzer Ausgabe der *Rhein-Zeitung*, der *Harburger Anzeigen und Nachrichten* und der *Financial Times Deutschland* in Hamburg, der redaktionellen Abbau von *Frankfurter Rundschau* und *Westfälischer Rundschau* und Meldungen über problematisches Investitionsverhalten und angekündigte Sparmaßnahmen wie zuletzt bei der *Frankfurter Allgemeinen Zeitung* befeuern die öffentliche Debatte über ein bevorstehendes massenhaftes Zeitungssterben auch in Deutschland – quer durch alle Verlage, ob überregional oder lokal, ob Prestige- oder Boulevard-Blatt. Der berühmte ‚Elefant im Raum' ist also eine Frage, die immer wieder, aber lediglich in unterschiedlichen Variationen gestellt wird: „Wozu noch Zeitungen?" (Weichert/ Kramp/Jakobs 2008), „Wozu Zeitung?" (SZ Magazin 2009), „Zeitung unter Druck" (Bicher/Pieper 2013), „Brauchen wir Zeitungen?" (Haller 2014). Eine Folge dieses noch nicht abgeschlossenen Diskurses über die Koppelung des Qualitätsjournalismus an eine Mediengattung ist auch, dass die „Idee der Zeitung" (Schirrmacher 2011) schon lange kein Alleinstellungsmerkmal für die Erhaltung Journalismus für sich beanspruchen kann.

Eine gegenläufige Lesart verfolgt das Aufbruchsnarrativ: Dabei ist von einem „Goldenen Zeitalter" (Blau 2010) des Journalismus die Rede, von „großartigen

Chancen" (Fink 2010), von „spannenden Zeiten" (Becker 2013), von einer „Aufbruchsstimmung" (Billerbeck 2013). Noch lange vor dem weltweiten Siegeszug der Online-Kommunikation und der Konzentration von Marktmacht auf Internetkonzerne wie Google und Facebook registrierte Stephan Ruß-Mohl (1997) in den USA vom Internet „wachgerüttelte Verleger" und „wichtige Veränderungen" im Journalismus, jedoch auch Zweifel ob der Adaptionsfähigkeit von Verlagshäusern. Gegenstand des Aufbruchsnarrativs sind Innovationen, die eine nachhaltige Verbesserung der journalistischen Leistungsfähigkeit und der quantitativen wie qualitativen publizistischen Reichweite unter den veränderten (ökonomischen, technologischen, kulturellen, politischen) Rahmenbedingungen zum Ziel haben (vgl. Ruusunoksa/Kunelius 2009; Jenkins 2012). Auch wenn sich derlei euphorische Einschätzungen hauptsächlich prospektiv und appellativisch auf einen „neuen Journalismus" (Weichert 2011) unter Einbezug digitaler Technolgien und sozialer Netzwerke beziehen, zählen die Zeitungshäuser als institutionelle Träger und Multiplikatoren digitaler Inhalte zu den relevanten Akteuren in dieser Erzählung.

Während das Krisennarrativ tendenziell regressiv angelegt ist, also die Herausforderungen und Probleme betont (negative Prognose), akzentuiert das Aufbruchsnarrativ Chancen und Erfolge (positive Prognose) (Tabelle 1). Dass es sich dabei um zwei gegensätzliche Perspektiven mit ein und demselben Bezugspunkt (Lage und Zukunft des journalistischen Berufsfeldes und dessen Leistungsfähigkeit) handeln kann, muss keinen Widerspruch bedeuten, werden sie doch vor dem Hintergrund unterschiedlicher Akteurskonstellationen, professioneller Einstellungen und Erwartungen und nicht zuletzt aus strategischen und ideologischen Gründen erzählt. Beide Narrative muten jedoch in ihrer Belegführung und Argumentation unterkomplex an und neigen deshalb zu Simplifizierungen, Übertreibungen und Pauschalisierungen – was das Risiko verzerrter Wahrnehmung und Überreaktion erhöht.

Die Tradierung optimistischer oder pessimistischer Sichtweisen basieren weniger auf Widersprüchen als vielmehr Missverständnissen in Bezug auf die Transformationen von Gesellschaft, Kultur und Medien und die Rolle des Journalismus in diesem Prozess des digitalen Wandels. So hängt nicht trotz, sondern wegen der noch immer verhältnismäßig komfortablen Situation vieler Zeitungshäuser das Damoklesschwert tief über dem vermeintlichen „Krisenmedium" (Arnold 2009: 242), das auf die Fragen nach seinen Rollen und Publika in der dynamischen Restrukturierung von Öffentlichkeit und Mediensystem noch immer keine zufriedenstellen Antworten gefunden hat und damit einer strukturellen Verunsicherung unterliegt.

Tabelle 1 *Dominierende Narrative* zum Einfluss des digitalen Medienwandels auf die Zukunft der Presse

	Krisennarrativ	Aufbruchsnarrativ
Basisform*	Regressiv	Progressiv
Antriebe	Bedrohung, Schwächung	Alternativen, Emergenzen
Fokus	Wirtschaftliche Probleme und Risiken	Vorteile und Chancen durch Online-Kommunikation
Medialität	Analog	Digital
Referenzmedium	Presse (TV, Radio)	Internet, Social Media
Protagonisten	Journalisten bei klassischen Mediengattungen	Digital experimentierende Journalisten
Finanzierungsfrage	Traditionelle Mischfinanzierung aus Anzeigen- und Vertriebserlösen	Alternative, v. a. zivilgesellschaftliche Modelle inkl. Gemeinnützigkeit, z. B. Stiftungsmodelle, Crowdfunding
Tonalität	Alarmistisch	Euphorisch
Ausblick	Pessimistisch	Optimistisch
Ziel	Absicherung bestehender Strukturen	Innovation

* nach Gergen 2009: 39

2.2 Strukturelle Verunsicherung der Pressebranche

Der nicht enden wollenden Folge von Hiobsbotschaften etwas Positives abzugewinnen, hat Ruß-Mohl (2009) versucht: In seinem Band „Kreative Zerstörung" macht er in den Verwerfungen auf dem US-amerikanischen Pressemarkt Chancen für den Zeitungsjournalismus aus und überträgt den Begriff der „schöpferischen Zerstörung" (vgl. Schumpeter 1942) auf die gegenwärtigen Transformationsprozesse. Diese seien zu einem wesentlichen Bestandteil als *Adaptionsprozesse traditioneller Medienorganisationen* an emergierende Medientechnologien und -strukturen zu begreifen. Kurzum: Natürlich werde einiges über den Haufen geworfen, unter anderem zentrale Säulen der Presse wie alte Gewissheiten und nicht zuletzt Geschäftsmodelle. Das biete jedoch Raum und Energie für neue Strukturen, neue Modelle, neue Akteure. Aus Sicht der deutschen Pressewirtschaft sei dies ein großer Vorteil: Man könne aus den Entwicklungen in den USA lernen, auch aus den Fehlern, die gemacht worden seien und so bittere Folgen nach sich gezogen hätten (Ruß-Mohl 2009: 261).

Der Journalismus wurde nicht das erste Mal vom technologischen und gesellschaftlichen Wandel herausgefordert: Als die Massenpresse die Redaktionsorganisation und Distribution, die Telegrafie und das Telefon die Nachrichtenübermittlung revolutionierten und Anfang und Mitte des 20. Jahrhunderts gleich zwei elektronische Leitmedien die massenmediale Bühne erweiterten, standen Journalisten zunächst ratlos vor den sich ihnen bietenden Möglichkeiten – nicht wenige sahen auch darin eine Bedrohung (vgl. Glade/Lowrey 2011); andere begrüßten die neuen technologischen Möglichkeiten euphorisch (vgl. Conboy/Steel 2013: 27). Angesichts des unumkehrbaren Erfolgs von Radio und Fernsehen behalfen sich Journalisten zunächst damit, ihre bewährten Arbeitsroutinen und Darstellungsformen so weit wie möglich in die neuen Medien zu transferieren, Experimente bildeten die Ausnahme. Erst nach einem langwierigen Adaptionsprozess entwickelten der Radio- und Fernsehjournalismus ihr eigenes Storytelling und ästhetischen Formen, die zum Teil wiederum von Zeitungsjournalisten imitiert wurden (vgl. Noelle-Neumann 1986).

Einen Monat vor dem Weihnachtsfest 2012, am Ende eines durchwachsenen Jahres für die deutsche Pressewirtschaft, bat bezeichnenderweise die einzige Traditionszeitung in Deutschland mit steigender Auflage Branchenvertreter um eine selbstkritische Einschätzung: „Was haben Sie und Ihr Haus in den vergangenen fünf Jahren falsch gemacht?", fragte *Die Zeit* (2012). Antworten gaben Julia Jäckel (Gruner+Jahr), Mathias Döpfner (Axel Springer), Dirk Ippen (Verlagsgruppe Ippen), der inzwischen verstorbene Frank Schirrmacher (*Frankfurter Allgemeine Zeitung*), Ulrich Reitz (ehem. *WAZ*) und einige Prominente aus dem Journalismus mehr. Einen Konsens unter den Leuchttürmen des deutschen Print-Journalismus und Verlagsmanagements gab es vor allem in der Haltung, die Kai Diekmann, Chefredakteur der *Bild*, formulierte: Guter Journalismus werde immer überleben. Was jedoch guter Journalismus sei und ob sich die Güte von Journalismus eher an Hergebrachtem oder auch an seiner Wandlungsfähigkeit ermessen lasse, ließen die Befragten im Vagen.

Ist aber nun das „Zeitalter des Journalismus" tatsächlich vorbei, wie Weischenberg (2010) provokant formulierte? Weischenberg machte keinen Hehl daraus, dass er die Aufregung der Kollegen nicht nachvollziehen konnte: Vielmehr verwies er darauf, dass der Zustand des Journalismus nicht mit einer einfachen Kausalität – den vermeintlich zerstörerischen Folgen des Internets – erklärt werden könne, sondern es sich um einen langwierigeren, bereits seit mindestens zwei Jahrzehnten andauernden Prozess der Deprofessionalisierung, Boulevardisierung und Ökonomisierung sowie um die Folge eines Akzeptanzverlusts in der Bevölkerung handele. Sowohl Wirtschaftszahlen als auch die analytische Praxis- und Forschungsliteratur lassen keinen Zweifel daran, dass die Umwälzungen auf den Pressemärkten eine strukturelle Beruhigung auf absehbare Zeit unwahrscheinlich werden lassen. Die Nachrichtenbranche steht am Ende einer Dekade, in der sich in der globalen Medienlandschaft vieles rudimentär, aber auch vieles grundlegend verändert hat.

Es geht um einen Wandel, dem bisher ein eher nur hypothetischer Charakter beigemessen wurde und der gerade deshalb empfindliche Konsequenzen nach sich zog
(vgl. Nielsen 2012). Diese Veränderungen waren zumindest zeitweise konjunktureller
Natur, erwiesen sich jedoch bald als strukturelle Verwerfungen. Dass Presseverleger zusehends Schwierigkeiten damit hatten und haben, ihre publizistische und
wirtschaftliche Verantwortung miteinander zu vereinbaren (vgl. Heimeier 2013:
36-39), mit anderen Worten: Wertschöpfung mit Public Value zu verbinden (vgl.
Kolo/Döbler/Rademacher 2012), ist eine Beobachtung, die sich auf die verbreitete
Regelpraxis stützt, mittels drastischen Sparmaßnahmen dem unvermindert hohen
Kostendruck zu begegnen. Stattdessen mangelt es an Konzepten, wie Erlöse durch
Qualitätssicherung und Investitionen in strategischen Kernbereiche signifikant
gesteigert werden können (vgl. Beck/Reineck/Schubert 2010: 240). Dies resultiert
auch aus der grundsätzlichen Unterschiedlichkeit der Endziele und Objektive
von Geschäftsführung und redaktionellem Personal in Medienunternehmen (vgl.
Altmeppen 2007; 2012):

1. Das *Verlagsmanagement* operiert mit Kennzahlen, Bilanzen und Renditen.
   Zeitungsverlage bilden Wertschöpfungsketten mit unterschiedlichen medialen
   Produkten, in der Regel auf mehreren, zunehmend auch digitalen Geschäftsfeldern. Die Vermarktung journalistischer Inhalte bildet bei Presseverlagen
   traditionell das Kerngeschäft, das profitorientiert ausgerichtet ist, allerdings
   verlagert sich die Erlösstruktur immer mehr in nicht-journalistische Bereiche, um
   journalistische Produkte gegenzufinanzieren (z. B. Axel Springer, Gruner+Jahr).
   Dementsprechend sind Strategien des unternehmerischen Fortschritts auf
   Kontinuität in der Marktkompatibilität und den unternehmerischen Erfolg
   ausgerichtet.
2. Die *Redaktionsorganisation* ist in die unternehmerischen Strukturen von Zeitungsverlagen integriert, folgt jedoch nicht hauptsächlich unternehmerischen
   Zielen. Die Aufgabe von Zeitungsredaktionen umfasst das journalistische
   Funktionsspektrum, das auf die Erstellung und Vermittlung von Informationen
   und darüber hinaus auf die Herstellung von Öffentlichkeit sowie die Einhaltung
   journalistischer Prinzipien und Standards ausgerichtet ist. Redakteure sind
   dennoch direkt von der Marktperformanz ihrer Medieninstitution betroffen und
   werden durch Prozesse des Wandels, zum Beispieldurch die Mediennutzung,
   aufs Neue herausgefordert.

Die strukturellen Herausforderungen für Presseverleger, die ebenfalls entscheidend
für die Situation der Redaktionen sind, lassen sich wie folgt unterteilen (vgl. auch
Tabelle 2):

- *Mediensystem*: Mit der Etablierung des Internet und der Digitalisierung, auch der Mobilisierung weiter Bereiche der Informations- und Unterhaltungsökonomie sowie des privaten Medienhandelns (vgl. auch Kapitel 2.3) wird das Angebotsportfolio durch konkurrierende Wettbewerbsstrukturen noch stärker unter Druck gesetzt, als dies durch Radio und Fernsehen zuvor schon der Fall war. Presseverleger haben nach einer langen Phase der Ratlosigkeit und Ignoranz akzeptiert, für ihre journalistischen Angebote nach tragfähigen Geschäftsmodellen in der Digitalwirtschaft suchen zu müssen.
- *Pressemarkt*: Der Pressemarkt befindet sich auch in Deutschland in einem starken Konzentrationsprozess (vgl. Röper 2012). Einerseits werden Redaktionen und ganze Zeitungstitel geschlossen, andererseits nimmt die Medienkonzentration auch durch die Übernahmeaktivitäten einzelner (regionaler) Verlagshäuser zu, was die Pressevielfalt durch komplementäre Zentralisierungsmaßnahmen im redaktionellen Bereich weiter einschränkt (vgl. Zerback 2013). Damit gibt es tendenziell nicht nur weniger publizistische Einheiten (zwischen 2001 und 2012 sank die Zahl um etwa fünf Prozent), sondern auch weniger Verlage, die auf dem deutschen Pressemarkt aktiv sind. Als Reaktion auf die angespannte Marktsituation verfolgen einzelne Zeitungshäuser Diversifikationsstrategien, um Geschäftsbereiche auszubauen oder neu zu erschließen (vgl. Esser/Brüggemann 2010): So wandelt sich bisweilen das Kerngeschäft von reinen Zeitungs- zu digitalen Multiplattformunternehmen (vgl. Kansky 2010), die den Großteil ihrer Umsätze in nicht-journalistischen Geschäftsfeldern erwirtschaften wie im Fall des Axel Springer Konzerns.
- *Nutzungsstruktur*: Die Aktivität des Publikums als Nutzer digitaler und mobiler Medientechnologien zum Zwecke der Kommunikation, Information und Unterhaltung ist nicht der einzige, aber ein wichtiger Grund für den Rückgang der Gesamtauflage deutscher Tageszeitungen und die Überalterung der Leserschaft. Seit den 1980er Jahren verzeichnet die Pressebranche sinkende Auflagenzahlen und erlebt nutzerseitig einen demographischen Umbruch: Jüngere Alterskohorten nutzen vermehrt elektronische Medien und werden voraussichtlich nicht in einer Zahl das Medium Zeitung in Zukunft nutzen, die ausreichen würde, um die Balance der Binnenstruktur von Zeitungshäusern zwischen den Geschäftsbereichen Print und Online zu erhalten. Presseverleger entwickeln deshalb zunehmend digitale Formate und bauen ihre Online-Präsenz aus, um auch diese jüngeren Nutzer für ihre (journalistischen) Angebote zu interessieren.
- *Geschäftsfelder*: Dass es sich bei Einschnitten für Presseverlage auf dem Werbemarkt ebenfalls um einen strukturellen Wandlungsprozess handelt, wurde erst nach Jahren starker konjunktureller Schwankungen deutlich. Die Werbeerlöse

von Zeitungsverlagen haben sich nach dem sogenannten Platzen der ‚Dot-Com-Blase' – dem Börsendrama von überzeichneten Internetunternehmen am Neuen Markt – zu Beginn des 21. Jahrhunderts nicht mehr nachhaltig erholen können. Anders als im Fernsehwerbegeschäft gehen die Einnahmen kontinuierlich zurück. Die Umorientierung der Werbewirtschaft zu neuen Werbeformen auch abseits journalistischer Angebote im Internet schwächen die bislang tragende Säule des Geschäftsmodells im Printsektor. Hinzu kommen Einschnitte im Rubrikengeschäft: Kleinanzeigen in der Zeitung wurden durch größtenteils kostenlose und effizientere Fremdplattformen im Netz wie u. v. a. die Portale der Scout24-Gruppe weitgehend ersetzt, wenn auch nicht vollständig verdrängt. Dennoch ist die Konkurrenz durch branchenfremde Anbieter weiterhin mächtig und hat die Einnahmen aus Rubrikenmärkten empfindlich reduziert.

Damit ändert sich schrittweise auch die Mitarbeiterstruktur in Zeitungshäusern, die sich in der Vergangenheit gezwungen sahen, ihr Personaltableau nicht nur auszudünnen, sondern auch zu verjüngen: Frei werdende Stellen werden nicht neu besetzt, dagegen werden mancherorts gleich eine Reihe von neuen Stellen mit einem Fokus auf den Online-Bereich und crossmediales Arbeiten geschaffen (z. B. *Stern, Zeit Online, Spiegel Online, faz.net*). In Regionalzeitungsverlagen wurden zuletzt viele Redaktionen zusammengelegt, so dass überregionale Mantelteile von mehreren Zeitungstiteln eines Verlagshauses von derselben Zentralredaktion beliefert werden. Die Annahme, dass angesichts von Spar- und Zentralisierungsmaßnahmen vor allem unter langjährigen Zeitungsredakteuren Frustration, Unsicherheiten und Selbstzweifel auftreten könnten, liegt nahe.

Tabelle 2   Hintergründe struktureller Verunsicherung in der Pressebranche

Strukturbereich	Wandel	Hintergrund	Reaktionen
Mediensystem	Etablierung des Internet / Digitalisierung	Herausbildung konkurrierender Angebotsstrukturen für Information und Unterhaltung durch Etablierung und Ausbreitung der Online-Kommunikation	Presseverleger suchen für ihre Angebote nach tragfähigen Geschäftsmodellen in der Digitalwirtschaft
Pressemarkt	Schließung von Redaktionen und Zeitungstiteln, Zunahme der Medienkonzentration	Die Zahl der publizistischen Einheiten in Deutschland sinkt, aber nur langsam: zwischen 2001 und 2012 um etwa fünf Prozent. Diversifikation einzelner Zeitungshäuser, vor allem im Digitalbereich.	Presseverleger erschließen nicht-journalistische Geschäftsfelder
Nutzungsstruktur	Verändertes Nutzungsverhalten, demografischer Bruch	Seit 1980er Jahre sinkende Gesamtauflage deutscher Tageszeitungen, Überalterung der Leserschaft, jüngere Alterskohorten nutzen vermehrt elektronische Medien	Presseverleger entwickeln schrittweise mobile/digitale Formate und bauen ihre Online-Präsenz aus.
Geschäftsfelder (I)	Sinkende Werbeerlöse	Nachhaltige Umorientierung der Werbewirtschaft, neue Werbeformen abseits journalistischer Angebote	Presseverleger suchen Modelle zur Steigerung der Vertriebserlöse; Erschließung neuer nicht-journalistischer Werbeformen
Geschäftsfelder (II)	Tiefe Einschnitte im Rubrikengeschäft, Substitutionsgefahr	Verlagerung des Rubrikengeschäfts ins Internet, Konkurrenz durch branchenfremde Anbieter	Presseverleger kaufen Online-Rubrikenportale

Der Strukturwandel der Öffentlichkeit unter den Vorzeichen der Digitalisierung hat neue Öffentlichkeitsakteure geschaffen, die digitale Technologien nutzen, um Informationen massenmedial zu distribuieren. Diese Entwicklung hat bereits zur Folge gehabt, dass Nachrichten zum Allgemeingut geworden sind: Gemeint ist damit nicht im strengen Sinne die klassische Nachricht als journalistische Darstellungsform und als Produkt eines journalistischen Organisationsapparats. Vielmehr geht es um

Neuigkeiten und Informationen über Ereignisse und Personen, denen im jeweiligen Verbreitungs- und Rezeptionskontext eine öffentliche Relevanz zugeschrieben wird. Diese Form von Nachrichten ist heute nahezu überall zu finden: in sozialen Netzwerken, auf kollaborativen Wissensportalen, bei E-Mail-Anbietern oder über Suchmaschinen auf einer denkbar langen Reihe nicht-journalistischer Online-Angebote. Mit dieser Informations-Gemengelage aus Inhalten unterschiedlichster Provenienz (Laienkommunikation, interessensgeleitete PR-Inhalte, Propaganda, etc.) steht Journalismus im 21. Jahrhundert im Wettbewerb.

2.3 Immer länger, immer mehr, immer mobiler

Die Mediennutzungsforschung zeigt, zumal in Deutschland, eine zwar nicht unvermindert hohe, aber immerhin noch dominante Stellung der traditionellen Mediengattungen (Fernsehen, Radio, Zeitung) bei gleichzeitigem beachtlichen Anstieg der Nutzungswerte für internetspezifische Informationsangebote, die sich nicht nur auf die Websites von Sendern oder Verlagen beschränken (vgl. Eimeren/ Frees 2013). Zwar haben Fernseh- und Radiosender samt ihrer Online-Angebote, aber auch Zeitungen und Zeitschriften mit ihren Internetablegern sowie nicht zuletzt davon unabhängige journalistische Websites für eine signifikante quantitative Steigerung von Berichterstattung (und Mediennutzung) geführt; es stellt sich also der Eindruck ein, dass es heute mehr Nutzer journalistischer Inhalte gäbe denn je: „For citizens, this is a golden age of news, a time when people have never had greater access to more news and information." (Ryfe 2012: 198) Dennoch profitieren die professionellen Produzenten davon nur wenig: Im Jahr 2010 verbrachte der durchschnittliche deutsche Nutzer ab 14 Jahren 83 Minuten am Tag im Internet und rezipierte 13 Minuten lang aktuelle Nachrichten, davon aber lediglich drei Minuten auf der Homepage einer Tageszeitung (vgl. Reitze/Ridder 2011: 65). Populär sind unter anderen Portale von Internet-Providern, über die der Zugang bzw. die Einwahl ins Internet erfolgt sowie Portale von Mailanbietern und Suchmaschinen (vgl. Hasebrink/Schmidt 2013: 7).

Zerfall des Publikums

Insgesamt hat sich jedoch die Zeit, die heute durchschnittlich mit Medien verbracht wird, derart erhöht, dass sie als kaum noch steigerungsfähig erscheint. Nach Ergebnissen der Langzeitstudie Massenkommunikation verbrachten im Jahr 2010

Personen ab 14 Jahren in Deutschland durchschnittlich 519 Minuten, also über achteinhalb Stunden pro Tag mit der Nutzung von Fernsehen, Radio, Presseveröffentlichungen und dem Internet – 75 Minuten mehr als noch zehn Jahre zuvor (vgl. Reitze/Ridder 2011: 57). Jüngere Nutzer wenden sich immer deutlicher von der Zeitung ab – und anderen Mediengattungen zu. Zunächst profitierte das Fernsehen, mittlerweile in erheblichem Maße das Internet. Die Gründe dafür sind weder monokausal dem Internet zuzuschreiben (vgl. McChesney 2011) noch allein bei den Anbietern zu suchen, also in den Geschäftsführungen der Verlage oder in den Redaktionen: Der heute so dramatisch wahrgenommene Mediennutzungswandel begann bereits in den 1980er Jahren und hat vielfältige Ursachen, die sowohl mit soziokulturellen als auch konkret bildungspolitischen Bedingungen erklärt werden können (vgl. Haller 2012).

Der Zerfall des Publikums ist unaufhaltsam und hat zu einer gesteigert heterogenen und dynamisierten transmedialen Nutzung von Medienangeboten geführt (vgl. Thomä 2014). Eine unüberschaubare Vielzahl an Medienanbietern – nicht nur journalistische – konkurrieren miteinander um die Aufmerksamkeit der Nutzer, die parallele Nutzung von verschiedenen tagesaktuellen Medien nimmt zu. Eine solche Verdichtung verlangt nach einer höheren Effizienz. Insbesondere der Journalismus ist hier gefordert, um einer drohenden Beiläufigkeit und Oberflächlichkeit der Nutzung entgegenzuwirken, die wiederum die Informationssuche erschwert. Der amerikanische Blogger und Journalismus-Professor Jeff Jarvis plädiert deshalb für eine qualitative Umgewichtung der Nutzungsmessung: Nicht die Dauer solle im Vordergrund stehen, sondern die Effizienz (und Effektivität) der Befriedigung von Nutzungsmotiven:

> „Instead of measuring our success by how much more time we can get them to spend with us, we should measure it by how much less time they need to spend with us to reach their own goals. […] If the problem is that young people spend less time with news, where is the opportunity in that? I say it is in helping anyone of any age spend even less time, getting more information more efficiently." (Jarvis 2013)

Dieser Gedanke ist auch ein zentrales Kriterium bei der Konzipierung von spezifischen Darstellungsformen für die Vermittlung von Journalismus über mobile Endgeräte wie Tablets oder Smartphones. Die mobile Medienkommunikation ist einer der dynamischsten digitalen Wachstumsbereiche, auch weil sie mehr Zeitkontingente erschließt. Der Ausbau der drahtlosen Breitband-Infrastruktur (UMTS, LTE) ist in vollem Gange:

> „Die allgegenwärtige Internetversorgung muss gar nicht fortwährend genutzt werden, um ihre Wirkung auf persönlicher wie auf gesellschaftlicher Ebene zu entfalten. Es

reicht aus, dass sie da ist, dass sie grundsätzlich genutzt werden kann, dass sie eine immerwährende Option darstellt. Sie konkretisiert dadurch die Idee von Verfügbarkeit, einer zweiseitigen Verfügbarkeit: Zum einen sind wir als Personen weitgehend für andere immer verfügbar. Und auf der anderen Seite ist jeder und insbesondere alles für uns verfügbar." (Flecken 2013)

Mediatisierung des Alltags

Dadurch, dass die Digitalisierung die Medienkommunikation immer schneller, komfortabler und effizienter macht, werden nunmehr auch Lebensbereiche des Alltags mediatisiert, die zuvor weitestgehend noch eine Domäne der analogen Medien waren wie Bus und Bahn, der heimische Garten oder die Gastronomie. Mit dem Begriff der Mediatisierung (Krotz 2001; 2007) wird der Wandel von Medien und Kommunikation als auch der davon angetriebene Wandel von Kultur und Gesellschaft in seinen Wechselbeziehungen beschreibbar: „In quantitativer Hinsicht geht es bei Mediatisierung darum, dass medienvermittelte Kommunikation sich sozial, räumlich und zeitlich zunehmend in verschiedene Bereiche von Kultur und Gesellschaft verbreitet. In qualitativer Hinsicht interessiert, inwiefern dabei unterschiedliche Medien auf verschiedene Art und Weise Kultur und Gesellschaft ,formen', ,verändern' oder ,prägen'." (Hepp/Hasebrink 2014: 347) Die Veränderungen der kommunikativen Praxis als Medienhandeln orientieren sich – auch durch die Möglichkeiten der zeitsouveränen und interaktiven Mediennutzung – heute mehr denn je an alltagsweltlichen Handlungsgewohnheiten und nicht mehr an einer System- oder Feldlogik der Massenmedien, die Zeit und Ort der Nutzung weitgehend vorschreiben.

Ein Ergebnis der fortgeschrittenen Mediatisierung ist unter anderem, dass es kaum noch Orte oder Anlässe gibt, an denen mobile Medienkommunikation tabu ist. Selbst in Parlamentssitzungen, im Arzt-Wartezimmer, am Steuer eines Pkws gehört das ,Internet der Dinge', also eingebettete Computer in unterschiedlichen Geräten der Mobilkommunikation, zum Alltag (vgl. Müller 2013). Für journalistische Angebote bedeutet das zunächst einmal ebenso große Chancen, aber auch Risiken: Journalismus im Internet ist durchaus populär, doch stehen professionell erstellte Nachrichtenangebote im Wettbewerb mit einem breiten Spektrum weiterer Nutzungsoptionen, allen voran einer Vielzahl von Varianten zwischenmenschlicher Direkt- und Individualkommunikation (Mail, Chat, Direct Messaging, Postings, Tweets etc.). Auch wenn sich in den vergangenen Jahren erst langsam eine Verschiebung der Nutzungspräferenzen der Gesamtbevölkerung zuungunsten der traditionellen Mediengattungen registrieren lässt, orientiert sich das journalistische Angebot in seinen Vermittlungslogiken noch immer sehr stark an den hergebrachten

Prinzipien und schöpft die Vertriebs- und Marketingpotenziale des Digitalen und Mobilen nicht annähernd aus.

Der Bedarf an verlässlichen Informationen aus dem Internet wächst dagegen immens: Heute liegt die Nutzung der jungen Altersgruppen der klassischen Medien Fernsehen, Radio und vor allem der Zeitung deutlich unter dem Gesamtdurchschnitt. Auch altersübergreifend wächst das Interesse der Nutzer am Internet beachtlich: 2010 lag es in der Frage nach dem Informationsmedium Nummer eins schon beinah gleichauf mit der Tageszeitung (29 im Vergleich zu 32 Prozent) und übertraf sowohl Radio als auch Fernsehen (Reitze/Ridder 2011: 97), von 2010 bis 2013 stieg die mindestens gelegentliche Onlinenutzung 69,4 auf 77,2 Prozent der deutschen Bevölkerung ab 14 Jahren (vgl. Eimeren/Frees 2013: 359).

Hier stellt sich die Herausforderung, insbesondere die jungen Nutzer überhaupt erst für Journalismus zu interessieren und als Voraussetzung dafür journalistische Inhalte unterscheidbar zu machen von anderen, nicht-journalistischen Informationsangeboten (vgl. Tabelle 3). Nur wird das leichter postuliert als realisiert: Journalismus ist für viele jüngere Nutzer im Internet angesichts des Überangebots an Informationen aus einer Vielzahl unterschiedlichster Quellen schwer zu identifizieren oder unkenntlich (vgl. Neuberger 2012).

Tabelle 3   Nutzungswandel (vgl. Reitze/Ridder 2011)

Charakteristika und Dimensionen des Nutzungswandels
- Zahl der Nutzer journalistischer Angebote (Print/Online/Rundfunk) auf Rekordniveau.
- Dauer der Mediennutzung insgesamt verzeichnet deutlichen Anstieg.
- Klassische Medien werden parallel zu neuen digitalen Medienangeboten genutzt.
- Jüngere Alterskohorten wenden sich verstärkt elektronischen Medien zu.
- Soziale Netzwerke (SNS) werden von allen Altersgruppen genutzt, bei Jüngeren sind die Nutzungswerte am höchsten.
- Mobilkommunikation und mobile Nutzung von Medienangeboten für Informations- und Unterhaltungszwecke nimmt zu.
- Die Zahl unterschiedlicher Informationsquellen wächst, die Informationssuche wird gezielter und schließt persönliche Kommunikationsnetzwerke mit ein.

Nutzererwartungen

Die Erwartungen von Nutzern journalistischer Medienangebote spielen in einem zunehmend dynamischen Wettbewerbsumfeld eine erhebliche Rolle: Die Kommunikationswissenschaft hat mit dem Nutzen- und Belohnungsansatz (Uses-and-Gratification-Approach) in etlichen empirischen Studien nachweisen können, dass

Rezipienten in ihrer Mediennutzung von ihren Erwartungen geleitet werden: Sie wählen solche Medienangebote aus, von denen sie sich eine Belohnung im Sinne der Befriedigung eines angestrebten Nutzens versprechen (vgl. Schweiger 2007: 60-91). Die Langzeitstudie Massenkommunikation hat für Deutschland gezeigt, dass sowohl die Tageszeitung als auch das Internet von Mediennutzern vor allem als Informationsmedien eingestuft werden, die ihnen helfen, im Alltag und in der Welt zurechtzukommen (Reitze/Ridder 2011: 93-96; vgl. auch Eimeren/Frees 2013).

Befragungen von Nutzern zu ihren Erwartungsprofilen und ihrer Zufriedenheit in Bezug auf journalistische Leistungen haben zuletzt jedoch auch zum Teil ernüchternde Ergebnisse erbracht: Donsbach et al. ermittelten beispielsweise, dass in der Wahrnehmung der befragten Bürger Journalisten rücksichtsloser, intoleranter und unsozialer seien als sie es sich eigentlich wünschen würden (Donsbach et al. 2009: 71). Auch in Bezug auf die Erfüllung ihrer Aufgaben erhielten Journalisten enttäuschende Zeugnisse: Sie lieferten aus Sicht der Befragten weniger ausführliche Hintergrundinformationen als erwartet, präsentierten zu selten gegensätzliche Meinungen zu einem Thema, verzichteten zu sehr darauf, möglichst viele Fakten und weniger Meinung zu vermitteln und berichteten zu selten über Schicksale einfacher Menschen (ebd.: 73). Die Erwartungsenttäuschung auf Publikumsseite, ob sie nun zutreffen mag oder nicht, könnte darauf zurückgeführt werden, dass Journalisten die Informationsorientierung und das Informationsbedürfnis, aus dem heraus Rezipienten journalistische Medienangebote nutzen, unterschätzen: Wie Scholl, Malik und Gehrau (2014) mittels einer vergleichenden Sekundäranalyse der Nutzerbefragung „Massenkommunikation" (Reitze/Ridder 2011) und der Journalistenbefragung „Journalismus in Deutschland" (Weischenberg/Malik/Scholl 2006) herausarbeiteten, legen Journalisten zwar hohen Wert auf Informationsleistungen, schätzt die Nutzungsmotive des Publikums in Richtung Information deutlich geringer ein, als diese tatsächlich sind. Die Rezipienten wiederum glauben in der Mehrzahl, dass Medien deutlich weniger informativ sind, als diese sich selbst einschätzen.

Auch wenn Erwartungen und Erwartungs-Erwartungen aneinander vorbeizielen, sind es doch vorrangig bestimmte Rollenmuster, die das Publikum auf den Journalismus projiziert. So kam eine jüngere Befragung online-affiner Mediennutzer zu dem Ergebnis, dass eine kritische Funktion und die Erklär- und Einordnungsleistungen des Journalismus für am wichtigsten gehalten werden: Kritik an Missständen und Gesellschaft zu üben, komplexe Sachverhalte zu erklären und zu vermitteln und die Realität genauso abzubilden wie sie sei, wurde in der Nutzerbefragung als am relevantesten eingestuft. Insbesondere jüngere Nutzer erwarten nach den Ergebnissen zudem mehr Beteiligungsmöglichkeiten (Obermaier/Springer/Popp 2012: 561-562). Auch unter Journalisten ist ein klassisches Rollenmuster vorherrschend:

Weischenberg et al. (2006: 102) haben diesbezüglich einen bemerkenswerten Aufstieg des journalistischen Selbstverständnisses in der Rolle des neutralen Vermittlers festgestellt. Fraglich ist, wie sich dies womöglich unter den veränderten Bedingungen und Aktivitätsformen in der veränderten (digitalen) Medienlandschaft verändert hat. Entscheidend bleibt zu berücksichtigen, dass Belange der journalistischen Qualitätssicherung in Zeitungshäusern mehr umfassen als die normative Debatte um bestimmte Qualitätsstandards (vgl. hierzu: Bucher 2003), sondern auch das Qualitätsbewusstsein und die streng subjektive Qualitätswahrnehmung des Publikums als Faktor einbezogen werden muss (Arnold 2009: 371ff.).

2.4   Aus der Not geboren: Der Aufstieg des Innovationsparadigmas

Zeitungshäuser haben durch den digitalen Strukturwandel innerhalb weniger Jahre einschneidende Veränderungen ihrer Wettbewerbssituation, der technologischen Möglichkeiten und der Nutzungspräferenzen ihres Publikums akzeptieren müssen. Schon bei der Etablierung des Radios, der Verbreitung des Fernsehens und später bei der Einführung des privaten Rundfunks, mussten sich Zeitungshäuser auf veränderte Marktbedingungen einstellen und reagierten mit Modernisierungsmaßnahmen.[10] Mit Einführung computergestützter Produktionssysteme in den 1970er Jahren sind in den Zeitungsredaktionen Automatisierungsprozesse in Gang gekommen, die eine grundlegende Transformation des Berufsbilds nach sich zogen. Blickt man weiter zurück in die Vergangenheit, hat bereits die Erfindung der Rotationspresse weitreichende Veränderungen induziert (vgl. Stöber 2005: 34). Dass mittlerweile jedoch ein wesentlicher Bestandteil der öffentlichen sowie der privaten Kommunikation in Form von Online-Kommunikation stattfindet (vgl. Beck 2010), hat in der Publizistik und der Publizistikforschung ein neuerliches Innovationsparadigma begründet, das davon ausgeht, dass der Journalismus und seine Medien einer kontinuierlichen Erneuerung unterzogen werden müssen, um ihre gesellschaftliche und kulturelle Relevanz zu behaupten (vgl. Hohlfeld/Meier/Neuberger 2002; Schnell 2008; Fengler/Kretzschmar 2009; Kramp/Weichert 2012a+b).

---

10 Ein Beispiel sind gestalterische „Zeitungsrenovationen" als „unvermeidliche Anpassungsprozesse an eine sich ändernde Umwelt" (Rathgeb 1995: 210), die auf exogene Faktoren wie Wettbewerb, Nutzung, ästhetisches Empfinden oder die technische Entwicklung zurückzuführen waren.

„Innovate or die" konstatiert der spanische Medienberater Juan Señor (2009) deshalb auch gerne in seinen Vorträgen vor Zeitungsmanagern: Wer sich nicht neu erfinde und alles auf Journalismus setze, würde das Wettrennen der Informationsanbieter um öffentliche Relevanz verlieren. Es gelte, sich ausschließlich auf die Qualität der Inhalte zu konzentrieren, um eigene „narratives of the digital world" zu entwickeln. Es reiche nicht, die Kommunikationsgewohnheiten der Netzöffentlichkeiten zu adaptieren oder gar nachzuahmen. Daher müssten sich die Redakteure als Innovatoren begreifen und es nicht den Technikern und Managern überlassen, neue Wege zu beschreiten. Kurzum: Journalisten sollten es als ihre Aufgabe begreifen, ihre intellektuelle und kreative Leistungsfähigkeit auf das neue Medienumfeld anzuwenden. Ähnlich urteilt Jochen Wegner (2013), Redaktionsleiter von *Zeit Online*: „Gehen Sie raus und spielen Sie" – man möge sich ausprobieren, forderte er auf der „Besser Online"-Tagung des Deutschen Journalistenverbandes – Innovation statt Reaktion.

Faktor 1:
Krise als Innovationsmomentum

Innovations bzw. Change Management wurde in Nachrichtenorganisationen von einem „Fremdwort" zum überlebenswichtigen Bestandteil institutionellen Handelns (vgl. Meier 2007a). Das Innovationshandeln in Presseverlagen ist jedoch dadurch geprägt, dass an Veränderungen – und seien es nur minimale Konfigurationen des Bestehenden – gespart wird. Dies führt zu einem Schwebezustand, der Optionen erkennen, sie aber nicht umsetzen lässt: Vorstellbar ist zwar Einiges, doch praktikabel nur wenig (vgl. Wolf 2012: 481-482). Buschow, Dürrenberg und Winter (2011) schlussfolgern aus ihren Untersuchungen zum Change Management in deutschen Zeitungsredaktionen, dass oftmals ein nur „,zaghafter', inkrementeller Wandlungsprozess" zu beobachten sei, der keinen radikalen „Turnaround" darstelle (ebd.: 205). Wandel sei in den Redaktionen generell schwierig und „nur gegen Widerstände durchsetzbar", Medienmanager seien oft „keine weitsichtigen Innovatoren, sondern ‚visionslos' und in ihrer strategischen Planung ‚kommerziell-orientiert'" (ebd.: 207).
  Bereits Ende der 1980er Jahre argumentierte jedoch Goslich (1987: 112-113), dass Zeitungsverlage in „ganz bestimmten Situationen" – besonders in Krisensituationen – systematisch an Innovationsstrategien arbeiten müssten, um langfristig ihre Geschäftsgrundlage nicht zu gefährden:

> „Dabei kann es sich um die Folgen allgemeiner konjunktureller Abschwächung handeln, um wirtschaftliche Schwierigkeiten eines einzelnen Unternehmens oder

eine Branche, aber auch um Einflüsse von außen. Die zunehmende Konkurrenz für Zeitungsunternehmen durch das Eindringen neuer Wettbewerber aus anderen Bereichen der Informations- und Kommunikationswirtschaft oder sogar aus ganz anderen Wirtschaftszweigen mag man als solche Einflüsse betrachten können, erst recht natürlich dann, wenn man die Auffassung vertritt, der Lebenszyklus der Zeitungen als Gesamtheit werde auf längere Sicht seinem Ende entgegensteuern." (ebd.)

In den USA, wo die Zeitungskrise weitaus dramatischere Folgen nach sich zog als in Deutschland, hat sich das Innovationsparadigma nach desolaten Geschäftsentwicklungen durchgesetzt: Der jährlich erscheinende Bericht „State of the News Media" des Washingtoner Projects for Excellence in Journalism (PEJ) hat in den vergangenen Jahren nicht nur den qualitativen Verfall des Printjournalismus in aller Breite und en detail aufgezeichnet, sondern auch registriert, wie sich die publizistischen Flaggschiffe konstruktiver als zuvor auf den digitalen Strukturwandel einlassen. Im Zentrum der Bemühungen von Medienhäusern steht neben der wirtschaftlichen Konsolidierung auch eine Bereitschaft zur Exploration um Wege zu finden, wie das journalistische Angebot im Netz unterscheidbar und attraktiv gestaltet werden kann. Langsam rücke nun nach Jahren der Zurückhaltung, so die Beobachtung der Branchenanalytiker, der digitale Journalismus ins Zentrum der Geschäftsstrategien der Verlagshäuser (PEJ 2013):

- Das Jahrzehnt der redaktionellen Sparmaßnahmen habe seine Spuren hinterlassen, und deshalb srafe das Publikum die Presse mit Ignoranz. Unterbesetzte Redaktionen seien kaum noch ausreichend in der Lage, ihre Berichterstattungsfunktion umfassend und sorgfältig zu erfüllen. Immer mehr Nutzer kehrten sich von traditionellen Nachrichtenmedien ab, was die Auflagenzahlen sinken lasse und zu einer Erhöhung der Verkaufspreise von Zeitungen führe, um die Vertriebserlöse zu stabilisieren. Hauptsächlich wanderten Besserverdienende und Höhergebildete ab, verlangten nach mehr Qualität statt Quantität, forderten eine Besinnung auf journalistische Standards, einen Wandel zum Besseren. In den Verlagen habe deshalb ein Umdenken eingesetzt.
- Die Nachrichtenbranche habe versäumt, von den hohen Wachstumsraten im digitalen Geschäft mit Werbung zu profitieren. Verlage erführen ein wachsendes Ungleichgewicht ihrer Erlösquellen, und eine Erlösquelle breche zudem zusehends ein: Zwar würden sich die Rückgänge der Anzeigenerlöse verlangsamen und Hoffnungen auf eine Stabilisierung geschürt, jedoch auf dem Niveau der frühen 1980er Jahre. Zur Erinnerung: Die Beschäftigtenzahlen waren im Jahr 2012 bereits auf das Niveau der späten 1970er Jahre gesunken. Zur Kompensation werde nun konzentrierter an Alternativen für die Vermarktung journalistischer Inhalte gearbeitet.

- Der Ausbau von digitalen Bezahlmodellen und die Investition in innovative journalistische Formate verspreche eine Besserung, sowohl wirtschaftlich als auch in Bezug auf die Qualität journalistischer Inhalte. Noch sei dies jedoch mehr eine hoffnungsfrohe Prognose als Realität: Die Pressewirtschaft habe lange versäumt, sich selbst als aktiven Gestalter des Medienstrukturwandels zu verstehen und müsse entsprechend erst noch ein adäquates Qualitäts- und Innovationsmanagement entwickeln.
- Die Rezeption von Nachrichten (im weiteren Sinne) werde im Zuge der steigenden Internetaktivität weiter Bevölkerungskreise tendenziell intensiver, getrieben vom Interesse für Neuigkeiten, die den Nutzer über Empfehlungen persönlicher sozialer Netzwerke erreichen. Die Chancen für etablierte Medienhäuser seien deshalb vielversprechend, denn der als relevant und hochwertig empfundene Journalismus finde auf diese Weise auch über Umwege zu einem vergleichsweise breiten Publikum.

Faktor 2:
Arbeitszufriedenheit als sozialer Innovationskatalysator

Innovationen in Redaktionen sind in erheblichem Umfang vom individuellen Leistungsverhalten der Mitarbeiter abhängig, das sowohl die organisationalen Leistungsbedingungen betrifft als auch das Leistungsvermögen und die Leistungsbereitschaft der Redakteure (vgl. Jung 2010: 953). Anlässe für Entwicklungsprozesse zur Verbesserung der Leistungsfähigkeit der jeweiligen Organisation und der Qualität des Arbeitslebens speziell im Pressesektor lassen sich mit Jung (2010: 294) wie folgt zusammenfassen:

- Die Organisationsumwelt erweist sich als zunehmend komplex (z. B. Diversifizierung im eigenen Unternehmen, Expansion oder Schrumpfung).
- Das soziale Gefüge im Unternehmen ändert sich (z. B. Einkommensunterschiede zwischen tariflich und außertariflich angestellten Redakteuren, unterschiedliche Arbeitsbelastungen).
- Neue Technologien verbreiten sich (z. B. zur Recherche, zur Darstellung oder Distribution von journalistischen Inhalten).
- Die Marktbedingungen wechseln (z. B. Wandel der Geschäftsmodelle, Vielzahl neuartiger Wettbewerber).
- Wissen veraltet schneller (z. B. höhere Erscheinungsfrequenz, auch Veränderung redaktioneller Routinen und Konventionen).

- Das Wertesystem und die Bedürfnisstruktur der Kunden verändern sich (z. B. Mediennutzungswandel, Relevanzverlust des Journalismus, Vertrauen in alternative Informationsquellen).
- Die Problemlösungskapazität von Organisationen sinkt (z. B. personelle Reduktion, sinkender Einflussgrad von Zeitungshäusern auf dem wachsenden Medienmarkt).

In Deutschland sind solche Entwicklungsprozesse in Zeitungshäusern noch häufig von hinderlichen Disparitäten gekennzeichnet: So steht zwar die Verbesserung der Produktivität durch Maßnahmen zur Innovationsförderung im Mittelpunkt der institutionellen Anstrengung. Die Verbesserung der Arbeitssituation von Redakteuren durch mehr Entfaltungs- und Entwicklungsmöglichkeiten sowie der Erweiterung von Handlungsspielräumen wird durch Rationalisierungsmaßnahmen jedoch vereitelt: In den vergangenen Jahren machten immer wieder Sparrunden und Zentralisierungen in diversen Zeitungsverlagen Schlagzeilen (vgl. u. a. Hamann 2007, Kramp/Weichert 2009). Insbesondere die Zusammenlegung von Redaktionen ist in Deutschland vor dem Hintergrund einer traditionell dezentralisierten Redaktionsstruktur ungewohnt und tangiert potenziell in erheblichem Maße die redaktionellen Arbeitsprinzipien (vgl. Esser 1998). Als Störfaktoren für die Bereitschaft und Fähigkeit zur Innovation müssen daneben auch psychologisch wirksame Begleiteffekte gelten, so unter anderem existenzbezogene Stressoren wie Zukunftsängste durch drohenden Stellenabbau, hohe Arbeitsbelastung oder technische Überforderung (vgl. Schönbauer 2012), eine Prekarisierung der Arbeitsbedingungen, auch mit Blick auf erhebliche Einkommensunterschiede innerhalb von Redaktionen (Lilienthal/Schnedler 2012; Kramp 2013) sowie ein daraus resultierendes Nachwuchsproblem („Brain Drain", „War for Digital Talents") bei der Rekrutierung von hochqualifizierten Berufsanfängern (vgl. Saba 2010; Spielkamp 2010). In den USA landete der Journalistenberuf in einer Bewertung aufgrund von überdurchschnittlich hohen Stressfaktoren, schlechten Arbeitsbedingungen, niedriger Entlohnung und ungünstigen Wachstumsraten sogar auf dem ersten Platz der „worst jobs" (Kensing 2013).

Wer experimentell vorgehen möchte, um innovative Praktiken zu erproben, braucht eine flexible Mentalität. Rationalisierungen statt Investitionen in die redaktionellen Kernbereiche verursachten in der Vergangenheit jedoch ein denkbar ungünstiges Innovationsklima, das von Mitarbeiter-Motivation bzw. -Anreizen, Arbeitszufriedenheit und der Lust an Veränderung angetrieben wird (vgl. Hübner 2002: 131-132; Bilton 2007: 28). Solche Change Prozesse können bei ausbleibenden Integrations- und Kompensationsmaßnahmen Ängste und Frustration bei den betroffenen Akteuren hervorrufen: Variablen, die mit großen Unsicherheiten verbunden sind, und die sich negativ auf das gesamte Arbeitsklima, möglicherweise auch auf die Zufriedenheit der Redakteure auswirken und ihre Innovationsbereitschaft hemmen können (vgl. Zourek 2007: 23).

Faktor 3:
Technologie und Technisierung

Innovationen wurden bislang hauptsächlich vor dem Hintergrund der Technisierung des journalistischen Berufsfeldes betrachtet, die in den 1970er und 1980er Jahren durch die weit verbreitete Einführung von computergestützter Textverarbeitung die Redaktionsarbeit in den Zeitungshäusern veränderte (vgl. Weischenberg 1982) und spätestens durch die Etablierung digitaler Informations- und Kommunikationstechnologien (IKT) in eine regelrechte Abhängigkeit des journalistischen Arbeits- und Produktionsprozesses mündete (vgl. Reich 2013; Witschge 2012). Sowohl bei der „elektronischen Redaktion", die bereits von einer deutlichen Technikskepsis begleitet wurde (vgl. Prott 1984), als auch bei der Digitalisierung der Redaktionsarbeit handelte es sich um die wohl nachhaltigsten Innovationen (vgl. Randazzo 2011). So erscheint der zunehmende Einsatz des „Netzmediums" (Neverla 1998) bei der Recherche, Publikation und Distribution von journalistischen Inhalten ab Mitte der 1990er Jahre wie ein technischer Quantensprung: Die journalistische Recherche hat sich durch das Internet beschleunigt, Informationen können mithilfe von Software anschaulicher und verständlicher vermittelt werden, und die Einbeziehung des Nutzers in unterschiedliche Bereiche des redaktionellen Arbeitens ist zumindest potenziell schon zu einem frühen Zeipunkt möglich. War vor 30 Jahren noch die Rede vom exotischen Angstbild des ‚Redaktronikers', der mit der Integration des Computers in den Redaktionsalltag zu kämpfen hatte, geht es als Folge der Internet-Revolution im Journalismus um eine vielgliedrige Ausdifferenzierung und Neujustierung von Berufsrollen, die den technischen Umwälzungen und der Öffnung kommunikativer wie publizistischer Erlebnisräume im Internet und den damit verbundenen Möglichkeiten des Dialogs zwischen Redaktion und Leser sowie dessen Partizipation am redaktionellen Gesamtgeschehen geschuldet ist: Vom ‚Moderator' und ‚Kurator' über den ‚Mobile Journalist', den ‚Macro Editor' bis hin zum ‚Social Media Redakteur' erlebt das journalistische Berufsfeld in nur wenigen Jahren eine noch nie dagewesene funktionale Differenzierungsphase (Weichert 2011; 2012, vgl. Lilienthal et al. 2014).

In der Kommunikationsforschung betont der Domestication-Ansatz die Adaption neuer Technologien durch ihre Nutzer – sie sei zentral für ihre Durchsetzung (vgl. Silverstone/Haddon 1996; Peil/Röser 2012). Medientechnologien erhalten demnach erst Relevanz, wenn sie angeeignet und genutzt werden. Bezogen auf das soziale Gebilde der Redaktion bedeutet dies im Umkehrschluss jedoch nicht etwa, dass der technologischen Innovation der Erfolg verwehrt bliebe, wenn Redakteure sie nicht anwenden. Vielmehr erfuhr die Pionierfunktion von Journalisten als Multiplikatoren bei der Erprobung und Durchsetzung von IKT eine empfindliche Marginalisierung: Jahrzehntelang waren Journalisten in Presse und Rundfunk qua ihrer Funktion Vorreiter der Medienentwicklung und verfügten über die jeweils neuesten Technologien zur Aggregation, Verarbeitung und Dissemination von Informationen. Heute ist es meist eine kritische Masse von ‚Early Adopters‘, also digital erfahrenen und weithin vernetzten Nutzern, die den Journalisten im täglichen Umgang mit innovativen Technologien voraus sind und journalistische Angebote als Bestandteil ihres breit gefächerten Informations- und Medienrepertoires nutzen (vgl. Hasebrink/Domeyer 2010; 2012).

Faktor 4:
Passives Reaktions- oder progressives Innovationsverhalten?

Das Internet und der Digitalisierungstrend zog durch unzureichendes Change Management in den Zeitungshäusern zahlreiche disruptive Innovationen nach sich, die den Strukturwandel beschleunigt haben: Christensen (1997) beschreibt Innovationen als disruptiv, die durch ihre einfache Anwendung und daraus resultierende Popularität den Markt von unten aufrollen und in der Folge etablierte Wettbewerber verdrängen. Traditionelle Medienunternehmen fänden sich schnell in einem „Innovator's Dilemma" (Clasen 2013) wieder, da globale Internet-Player durch innovative Technologien, Plattformen und Vermarktungskonzepte nicht nur die Präferenzen der Mediennutzer veränderten, sondern auch den Werbemarkt eroberten – zu Lasten der traditionellen Medienunternehmen (vgl. ebd.: 60-87; Kramp/Weichert 2012: 41; siehe Tabelle 4). Zudem haben technologische Innovationen der großen vier dominanten Internet-Player Google, Facebook, Apple und Amazon sowie weitere Software- und Hardware-Firmen – vor allem Twitter, YouTube (Google) und Microsoft (vgl. Bethge et al. 2011) – die Gangart der Technikentwicklung derart beschleunigt und auch das Einsatzspektrum von IKT erheblich erweitert, dass Presseverleger ein durchaus „ambivalentes Verhältnis" (Mathias Döpfner, Vorstandsvorsitzender Axel Springer SE, zitiert nach Hanfeld 2014) gegenüber diesen Innovationstreibern entwickelten und ihre Maßnahmen überwiegend reaktiv und punktuell ausfielen. Ein grundsätzlicher, eigenständiger und selbstbestimmter Innovationsschub blieb jedoch aus. Einige Beispiele (vgl. Tab 4):

Der Aufstieg von *Google* mit seiner Suchmaschine und diversen Zusatzdiensten zur am häufigsten angesteuerten Landing Page im Internet veranlasste Zeitungsverleger dazu, ihre Beschäftigten in den Redaktionen in suchmaschinenoptimiertem Schreiben – Search Engine Optimization, kurz: SEO – weiterzubilden, damit die Texte der Zeitung über Googles Suchalgorithmen besser gefunden werden und in den Suchergebnissen möglichst weit vorne bzw. oben stehen (vgl. Schäfer 2012). Davon abgesehen strengten Verlagshäuser die oben bereits erwähnte Gesetzesinitiative für die Verabschiedung eines Leistungsschutzrechtes für Presseverleger an (vgl. Kapitel 2.1; Kolo/Weichert 2014: 229f.). Auf die vom Videoportal YouTube, das 2006 von Google gekauft wurde, ausgelöste Nutzeraktivität bei der Produktion von audiovisuellen Inhalten reagierten Verlage kaum und setzten weiterhin auf Aktionen, um ihre Leser zur Einsendung von Fotos oder Videos für die eigenen Zeitungswebsites zu animieren. Dem Marktplatz-Konzept des Auktionsportals *Ebay* oder auch des Internetgroßhändlers *Amazon*, die es jedem Nutzer ermöglichen, schnell und einfach neue oder gebrauchte Produkte zu veräußern, setzten die Presseunternehmen eigene kleine Online-Rubrikenmärkte entgegen. Der Computerkonzern *Apple* wiederum setzte in der Produktion mobiler Endgeräte wie Smartphones und Tablet-PCs Maßstäbe, worauf die Verlagswirtschaft mit der Entwicklung digitaler Applikationen (Apps) reagierte. *Facebooks* Revolution der virtuellen Vergemeinschaftung und *Twitters* Erfolg als inzwischen etablierte Nachrichtenplattform verführte das Gros der Presseverleger dazu, eigene Repräsentanzen und Kommunikationskanäle bei diesen Diensten anzulegen, um darüber auf ihre eigenen Angebote hinzuweisen. In sämtlichen hier skizzierten Fällen – allesamt bahnbrechende Innovationen mit signifikanter Bedeutung für die fortgeschrittene Digitalisierung und Mediatisierung von Kultur und Gesellschaft – blieb der Pressesektor innerhalb der Medienwirtschaft jedoch ein weitgehend passiver Akteur.

Tabelle 4   Digitale Innovationen und Reaktionen der Pressebranche
               (vgl. Kramp/Weichert 2012; Clasen 2013)

Medien-inovator	Innovation	Disruption im Pressesektor	Reaktion
Google	Automatisierte Informations- und Nachrichtenaggregation (Algorithmisierung)	Informations- und Nachrichtennutzung über Suchmaschinen: Substitutionsgefahr bei der Recherche von Informationen durch effiziente Auffindbarkeit alternativer Informationsangebote; Informationsdominanz bzw. Verlust der Informationssouveränität durch Such-Algorithmen	Suchmaschinenoptimiertes Schreiben; Initiative für ein Leistungsschutzrecht für Presseverleger zum Schutz journalistischer Inhalte vor gewerblicher Nutzung durch Aggregationsdienste
YouTube (Google)	Plattform für nutzergenerierte Video-Inhalte	Animation und Bindung von Nutzern zur/bei der Generierung von Medieninhalten: Kannibalisierung des Zeitkontingents für konventionelle Mediennutzung	Leseraktionen zur anlassspezifischen Einsendung von Fotos oder Videos
Amazon	E-Commerce und automatisierte Empfehlungssysteme (Long Tail Prinzip)	Online-Vermarktung einer denkbar breiten Produktpalette sowie von Nischenprodukten, Marketplace (Demokratisierung der Vermarktung)	Eigene Online-Rubrikenmärkte
Microsoft	Softwareanwendungen (Windows-Betriebssysteme, Office-Lösungen), Internettelefonie (Skype), Computergesteuertes Zuhause (HomeOS)	Computerisierung der Redaktionsarbeit und der Produktionsabläufe	Nutzung von windowsbasierten Softwareanwendungen in Redaktion und Produktion
Apple	Mobile elektronische Endgeräte (iPhone, iPad) sowie Vermarktung und Vertrieb von digitalen Medieninhalten (iTunes und App-Store)	Vertrieb alternativer Medien- und Informationsangebote (u. a. Apps, Podcasts, Internetradio)	Eigene App-Entwicklung für Tablets und Smartphones, Vermarktung und Verkauf über Apple
Facebook	Soziales Netzwerk (SNS)	Vergemeinschaftung (in einem globalen Netzwerk)	Einrichtung von Fansites, Aktivität von Redakteuren als (professionelle oder private) Nutzer des SNS
Twitter	Kommunikationsdienst	Individuelles Kommunikationsnetzwerk mit Vergemeinschaftungs- und Abonnementfunktionen	Nutzung für PR-Zwecke (Hinweise auf neue Artikel), Aktivität von Redakteuren als (professionelle oder private) Nutzer

Rückblickend lassen sich Reaktionen der Pressewirtschaft auf die veränderten Marktbedingungen in folgenden Kernbereichen festhalten:

- *Vermarktung:* Es sei ein „großer Fehler" gewesen, „im Internet alles gratis anzubieten", räumte Springer-Vorstand Döpfner in einem Interview ein (zitiert nach: Baumann 2013), und das knapp 18 Jahre, nachdem die *taz* als eine der ersten deutschen Zeitungen ein eigenes Online-Angebot gestartet hatte. Die Titel des Springer-Verlags folgten kurze Zeit später, allesamt mit dem Ziel, den Online-Markt mit Gratisinhalten zu besetzen, um Reichweiten zu erzielen und darüber Werbeerlöse zu erwirtschaften (vgl. Friedrichsen 2002). Diese Strategie (nicht nur) deutscher Verlagshäuser wurde von Analysten als ein wesentlicher Grund dafür ausgemacht, dass sich nutzerseitig eine ‚Gratismentalität' bzw. ‚Kostenloskultur' (vgl. King 2010) herausgebildet habe, also eine Erwartungshaltung, dass journalistische Angebote im Internet überwiegend nichts kosten (vgl. programmatisch: Anderson 2009). Dies wiederum erschwerte später die Einführung von Bezahlmodellen (vgl. Friedrichsen 2007).
- *Darstellungsformen/Gestaltung:* Wie Claudia Blum und Joachim Blum (2001) nachzeichneten, haben Zeitungshäuser über Jahrzehnte in nahezu systematischer Weise journalistische und gestalterische Innovationen vermieden und sich auf konventionelle Redaktionsroutinen konzentriert. Die Transformation der Zeitung in ein digitales „Multimedium" wird daher in den ersten Jahren als Ausdehnung bzw. Imitation der gedruckten Zeitung beschrieben, nicht als Verwandlung oder Neuerfindung. Die Vielfalt neuer „Formen des Qualitätsjournalismus" (vgl. Sturm 2013) mittels digitaler Medientechnologien wurde bis heute nur zaghaft erkundet.
- *Redaktionsstruktur:* Die Einrichtung von Newsdesks oder später von integrierten Newsrooms für Print und Online zogen zum Teil tiefgreifende Veränderungen der Redaktionskultur nach sich, da sie mit den Arbeitsabläufen auch die Kommunikation und Denkweisen in den Redaktionen veränderten (Kaltenbrunner/ Meier 2013; Ortolani 2014).[11] Fraglich ist, ob eine integrative Redaktionsstruktur für Print und Online einen Strategiewechsel von schrittweisen (reaktiven) Anpassungen redaktioneller Abläufe und Angebote hin zur Ermöglichung einer

---

11 Konzeptionell sind diverse Funktionsvarianten von Newsdesks vorstellbar, wie Simons (2011) mit einer Auswahl von „Community-Desk" über „Viral-Desk" bis hin zu einem „Innovation-" und einem „Knowledge-Desk" zu zeigen versucht, die jeweils schwerpunktmäßig Kernbereiche redaktioneller Aggregations- und Kommunikations- oder Dokumentationsarbeit abdecken. Die *New York Times* setzt beispielsweise mit einem „Social Media Desk" Akzente (vgl. Roston 2014). Im Mittelpunkt steht hier stets die Steigerung von Effizienz durch die Bündelung von Ressourcen.

permanenten, kontinuierlichen Lernfähigkeit in Zeitungsredaktionen erleichtert. Eine plattformübergreifende Strategie zur Verknüpfung sowohl digitaler als auch analoger Inhalte gehört damit weiterhin zu den vordringlichen Aufgaben im redaktionellen Zeitungsmanagement (vgl. Meyer 2005; Apollonio 2007; Hohlfeld et al. 2010), die Potenziale einer *Newsroom Convergence* gelten als bei weitem noch nicht ausgeschöpft (vgl. Meier 2009).

- *Redaktionelle Aufgabenbereiche:* Im Jahr 2009 suchte *Zeit Online* für seine Redaktion einen „Community Manager", und die *Rhein-Post* schickte ihre erste mobile Journalistin, kurz „MoJane", per Auto und mit umfassender digitaler Produktionstechnik ins Feld. Zwei Jahre später schuf *Spiegel Online* die erste Stelle für einen Social Media Redakteur. Neue Stellenprofile mehren sich und ergänzen die redaktionellen Aufgabenbereiche mit dem Ziel, über stark dialogorientierte Angebotsformate und Kommunikationsdienste das Publikum effektiver zu erreichen. Die Ausweitung redaktioneller Aufgaben hat jedoch bereits Folgen auf die Selbstwahrnehmung von Journalisten: Eine nicht-repräsentative Online-Umfrage unter 291 hauptberuflich tätigen Journalisten in Deutschland (Bendig 2013) ergab, dass etwa ein Drittel der Befragten auch Aufgaben aus den Bereichen Verwaltung, Technik, Eigen-PR oder Marketing ausüben und dadurch weniger Zeit und Energie für ihre journalistische Kerntätigkeit, wie z. B. die Recherche haben.

Umso zentraler erscheint der Handlungsbedarf in den Medienunternehmen: Heimeier (2013: 302-303) identifiziert verschiedene Handlungsfelder, die von Zeitungsverlagen in Zeiten des Umbruchs strategisch genutzt werden können: vom Anzeigen- und Werbemarkt über den Vertrieb und die Herstellung bis hin zu Produktinnovationen und Diversifikation der Redaktion sowie unternehmens- bzw. medienpolitische Schritte. Von Maßnahmen der Rentabilität sind aus journalistischer Perspektive vorrangig die Produktebene und der Redaktionskontext betroffen, da sie von veränderten Rahmenbedingungen im Anzeigen-/Werbemarkt, Vertrieb, der Herstellung sowie der Unternehmens- und Medienpolitik abhängen. Redaktionen unterstehen im Gesamt organisationaler Strategieplanung im modernen Medienunternehmen primär betriebswirtschaftlichen und nicht publizistischen Kriterien der Kosteneffizienz und Wertsteigerung und sind daher nur partiell autonom bei der Festlegung ihrer Mittel und Ziele (vgl. Altmeppen 2000: 181-182). Deshalb haben Redaktionen auch in der Regel kein oder ein nur sehr eingeschränktes Mitspracherecht bei weitreichenden strategischen Entscheidungen, welche das organisationale Handlungsfeld der Redaktion sowie Produktinnovationen und die Diversifikation des Zeitungshauses betreffen. Dagegen können Redaktionen als journalistische Leistungseinheit im Unternehmen Prozess- und Verfahrensinnovatoren bei der

Entwicklung journalistischer Angebote und der Transformation der journalistischen Praxis anwenden und damit einen wichtigen Beitrag zur Optimierung journalistischer Standards, zur zeitgemäßen Anpassung journalistischer Darstellungsformen und damit zur redaktionsinternen Qualitätssicherung leisten.

2.5 Auf dem Weg zu einer neuen Redaktionskultur: Der „neue Journalismus"

Grund für die Sorgen der massenmedialen Akteure sind hauptsächlich wirtschaftliche Folgen: Die Rede von einer „Strukturkrise der Presse" (Heinrich/Lobigs 2006: 202) betont den Ernst der Lage. „Konjunkturelle Schwierigkeiten lösen sich von selbst; sie sind zyklischer Natur. Strukturelle Krisen dagegen gleichen chronischer Dauerschwäche und Schwindsucht." (Zechlin 1995) Strukturkrisen bedrohen die wirtschaftliche Existenz, und das schwerwiegendste Problem des Journalismus ist derzeit, dass die Medienhäuser auf den Strukturwandel ineffektiv reagiert haben. Vor diesem Hintergrund erhöhen (wiederkehrende) Diskussionen um einen „vollkommen neuen Journalismus" (Markoff 1994; vgl. auch Roether 2003) oder – durchaus miteinander in Bezug stehend – um alternative zivilgesellschaftliche oder öffentlich-rechtliche Finanzierungswege für den Journalismus abseits marktwirtschaftlicher Bedingungen (vgl. Friedland/Konieczna 2011) den Druck auf die etablierten Medienhäuser.

Journalisten agieren nicht nur in vermachteten Interdependenzen institutionalisierter Hierarchien, sondern auch in Beziehungsgeflechten zu Mediennutzern und anderen externen Akteuren. Diese nach Norbert Elias (2009) als Figurationen bezeichneten Wechselwirkungen wandeln sich mit der Struktur der Öffentlichkeit: Habermas (1962) hatte herausgearbeitet, wie sich in der Gesellschaft unter dem Einfluss der Massenmedien das kommunikative Handeln verändert hat: Die Menschen trafen sich weniger face-to-face, um miteinander zu diskutieren, sondern zogen das Rezipieren von Medieninhalten vor. Darüber hinaus lösten sich die Medien vom politischen System und unterstellten sich den Bedingungen des Marktes. Das hatte weitreichende Konsequenzen: zum einen eine gewisse Determination des Medienhandelns als konsumtive Aktivität, zum anderen eine starke Institutionalisierung von professionellen Agenten der Öffentlichkeit, die für die Produktion und Verbreitung von Inhalten zuständig waren. Dies sind bis heute Journalisten und Medienmanager. Jahrzehntelang war diese Beziehung zwischen massenmedialen Akteuren und Publikum verhältnismäßig stabil, die Rollen klar verteilt. Die publizistische Macht war dem Journalisten vorbehalten, dennoch war das Publikum nicht machtlos und entschied mittels Nachfrage, welches Medium besonders stark dastand. Der „Strukturwandel 2.0" (Neuberger 2011; vgl. auch Schulze 2011) brachte dies ins Ungleichgewicht: Nun kann sich potenziell jeder Mediennutzer qua Internet an öffentlichen Diskursen direkt beteiligen, mit unterschiedlichen Mitteln und Wegen. Die Massenmedien haben dadurch nicht automatisch ihren Status eingebüßt – aber Konkurrenz bekommen: Alternative Informationsangebote vergrößern die Auswahlmöglichkeiten, zudem wird das Internet dazu genutzt, beispielsweise über SNS, wieder stärker persönlich miteinander ins Gespräch zu kommen. Öffentlichkeit wird damit nicht mehr allein von Massenmedien organisiert, sondern auch vom meinungssouveränen Bürger selbst.

Visionen eines Journalismus, der diesen grundlegenden Wandel der öffentlichen Selbstverständigung in der Gesellschaft aufgreift und sich zunutze macht, in die Praxis zu überführen, ist eine der großen Herausforderung des Redaktionsmanagements (vgl. Paulussen/Geens/Vandenbrande 2011). Es bedeutet, Skepsis im eigenen Hause zu überwinden, Gewohnheiten zu durchbrechen, um Veränderungen zu ermöglichen und diese aktiv auszugestalten. Durch den in vielen Verlagen vollzogenen Wechsel von familiengeführten Strukturen, in denen eine Verlegerpersönlichkeit im Mittelpunkt stand und nicht immer primär nach wirtschaftlichen, sondern vor allem auch publizistischen oder ideologischen Erwägungen handelte, hin zu Managementstrukturen, bei denen sich Innovationsstrategien und Investitionsentscheidungen nach den Regeln des Kapitalmarktes orientierten (vgl. Altmeppen 2000), hielt die durchgreifende Ökonomisierung des Journalismus auch in Zeitungsredaktionen Einzug (Pöttker 2010: 87). Redakteure sehen sich unter diesen Vorzeichen damit konfrontiert, sich in ihrer Position nicht ausschließlich als Journalisten, sondern auch als Manager von Inhalten und in Beziehung zu den Autoren und freien Journalisten als Führungskräfte zu verstehen (vgl. Mast 1998). Unternehmerische Kompetenzen sind hier ebenso vonnöten wie ein Selbstverständnis als Agent des digitalen Wandels. Was Roland Schulz (1995) allgemein für das Personalmanagement in Umbruchsituationen festhielt, gilt unter dem Einfluss des Medienmanagements in diversifizierten Zeitungshäusern ebenso:

> „Der Wettbewerb auf den Märkten wird in Zukunft danach entschieden werden, inwiefern es gelingt, die großen Veränderungen in den technologischen, wirtschaftlichen und gesellschaftlichen Bereichen aktiv mitzutragen und selbst zu gestalten. In diesem Sinne muss die Unternehmenskultur ein Klima ermöglichen, in dem sich jede Führungskraft als Change Agent versteht, als aktiver Träger des Wettbewerbsprozesses begreift." (ebd.: 22)

Für Zeitungsredakteure bedeutet es in einem solch veränderten organisationalen Kontext eine gravierende Umstellung, in ihrem Handlungsfeld auch unternehmerische Verantwortung mitzutragen. Das Selbstverständnis des autonomen publizistischen Freigeistes, der nur sich und seinen journalistischen Standards verpflichtet ist, wird in der zeitgenössischen Medienökonomie nur schwer aufrechtzuerhalten sein. Erfolgsstrategien des Redaktionsmanagements zielen dagegen auf die Annäherung oder Verknüpfung von ökonomischen und publizistischen Wert-Orientierungen, die sich im landläufigen Diskurs auszuschließen scheinen.

Die Verschmelzung von Print und Online wurde in den vergangenen Jahren weiter vorangetrieben: Durch den Umbau von Redaktionsstrukturen wie der räumlichen Annäherung von Print- und Online-Redakteuren, ‚Online-first'-Publikationsstrategien oder die verbreitete Devise plattformübergreifenden agileren Arbeitens sind aus Managementsicht üblicherweise mit der Absicht verbunden, die Effizienz redaktioneller Arbeitsprozesse zu steigern, das heißt auch immer mehr und immer schnellere Berichterstattung zu gewährleisten, wie ein Forscherteam um Blöbaum (2011) ermittelt hat (vgl. auch Meier 2007b). Seit der Einführung von Newsdesks als innovative zentralisierte Organisationsstruktur hat demnach die Dauer der redaktionellen Handlungen deutlich abgenommen: Durchschnittlich stieg die Zahl der Handlungen, die maximal zehn Sekunden dauern, von 24 Prozent auf 41 Prozent, entsprechend sank dagegen die Zahl der Handlungen, die bis zu einer Minute, drei Minuten oder länger dauern (ebd.: 50). Hinzu kommt, dass die Mehrheit der befragten Redakteure ihre Arbeitssituation ambivalent wahrnehmen: Obwohl mehr Arbeitszeit zur Verfügung stehe als noch vor 20 Jahren, habe die verfügbare Recherchezeit abgenommen (ebd.: 56). Dass redaktionelle Arbeitsprozesse deutlich schneller geworden sind und die Gefahr der Seichtheit und Oberflächlichkeit zugenommen hat, bestätigen auch Forschungsergebnisse aus den USA und Großbritannien (vgl. Phillips 2012). Dabei sollte die Einrichtung von integrierten Newsrooms und Newsdesk zu mehr Zusammenarbeit zwischen den unterschiedlichen Redaktionsbereichen, flacheren Hierarchien und einer höheren Eigenverantwortung der Redakteure führen, um Innovationen zu befördern (vgl. Hollifield 2011).

> „In Newsdesk-Redaktionen ist die journalistische Arbeit beschleunigt und verdichtet; der Stress und Druck auf die Journalisten nimmt zu. Zu den Erfolgsfaktoren crossmedialer Redaktionen gehören Coachings und Trainings für die Journalisten ebenso wie ein systematisches Change Management, das diese Veränderungen begleitet – beispielsweise mit einer Projektgruppe. Hemmend ist dagegen ein Personalabbau, der auch durch flexible Strukturen nicht aufgefangen werden kann." (Meier 2012)

Organisatorische Innovationen verschaffen Journalisten also nicht automatisch die Zeit und Muße, die gebraucht wird, um aufwendigen Recherchen nachzugehen und sorgfältig Beiträge zu produzieren. Innovative Recherchewerkzeuge haben eher noch den Erwartungsdruck erhöht, schneller und mehr umzusetzen. Zeitliche Freiräume bleiben ebenso wie die finanzielle Ressourcen ein wertvolles Gut, das erkämpft werden muss: Vielversprechend erscheinen hier Teamarbeit und Projektmanagement, mit dem einerseits versucht wird, aufwendige Rechercheprojekte crossmedial sowohl in Zeitung und Web fundiert und ansprechend aufzubereiten, andererseits damit auch – inspiriert vom Team-Ansatz der Kreativwirtschaft – durch die Bündelung von Ressourcen, Ideen und Wissen Innovationen zu befördern (vgl. Bilton 2007: 24). Als Triumph des Qualitätsjournalismus gefeierte kollaborative Rechercheprojekte wie „Offshore Leaks", mit denen große Datenmengen über Unternehmensaktivitäten in Steueroasen länderspezifisch ausgewertet wurden, wären weder ohne innovative digitale Medientechnologien noch ohne Projektteams in den beteiligten Redaktionen möglich gewesen (vgl. Ortner 2013; O'Donovan 2013). Andererseits steigt vor dem Hintergrund der Unterschiede in den Beschäftigungsverhältnissen von Redakteuren in Zeitungshäusern (v. a. tarifliche vs. außertarifliche Anstellung) das Risiko von sozialen Konflikten, wenn verstärkt gemeinsam der Redaktionsalltag bestritten wird und Unterschiede in der Einkommensstruktur, bei der Arbeitsbelastung qua Aufgabenbeschreibung oder bei der Arbeitsplatzsicherheit zu Unzufriedenheit führen.

Neue Akteurskonstellationen, neue handwerkliche Instrumente und organisatorische Modelle sind Elemente einer innovierbaren Redaktionskultur: Die Kultur des Miteinanders ist geprägt von Normen, Werten und Überzeugungen sowie von Rollen, Praktiken und Routinen (vgl. Paulussen 2011: 62). Die Problematik des Wandels der Redaktionskultur liegt jedoch nur sekundär bei der Zuweisung neuer Rollen, der Implementierung alternativer Praktiken und dem Einschleifen neuer Routinen. Die Voraussetzung ist zuallererst ein Umdenken, die Neuaushandlung von Normen, die Akzeptanz eines Wandels, der das eigene professionelle Selbstverständnis betrifft und dadurch einen sehr viel grundsätzlicheren Transformationsprozess bedeutet:

> „The difference between online news and its print and broadcast siblings is that it can be interactive, it can be linked and searched, and it can be multimedia. Playing to those strengths requires a different mindset about the journalistic process, which is only just now undergoing exploration." (Kolodzy 2006: 188)

Risiken und Chancen liegen bei diesen Transformationen nahe beieinander: Bisher ungekannte und zum Teil kaum vorstellbare *journalistische Rollen* wollen integriert werden wie der Journalist als Moderator oder Community-Manager von untereinander kommunizierenden Nutzern oder als Kurator, der nicht mehr selbst erklärt, sondern fremde, meist aus den sozialen Medien stammende Inhalte ein- und zuordnet. Zudem franst das Berufsbild mit neuartigen Beschäftigungssituationen für Journalisten in vormals klar voneinander getrennte Bereiche öffentlicher Kommunikation wie Marketing und Public Relations aus (vgl. Bull 2013; Schnedler 2008). Da eine solche Erweiterung oder Vermischung des Rollenselbstbildes immer auch dysfunktionale Effekte haben kann – wenn Journalisten zu getriebenen Informationsverarbeitern werden „who are reduced instead to passive processors of whatever material comes their way, churning out stories, whether real event or PR artifice, important or trivial, true or false" (Davies 2009: 59) – setzt die Integration und Entwicklung neuer Rollenbilder stets eine verbindliche Verpflichtung auf ein gemeinsam geteiltes journalistisches Rollen- und Wertebewusstsein sowie deren Schärfung und nicht zuletzt eingehende Reflexion derselben innerhalb der Redaktion voraus.

Daneben halten sich ungeachtet der radikalen Erweiterung der Medienwelt viele alte und bewährte Regeln, Routinen und Orientierungen bis heute in den Redaktionen (vgl. Quandt 2008b; Anderson 2013: 159). Der fundamentale technologische Wandel und der mit dem jüngsten Mediatisierungsschub einhergehende soziale Wandel haben nicht automatisch auch einen grundlegenden Wandel des Journalismus nach sich gezogen (vgl. Quandt 2008). In Redaktionen weltweit erweisen sich individuelle Handlungsmuster als besonders stabil, was sich auch in einem zurückhaltenden Einsatz neuer Medientechnologien bei der journalistischen Arbeit ausdrückt, wie Himelboim und McCreery (2012) sowie Reich (2013) inhaltsanalytisch und mittels einer Redakteursbefragung nachgewiesen haben. In einer umfangreichen Redakteursbefragung in den USA kam Ryfe (2012: 195-196) zu dem ähnlichen Schluss, dass ein fest in die Redaktionskultur eingeschriebenes Set an Arbeitsroutinen – die Intensität des täglichen Blattmachens – dazu geführt habe, dass Journalisten ihr Publikum durch kontinuierliche Berichterstattung zwar intensiv über den Wandel von Kultur und Gesellschaft aufgeklärt habe, die Redaktionen als Produzent der Berichterstattung aber blind für sie gewesen seien. Umso schwieriger gestaltet sich die Veränderung von Gewohnheiten und Mentalitäten und wird begleitet von einem Krisendiskurs, dessen zentraler Bezugspunkt die Erhaltung bestehender Strukturen und Redaktionskulturen ist:

„There is another interesting phenomenon that is typical also for other well documented revolutions which is that a part of the elite, in our case professional elites: journalism, has already lost believe in itself, yet is so invested in its old professional self-conception and role models that it would actually rather go down in perish and disappear than change its practices or renew its relationship to its newly empowered audience." (Blau 2013)

Wolfgang Blau, Chefstratege für Digitales bei der britischen Zeitung *The Guardian* und vormals Redaktionsleiter von *Zeit Online*, spricht hier von einer kollektiven, durch intensiven Branchendiskurs institutionalisierten Angst, die dadurch an Intensität gewonnen habe, dass auch nach Jahren der Krisensymptome und ökonomischer Abwärtstrends keine verlässliche Aussicht auf eine Absicherung der etablierten Strukturen und Existenzen bestehe, sondern sich die Hinweise mehrten, dass es sich um eine permanente Revolution, einen dauerhaften Strukturwandel handele. An diesem wesentlich von Branchenvertretern aus Journalismus und Medienmanagement geführten Diskurs, dessen primäre Merkmale Ratlosigkeit und Hilflosigkeit ob fehlender Rettungskonzepte sind, lässt sich die Bedeutung des Kommunikationshandelns in Medieninstitutionen für die Rekonfiguration des Journalismus nachvollziehen: Diskursiv wird ein stabiles Setting an Konfigurationen fortwährend reproduziert. Die Folge waren und sind vielerorts monokausale Rekonfigurationen, wie z. B. die Senkung von Personalkosten durch Stellenabbau oder Tarifflucht. Journalisten finden sich ob dieser Maßnahmen in der prekären Situation wieder, dass ihre Arbeitsbedingungen einerseits erschwert werden, die Zukunftssicherung ihres Berufsstandes gleichzeitig von Einfallsreichtum und Innovationskraft abhängt, die redaktionell aufgebracht werden müssen, da sie den Journalismus selbst und nicht nur seine Vermarktung betreffen.

Das wichtigste Innovationsmoment im Journalismus, das betonen auch eine Reihe von Studien der Columbia University in New York, ist die Frage, wie sich Journalismus in den gegebenen Organisationsstrukturen bestehender Medienorganisationen oder außerhalb davon für die digitale Sphäre weiterentwickeln kann (vgl. Downie, Jr./Schudson 2009; Grueskin/Seave/Graves 2011; Anderson/Bell/Shirky 2012). Pavlik (2013) schlägt eine „Journalism Innovation Matrix" vor, die drei Strategieebenen für Innovationen im Journalismus mit dessen Kernprinzipien (Recherche, Streben nach Wahrheit und Genauigkeit, Meinungsfreiheit, Ethik) verbindet: Neben der Management-Ebene, deren Aufgabe es ist, neue Erlösvarianten für journalistische Inhalte zu erschließen, sieht Pavlik sowohl auf inhaltlicher als auch auf methodischer Ebene Innovationspotenzial und führt entsprechende Beispiele an, die in ihren singulären Bedingungen jedoch die Grenzen einer solch statischen Matrix aufzeigen (ebd.: 188). Übergreifend lassen sich mehrere Innovationsbereiche mit praktischen Implikationen für eine sich wandelnde Redaktionskultur ausmachen (vgl. Tabelle 5).

Tabelle 5   Innovationsbereiche und praktische Implikationen

Innovationsbereich	Praktische Implikationen	Literatur
Redaktions-management	Geschäftsmodelle (z. B. Paid Content, Diversifikation, Location Based Advertising); Kultivierung unternehmerischen Denkens in Redaktionen, Beteiligung an unternehmerischen Strategien) – Journalisten werden auch im Redaktionskontext vermehrt dazu angehalten, unternehmerisch zu denken und strategisch die Vermarktung ihrer eigenen Tätigkeit im Blick haben, um ihr Schicksal – und Leistungsprofil – in die eigene Hand zu nehmen.	Gillmor 2013
Redaktions-organisation	Weiterentwicklung integrativer Konzepte (Zusammenarbeit zwischen Print und Online sowie mit Entwicklern und Gestaltern); gemeinsame Weiterbildung (z. b. crossmediale Workshops); Transparenz und Öffnung: z. B. Open Newsroom – Förderung der Zusammenarbeit durch Aufwertung des Projektmanagements zur gemeinsamen Umsetzung konkreter redaktioneller Vorhaben.	Olson 2013
Darstellungs-formen	Customizing, Automatisierung; Visualisierung komplexer Daten; Interaktion: dialogorientierte Formate, digitales Storytelling, Interactive Documentaries oder Newsgames – Journalismus wird multimedialer, interaktiver, mobiler und dynamischer und fordert Journalisten eine höhere Technikkompetenz bei der Bedienung und beim kreativen Einsatz digitaler Instrumente ab.	Morozov 2012; Lilienthal et al. 2014; Gray/Chambers/ Bounegru 2012; Blaine 2013; Sturm 2013; Linington 2013; Bogost/Ferrari/ Schweizer 2011
Arbeitsprozesse	Digitale Recherchemethoden (z. B. Crowdsourcing, Social Media Recherche); verschiedene Konzepte offener, kollaborativer und flexibler Arbeitsprozesse: Leser können in unterschiedlichen Rollen und Funktionen Teil des journalistischen Prozesses werden, z. B. als Korrektiv, Informanten oder Publikationspartner	Howe 2008; Welker 2013

Die vielseitigen Entwicklungsstränge in den hier aufgeführten Innovationsbereichen haben Redaktionen in unterschiedlicher Intensität verändert. Allen voran hat eine aus Gründen der Reichweitensteigerung und Nutzerbindung intensivierte Hinwendung zum Publikum dazu geführt, dass drei Konzepte bei der Transformation des

Journalismus eine größere Rolle spielen: *Public Journalism*, *Bürgerjournalismus* und *Partizipativer Journalismus* (Tabelle 6).[12]

Der stark von der angloamerikanischen Journalismusforschung geprägte Leitbegriff des *Public Journalism* (vgl. u. a. Charity 1995; Rosen 1996; Nip 2006; Rosenberry/ St. John III 2010) bzw. seine Varianten *Civic Journalism* oder *Community Journalism* beschreiben den Versuch einer möglichst bürgernahen Berichterstattung, ohne die journalistische Unabhängigkeit zu gefährden (Forster 2006: 60). Zugrunde liegt diesen Begriffen das Leitkonzept der gesellschaftlichen Verpflichtung des Journalismus zur Förderung des deliberativen Gesellschaftsdiskurses. Journalisten sind in dieser Figuration neutrale Wegbereiter, aber weiterhin Lenker der öffentlichen Verständigung und verstehen sich demgemäß als Agenten der Deliberation (vgl. Brosda 2008: 217). Das bedeutet zwar weiterhin einen Top-Down-Prozess, aber auch dass sich Journalisten im öffentlichen Diskurs auf Augenhöhe mit der Bevölkerung bewegen und darüber das Ziel verfolgen, die Bürger für demokratische Gestaltungs- und Entscheidungsprozesse zu engagieren, sie als gleichberechtigte Diskussionspartner zu begreifen und letztlich ihr politisches Interesse und Engagement zu fördern. Das Konzept des Public Journalism ist damit auch ein Gegenentwurf zu einem unnahbaren „Fortress Journalism" (Junger 2011), der insbesondere Zeitungsjournalisten in Anlehnung an das Bild des Elfenbeinturms attestiert, sie hätten sich bislang nicht ausreichend in einen Dialog mit der Bevölkerung begeben.

Dagegen hat sich der *Bürgerjournalismus* (oder *Citizen Journalism*) spätestens mit der Verbreitung der Online-Kommunikation als alternative Form der Herstellung von Öffentlichkeit etabliert (vgl. Allan/Thorsen 2009; Neuberger 2012; Kahl 2013). Häufig wird diese Form auch als *Graswurzeljournalismus* (vgl. Gilmor 2004) bezeichnet, um den Bottom-Up-Prozess der journalismusähnlichen Formierung zu beschreiben. Die lange Geschichte des alternativen Journalismus bzw. alternativer Medien häufig mit oppositioneller Haltung gegenüber der herrschenden Meinung bzw. den Massenmedien (Atton 2003; Harcup 2013) mündet im digitalen Zeitalter in der Egalisierung der Beteiligung am massenmedialen Diskurs: Jeder Internetnutzer kann – dank tiefer Zugangsschwellen zu digitalen Publikations- und Verbreitungstechnologien – journalistisch handeln (vgl. Gant 2007). Dass Bürger dadurch sowohl Mediennutzer als auch Medienproduzenten sein können, veranschaulichte Bruns (2008) mit dem eingängigen Begriff des „Produser". Relevant ist Bürgerjournalismus für die professionelle journalistische Praxis in mehrfacher

---

12 Engesser (2013: 36) hat in seiner Aufstellung von Leitbegriffen zur Publikumsbeteiligung und Bürgeraktivität im Journalismus einen anderen Schwerpunkt gesetzt und das breite Begriffsspektrum in vier Kategorien nach den zugrundeliegenden Leitkonzepten der Professionalität der Akteure, des Prozesses der Aussagenentstehung und der gesellschaftlichen Aufgabe (Bottom-Up bzw. Top-Down) gruppiert (vgl. auch Sehl 2013).

Weise: Bürgerjournalisten füllen Lücken, welche von den herkömmlichen Nachrichtenanbietern nicht, nicht mehr oder nicht regelmäßig in der Berichterstattung berücksichtigt werden; Produser beleben mit kritischen Meinungen den öffentlichen Diskurs und kritisieren nicht selten auch die Arbeit von professionellen Journalisten in den Massenmedien. Bürgerjournalismus bedeutet also mehr Wettbewerb und Widerworte. Dies führte gerade traditionellen Medienunternehmen wie Zeitungshäusern zu einer Wahrnehmung, es handele sich nicht um einen regulären Wettbewerb mit ernst zu nehmenden publizistischen Akteuren, sondern um einen Kampf um die öffentliche Deutungshoheit zwischen Laien und Profis, der sich als Widerstreit „Blogger vs. Journalists" (vgl. Rosen 2011) manifestierte. Das Unbehagen mit dem vorhandenen journalistischen Angebot manifestierte sich im sogenannten Web 2.0 mit dem Phänomen sogenannter Watchblogs als Format einer neuartigen Medienkritik (vgl. u. a. Hutter 2009). Dabei streben Presseverlage seit längerem nach Kooperation und Einbindung publizistisch aktiver Bürger, zum Beispiel mit eigenen Online-Portalen wie *myHeimat*, auf denen fast ausschließlich Nutzerbeiträge veröffentlicht werden und Journalisten nur die Rolle eines Moderators oder Kurators zukommt (vgl. Bruns 2011; s. Kapitel 2.6).

Redaktionell angestrengte Maßnahmen zur Publikumsbeteiligung auf unterschiedlichen Ebenen journalistischer Arbeitsprozesse werden unter dem Leitbegriff des *Partizipativen Journalismus* (Singer et al. 2011; Engesser 2013; Sehl 2013) zusammengefasst. Verschiedene Akzentsetzungen betonen den *kollaborativen* Charakter dieser Beziehung (Bowman/Willis 2003), die *vernetzenden* (Heinrich 2011) bzw. *konnektiven* Leistungen (Lowrey/Glade 2011) und *prozessuale* Facetten journalistischer Arbeit (Robinson 2011). Gemein ist diesen Ansätzen, dass unterschiedliche Ebenen journalistischer Praxis dynamisiert und geöffnet werden und dadurch „flüssiger" werden (vgl. Deuze 2008; Hermida 2011a). Sie greifen mit unterschiedlichen Gewichtungen das Konzept der Flüchtigen Moderne bzw. „Liquid Modernity" (Bauman 2000) auf, mit dem der allgemeine Eindruck umschrieben wird, dass sich die (persönliche Erfahrungs-)Welt immer schneller und drastischer verändert und dieser Wandel zu einem Dauerzustand geworden ist. In dieser Situation des Umbruchs könne der Journalismus, ebenso wie andere gesellschaftliche Institutionen wie die Kirche oder der Nationalstaat, nicht mehr den konsensualen Orientierungsrahmen bieten, der früheren Generationen durch eine stabile Akteurskonstellation noch kollektiven Halt versprochen habe: „Journalism has become not so much the property of what journalists do in order to sell news, but what people all over the world engage in on a daily basis in order to survive" (Deuze 2008: 858). Partizipativer Journalismus setzt an diesen von Unsicherheit, Unruhe, Umbruch und Unvorhersehbarkeit gekennzeichneten Lebenswirklichkeiten an und verbindet sie mit den prozessualen Strategien der Informationsaggregation,

-verarbeitung und -vermittlung. Insofern bildet eine solche Ausrichtung auch einen Gegenentwurf zu einem produktzentrierten Begriff von Journalismus:

„Publishing was, and remains, one of the great creatures of the industrial age. Like steel, transportation and oil, it was a huge industry controlled entirely by the supply side. It was how the few informed the many. Before publishing became an industry, ‚information' wasn't a product. Nor was it commodified as ‚content' and forwarded like freight through the transport systems we call ‚media'." (Searls 2001)

Jarvis (2009) schlägt diesbezüglich vor, dass Journalisten ihre Beiträge nicht mehr als fertige Produkte verstehen sollten, sondern als den Beginn einer Konversation, eines Prozesses, den sie journalistisch begleiten, lenken, gestalten. Hier könnten Nachrichtenprofis viel von der Bloggerkultur lernen, denn hier würde eine Publikation als Teil eines Lernprozesses verstanden werden, der nie abgeschlossen sei. Dies entspräche auch unter pragmatischen Gesichtspunkten den Realitäten des alltäglichen, von Zeitnöten getriebenen Nachrichtengeschäfts: „publish first and edit later" (ebd.). Folgt man Jarvis, liegen die Vorteile eines prozessualen Journalismus eben in der Verknüpfung mit Elementen der Publikumsbeteiligung, um dem Bedarf an Inklusion und Partizipation der Bürger an der gesellschaftlichen Selbstverständigung mit journalistischen Standards zu entsprechen.

Tabelle 6   Leitbegriffe für journalistische Publikumsbeteiligung
(vgl. Brosda 2008; Deuze 2008; Engesser 2013)

Leitbegriffe	Varianten	Primäres Merkmal	Rolle des Journalisten
Public Journalism	• Civic Journalism, • Community Journalism, • Communitarian Journalism, • Dialogorientierter Journalismus	Bürgernahe Berichterstattung unter starker Einbeziehung der Bürger	Wegbereiter öffentlicher Verständigung, Agent der Deliberation
Bürgerjournalismus/Citizen Journalism	• Alternative Journalism, • Graswurzeljournalismus	Alternative Bürgermedien, unabhängig von professionellen Medienorganisationen	Moderator, Wettbewerber, Opponent
Partizipativer Journalismus	• Kollaborativer Journalismus, • Liquid Journalism, • Process Journalism, • Network Journalism, • Connective Journalism	Systematische Einbeziehung von Bürgern in den journalistischen Arbeitsprozess	Ansprechpartner, Vertrauensperson, Netzwerker, Kooperationspartner

2.6   Inklusion und Partizipation als Innovationsmerkmale

Partizipation ist sowohl eines der populärsten aktuellen Themen in der Journalismusforschung als auch eines der zentralen Strategieprobleme der Nachrichtenbranche (vgl. Loosen 2013: 148). Der Erfolg von Social Media Diensten, neuen Diskurs- und Agitationsphänomenen wie sogenannten Shitstorms (vgl. Clement/ Schreiber 2013: 443ff.) und Online-Petitionen (vgl. Guckelberger 2011) erweckt den Eindruck, als habe die Mediatisierung von Kultur und Gesellschaft Ansprüche nach demokratischer Teilhabe am Gemeinwesen wachsen lassen. Jenkins (2009: 5-6) spricht von der Herausbildung einer „participatory culture", in der die Hürden, sich im öffentlichen Raum auszudrücken und zu engagieren, gesunken sind, die Weitergabe und der Austausch von Wissen und Werken protegiert wird und dadurch sowohl die Selbstwertschätzung als Teil der Gemeinschaft und soziale Beziehungen insgesamt gestärkt werden.

Das Social Web mit seiner rapide gewachsenen publizistischen und kommunikativen Vielfalt warf nun auch die Frage auf, ob nur der Journalismus mit seinen Regelstrukturen und strukturellen Voraussetzungen in der Lage sei, die benötigten Vermittlungsleistungen in einer zunehmend peripheren und komplexeren, weil vielstimmigen und dichteren Informationskultur zu erbringen (vgl. Neuberger 2009: 60). Durch die vielfältigen Möglichkeiten, online zu kommunizieren und zu publizieren, wird gar ein Deprofessionalisierungsdruck ausgemacht, der auf dem Journalismus lastet (vgl. Hummel 2012). Die Frage nach funktionalen Äquivalenzen im Netz der Vielen, in dem jeder publizieren kann, ist auch deshalb naheliegend, weil die *eine* massenmediale Öffentlichkeit nur noch schwerlich herzustellen ist. Vielmehr ist Journalismus als Erzähl- und Sinnagentur mit der Aufgabe konfrontiert, neue Vermittlungs- und Rollenkonzepte für ein Geflecht an personenzentrierten Parallelöffentlichkeiten zu erproben – mit der Schwierigkeit, dass in diesen sich gegenseitig überlappenden öffentlichen Sphären allein das zählt, was Nutzer individuell als relevant einschätzen, auswählen und selbst weiter verbreiten – häufig über soziale Netzwerke. Schmidt (2011: 107-134) spricht deshalb von „persönlichen Öffentlichkeiten", durch die sich die Praktiken des Identitäts-, Beziehungs- und ganz wesentlich auch des Informationsmanagements wandeln. Die Herausforderung für Journalisten besteht somit vor allem darin, einerseits neu entstehende Formen von Öffentlichkeit zu antizipieren und in ihre Arbeit zu integrieren, andererseits ihren eigenen Einfluss bei der Herstellung von Öffentlichkeit angesichts des Medien- und Gesellschaftswandels wenn nicht zu erweitern, dann doch zu stabilisieren (vgl. auch Fraas/Meier/Pentzold 2012: 36ff.).

Nachdem der Journalismus nun seine „exklusive Funktion, durch aktuelle und relevante Informationen zur öffentlichen Selbstverständigung beizutragen",

unwiderruflich verloren zu haben scheint (Lünenborg 2012: 8) und sie mit unterschiedlichen Akteursgruppen, speziell auch mit dem netzaktiven Publikum teilen
muss, entdecken traditionelle Journalismusanbieter ihr Publikum neu, ein Publikum, das im Journalismus traditionell eher als abstrakte und homogene Größe
präsent war, darüber hinaus jedoch nur in Ausnahmefällen konkreten Einfluss auf
die Berichterstattung hatte (vgl. Loosen/Schmidt 2012: 868ff.). Partizipation wird
diesbezüglich nicht – wie es in der Tradition der politik- und sozialwissenschaftlichen Forschung üblich ist – eng verstanden als Beteiligung von Bürgern an der
politischen Öffentlichkeit, sondern auf journalistische Medienangebote bezogen als
kommunikative und speziell publizistische Beteiligung an der medialen Öffentlichkeit (vgl. auch Engesser 2013). Ziel ist die Inklusion des in sich stark segmentierten
Publikums durch Partizipation, also nicht nur Kommunikationsangebote zu unterbreiten, sondern die Kommunikationsdistanz so weit zu senken, dass Nutzer ihre
Bedürfnisse auch artikulieren können (vgl. Scholl 2004; Loosen/Schmidt 2012[13]).
Inklusion im Journalismus bedeutet, dass Laien nicht nur an journalistischen
Leistungen und Produkten, aber auch am gesellschaftlichen Diskurs, teilhaben
können (Partizipation), sondern von der Redaktion journalistische Leistungsrollen
übertragen bekommen, also „the act of a citizen, or a group of citizens, playing an
active role in the process of collecting, reporting, analyzing and disseminating news
and information" (Bowman/Willis 2003: 9).[14] Nutzer können theoretisch auf jeder
journalistischen Verarbeitungsstufe einbezogen werden – sofern es journalistische
Arbeitsstrukturen und Mentalitäten zulassen.

   Publikumseinbindung ist für Zeitungsredaktionen mit Blick auf Leserbriefe,
Umfragen, Leserstammtischen oder die Einsendung von Fotos und Hinweisen
bis hin zu Gastbeiträgen nichts Neues, doch war die Beteiligung der Nutzer in der
analogen Medienumgebung stets begrenzt. Deshalb blieb der Leser jahrzehntelang
ein eher „unbekanntes Wesen" (Noelle-Neumann 1971). Teilhabe und Teilnahme
avancieren nun zu einem wichtigeren Bestandteil der Mediennutzung. Leserbriefe
sind – auf Papier oder als E-Mail – weiterhin a) ein relevanter Feedbackkanal und b)
ein wichtiges Mittel zur Produktion von Inhalten, sofern Leserbriefe veröffentlicht
werden (Mlitz 2008; Nielsen 2010). Redaktionen steht es darüber hinaus offen, die
Möglichkeiten des Social Web zu nutzen und für ihre Angebotsmodi anzupassen,
so zum Beispiel Kurzumfragen bzw. Votings, Kommentar-Funktionen auf den

---

13 Loosen und Schmidt (2012: 874) verwenden die Begriffe ‚Inklusionslevel‘ und
    ‚Inklusionsdistanz‘, um die Kongruenzen bzw. Inkongruenzen zwischen den unter-
    schiedlichen Inklusionsleistungen und Inklusionserwartungen des Publikums und der
    Redaktionen respektive Journalisten beschreiben zu können.
14 Zur Theorietradition für mediale Inklusion und Partizipation vgl. Welker 2013.

Nachrichten-Websites der Zeitungen, aber auch Foren, Weblogs sowie Fotos und Bewegtbildangebote, die von Nutzern elektronisch eingesandt werden können. Auch eine crossmediale Verschränkung der Formen ist zu beobachten: Sehl (2013: 205) ermittelte, dass über die Hälfte der von ihr befragten Zeitungen Online-Leserbeiträge auch im Printprodukt, am häufigsten im Lokalteil veröffentlichen, allerdings in fast allen redaktionell nach klassischen Auswahlroutinen und -konventionen bearbeitet. Andere Partizipationsformen werden jedoch (noch) selten beobachtet.

Dabei haben sich die Möglichkeitsstrukturen für die Inklusion und Partizipation im Journalismus und seinen Gestaltungs- und Entscheidungsprozessen grundlegend verändert (vgl. Livingstone 2013: 14). Zwar macht Eilders (2011) deshalb auch gestiegene Partizipationsansprüche aufseiten der Bevölkerung aus, die in der Vergangenheit von den massenmedialen Organisationen nur ungenügend befriedigt worden seien. Hepp und Pfadenhauer (2014) werfen jedoch ein, dass eine solche Diagnose möglicherweise einem Umbruchs- und Partizipationsnarrativ geschuldet ist, dem eine „normative Überhöhung von Mediatisierung" inhärent sei: Digitalisierung und Mediatisierung gehen ihrer Auffassung nach nicht per se mit einer vermehrten Partizipation einher, weshalb das angenommene partizipative Potenzial nicht zwingend ausgeschöpft werde. Demnach ist von Journalisten als professionellen Kommunikatoren in ihrer Vermittlerrolle umso mehr die Funktion des Ansprechpartners und Katalysatoren für Angelegenheiten und das Artikulationsbedürfnis der Bürger gefragt, um „über den Umweg der massenmedialen Vermittlung" (Eilders 2011: 161) Publikumsbeteiligung zu ermöglichen und damit den deliberativen Gesellschaftsdiskurs zu fördern. Journalismus als Kulturpraxis zur Herstellung kritischer Öffentlichkeit ist in einer deliberativen Demokratie geradezu prädestiniert dafür, Inklusion und Partizipation zu ermöglichen (vgl. Welker 2013).

Die Aufgabe von Redaktionen besteht also aus normativer Sicht auch darin, Bürgern durch professionellen Journalismus und angepasste redaktionelle Konzepte einen verbesserten Zugang zur Öffentlichkeit zu ermöglichen und ihnen – ganz praktisch – eine Stimme zu geben, ohne dabei die „strengen Prüfkriterien" (Neuberger 2009: 85) des Journalismus aufzugeben. Eine redaktionelle Struktur, die Inklusions- und Partizipationsleistungen institutionalisiert, kann Journalismus zudem auf ein höheres Qualitätsniveau heben, weil die lebensweltliche Kommunikation von Bürgern den medialen Diskurs in strittigen Fragen bereichert. Die Ermöglichung von Partizipation wird – wie oben erläutert – nicht als etwas von der Profession Getrenntes und Differentes gefasst, sondern vielmehr als integraler Bestandteil des journalistischen Aufgabenprofils. Neuberger (2009: 61) sieht Partizipation darum innerhalb einer Dreiecksbeziehung mit Profession und Technik. Zwischen den drei „Kommunikationstypen" Profession, Partizipation und Technik bestünden vielfältige Beziehungen der Konkurrenz, Komplementarität und Integration. Journalistischen

Institutionen wie Zeitungshäusern kommt als kenntliche und verlässlich erscheinende Nachrichten-Marken vor allem deshalb weiterhin eine Leitfunktion zu, weil aus der Multioptionalität des Internets und der Online-Kommunikation generell insgesamt ein Mangel an struktureller Homogenität und Stabilität eine inhärente und dauerhafte Institutionalisierungsschwäche resultiert, welche die Unterscheidung journalistischer Angebote von nicht-journalistischen und journalismusähnlichen Informationsangeboten im Internet erschwert (vgl. Neuberger 2013a: 104). Es ist daher anzunehmen, dass Partizipation an der Medienöffentlichkeit abgekoppelt von institutionellen Rahmen von Nachrichtenorganisationen und damit „außerhalb der Berufstätigkeit" (vgl. Engesser 2008: 66) den professionellen Journalismus nicht ersetzen, sondern nur ergänzen kann (vgl. Schönhagen/Kopp 2007) und dementsprechend ihren Einfluss auch erst durch Inklusion in journalistische Verarbeitungsprozesse entfalten kann. Entscheidend ist, welchen Grad an Inklusion und Partizipation Redakteure zulassen.

Eine praktische Umsetzung können Inklusions- und Partizipationsstrategien auf unterschiedlichen Ebenen des journalistischen Arbeitsprozesses erfahren: Hermida (2011a: 21ff.) unterscheidet fünf Ebenen der Partizipation: Bürger werden dabei in die Prozesse des Sammelns, Filterns, Editierens, Produzierens und Weiterverbreitens von Informationen einbezogen. Durch Techniken und Routinen, die zusätzlich über das Internet bereitgestellt werden, können Nutzer auf jeder Ebene und in unterschiedlicher Stärke am journalistischen Produkt beteiligt werden (vgl. Tabelle 7).

Tabelle 7 Journalistische Verarbeitungsstufen und Partizipationsleistungen (vgl. Welker 2013 in Anlehnung an Hermida 2011b: 18)

Ebene	Praktisches Beispiel
Zugang/Beobachtung: Informationsbeschaffung, Anregungen zu Artikeln	Hinweis der Leser per E-Mail auf kritische Sachverhalte; Lesertelefon; Crowdsourcing (Verteilung von Recherchepaketen an Nutzer)
Selektion/Auswahl: Gatekeeping-Prozess	Leserkonferenzen; Bewertung von zu publizierenden Stoffen durch Nutzer
Nachrichtenerstellung/Redaktion: Produktion von Inhalten, Artikelerstellung	Leser schreiben für Leser; Fehlerkorrektur durch Leser
Veröffentlichung und Verbreitung	Weiterleitung von Artikeln oder Artikelfragmenten durch Leser
Interpretation: Öffnung für Kommentare und Reaktionen	Watchblogs: Hinweise und Kommentierung von publizierten Artikeln durch Nutzer

Domingo (2011) wiederum stellt nicht die Partizipationsebenen in den Vordergrund seiner Überlegungen, sondern zwei komplementäre Ansätze von Publikumsbeteiligung, die er auf der empirischen Grundlage einer internationalen Befragung von Online-Redaktionen entwickelt hat: Mit dem *Spielfeld* (Playground) schlägt er eine Kategorie vor, die von relativer Selbständigkeit der Produser gekennzeichnet ist: In separaten Arealen auf Nachrichtenwebsites oder auch in der Zeitung können Formen der Beteiligung von Bürger genutzt werden und versprechen eine erhöhte Nutzerbindung bei gleichzeitiger Entlastung redaktioneller Arbeitsprozesse. Zudem erfüllen die selektierten und moderierten, aber ansonsten weitgehend autonomen Formen der Kommentierung, der Beteiligung als Autor oder der Vergemeinschaftung für die Nutzerschaft eine wichtige Forumsfunktion (vgl. u. a. Da Silva 2012). Unter der Kategorie *Quelle* (Source) subsumiert Domingo demgegenüber all jene direkt mit redaktionellen Verarbeitungsprozessen verbundenen Formen der Publikumsbeteiligung wie die Zulieferung von Informationen, die Recherche oder die Themenauswahl. Hier erhalten Redaktionen konkreten Input für die Nachrichtenproduktion mit dem vorteilhaften Nebeneffekt, dass die Nutzerbindung durch diese Beteiligungsformen ebenfalls gestärkt zu werden verspricht (vgl. Tabelle 8).

Tabelle 8   Formen der Nutzerbeteiligung am Journalismus
(in Anlehnung an Domingo 2011: 85-89).

Ansatz	Umsetzung	Motive	Form	Beispiele
Spielfeld	Freiräume für Nutzerbeiträge	Nutzerbindung, Forumsfunktion, Entlastung des Redaktionsbetriebs	Kommentierung	Leserbriefe, Kommentare unter Online-Beiträgen
			Beteiligung als Autor	Gastbeiträge
			Vergemeinschaftung / Nutzer-Community	Blogs, Diskussionsforen, Leserstammtische
Quelle	(Reglementierte) Einbindung in journalistische Arbeitsprozesse	Nutzerbindung, Input für Nachrichtenproduktion	Zulieferung von Informationen	Einsendung von Hinweisen, Bildern etc.
			Mitwirkung an der Recherche	Crowdsourcing
			Mitwirkung an der Erstellung von Beiträgen	Kollaboratives Storytelling
			Mitwirkung beim Redigieren	Fact Checking
			Mitwirkung an Themenplanung	Redaktionskonferenzen

Neben der Rolle des Informanten, der Redaktionen Informationen und Material zur journalistischen Bearbeitung zuliefert, ermöglichen digitale Medientechnologien nun auch eine stärkere Einbindung von Nutzern in die Recherche – u. a. wenn unter dem Stichwort *Crowdsourcing* eine hohe Zahl an Nutzern Redaktionen oder einzelne Journalisten bei der Auswertung umfangreicher Datenbestände unterstützen (vgl. Andersen 2009) oder mit spezifischen ortsbezogenen Informationen versorgen (vgl. Miller 2008). Möglich geworden ist auch die effiziente Mitwirkung an der Erstellung von Beiträgen, wie sie beispielsweise das kalifornische Center for Investigative Reporting in den USA als „Sourced Storytelling" praktiziert, eine neue Form der Zusammenarbeit zwischen Journalisten und Publikum, die auf alle Mediengattungen übertragbar ist. Auch haben Redaktionen wie die der britischen Tageszeitung *The Guardian*, der schwedischen Regionalzeitung *Norran*, der US-amerikanischen Lokalzeitung *The Register Citizen* oder auch der deutschen Wochenzeitung *Die Zeit* ihre Redaktionskonferenzen oder ihre Themenplanung für interessierte Nutzer virtuell geöffnet und lassen sie u. a. per Videochat, Twitter, Facebook oder Haus-Blogs teilhaben (vgl. Kramp/Weichert 2012: 59, 87; Olson 2013: 120; Becker 2014). Das Engagement von Nutzern auf dem ‚Spielfeld' oder als ‚Quelle' verspricht in erster Linie wertvolles Feedback und Material für die redaktionelle Arbeit im Allgemeinen und den publizistischen Auftrag im Besonderen, relevant sind aber auch ökonomische Motive der Medienunternehmen wie beispielsweise die Markenpflege und Nutzerbindung durch Vergemeinschaftungsprozesse innerhalb der Nutzercommunity (vgl. Paulussen et al. 2007; vgl. auch Loosen/Schmidt 2012: 877). Aus Sicht der Wirtschaftlichkeit soll der Nutzer enger an die Angebote des Zeitungshauses gebunden werden, ferner sollen neue Zielgruppen erschlossen und Kosten gespart werden. Ob Kostensenkungen durch Maßnahmen zur Inklusion und Partizipation allerdings tatsächlich realisiert werden können, ist umstritten: Foren müssen moderiert, Nutzerbeiträge auf ihre rechtliche Unbedenklichkeit geprüft werden, Fakten brauchen eine Gegenprüfung und Lücken wollen gefüllt werden. Diese professionelle Überarbeitung verursacht nicht geringe Kosten.

Weiterhin zu beachten ist, dass sich aus der Intensiverung der Publikumsbeteiligung zahlreiche redaktionell bislang nicht bekannte Zielkonflikte journalistischen Handelns ergeben. Eine fundierte Partizipationsethik für die Kollaboration zwischen journalistischen Profis und Laien steht noch aus. Grenzen der Partizipation wollen für den eigenen Arbeitszusammenhang ausgehandelt, die journalistische Identität und Unabhängigkeit bewahrt werden, was angesichts der „ideologischen Inkompatibilität" (Lewis 2012) zwischen dem kontrollbasierten journalistischen Umgang mit Information und dem deliberativen Ideal offener Partizipation nicht trivial ist.

2.7 Organisationales Lernen in Zeitungsredaktionen

Eine Redaktionskultur, die multimediale Darstellungsformen, interaktive wie fluide Elemente der Online-Kommunikation mit flexiblen Anpassungsmöglichkeiten an individuelle Interessen verbindet, was John Pavlik (2001: 4-22) „kontextualisierenden Journalismus" nennt, entspricht einer noch stark normativ geprägten Idealvorstellung einer Redaktion auf der Höhe der Zeit denn den tatsächlichen Verhältnissen. Die Handlungsspielräume für journalistische Akteure sind übergreifend noch immer essentiell von den Bedingungen der massenmedialen Organisationsstrukturen abhängig, die ihre Mentalitäten und Praktiken prägen. Journalismus ist sowohl auf solide Rahmenbedingungen angewiesen als auch auf ausreichende Handlungsfreiheit, um fundiert, verlässlich und zugleich kreativ arbeiten zu können und sich als entwicklungsfähig zu erweisen. Es ist weithin sichtbar, wie fundamental organisationale, ökonomische bis hin zu kulturellen Strukturen von dieser Transformation betroffen sind. Der digitale Strukturwandel und die begleitende Machtverschiebung zwischen Massenmedien und Publikum wurden – als (Zer-) Störung des lange währenden Rollengleichgewichts – von Medienorganisationen zunächst als Bedrohung wahrgenommen:

> „When someone demands to know how we are going to replace newspapers, they are really demanding to be told that we are not living through a revolution. They are demanding to be told that old systems won't break before new systems are in place. They are demanding to be told that ancient social bargains aren't in peril, that core institutions will be spared, that new methods of spreading information will improve previous practice rather than upending it. They are demanding to be lied to. There are fewer and fewer people who can convincingly tell such a lie." (Shirky 2009)

Wie bereits angesprochen, agieren Journalisten in organisationalen Rahmungen, die Zwänge unterschiedlicher Art ausüben. Jede Institution, darauf hat Watkins (1959: 106) hingewiesen, „is the result of a particular configuration of individuals, their dispositions, situations, beliefs, and physical resources and environment." Organisationales Handelns bildet im Journalismus einen bis heute grundlegenden Bedingungskontext und Abhängigkeitsfaktor im Journalismus. Medienorganisationen als unternehmerische Träger von Journalismus reagieren auf Veränderungen des Marktes mit einer Rekonfiguration ihrer Geschäftsstrategie. Hierbei wird nach Wolf (2012: 464) „gleichzeitig eine Vielzahl von Variablen in den Blick genommen ..., die gemeinsam – im strukturellen Gefüge ihrer Ausprägungen also – die Organisation und ihre Handlungssituation charakterisieren." Im Journalismus, speziell im Organisationskontext von Redaktionen, die wiederum in institutionelle Bedingungen von Medienunternehmen eingebettet sind, haben sich bestimmte

kohärente Muster herausgebildet, die auf weitgehend stabile strukturelle Bedingungen ausgerichtet sind wie beispielsweise ein funktionsfähiges Erlösmodell oder
eine lineare Produktionslogik (*push* statt *pull*). So können institutionelle Träger
von Journalismus auf den Strukturwandel mit einer graduellen bis allumfassenden
Rekonfiguration ihrer Strategie reagieren. Konstellationen und Handlungsoptionen werden somit als bewusster Akt neu geordnet und kombiniert. Dabei zielt
das organisationale Handeln in der Regel auf Konsistenz: Die Kombination von
Variablen sichern einer Organisation dann Wettbewerbsvorteile, wenn Kompetenzen und Ressourcen stimmig aufeinander abgestimmt werden (vgl. ebd.: 462).
Die Schwierigkeit hierbei ist, dass gerade Konsistenz in Zeiten des Wandels – und
unter ökonomischem Druck – von Marktteilnehmern nur schwerlich hergestellt,
geschweige denn bewahrt werden kann und dies nicht erst in so grundsätzlichen
Fragen, wie viel Personalabbau eine Redaktion verkraften kann, um nicht nur
nach Kriterien der Kosteneffizienz, sondern auch der publizistischen Güte den
Anforderungen des Marktes zu genügen:

> „Kostensenkungsprogramme z. B. erhöhen die Effizienz, verändern aber nicht den
> Kurs der Unternehmung. Im schlimmsten Fall wird der falsche Kurs nun mit frischer
> Kraft verfolgt. Die Symptome sind zwar beseitigt, aber die Fehlerursachen im Bereich
> der Strategie bleiben bestehen. Die alte Krankheit wird in naher Zukunft erneut aus-
> breche. Ihre Behandlung – das Kurieren der Strategiekrise – verlangt zunächst eine
> Neuformulierung der Unternehmungs- bzw. Geschäftsstrategie." (Krüger 2006: 61)

Vor diesem Hintergrund erweist sich das Geflecht von Abhängigkeiten und Ein-
flüssen, das die journalistische Arbeit im Organisationsrahmen von Tageszeitungen
kennzeichnet und die Voraussetzungen zur Umsetzung von Innovationen sowohl
auf Akteurs- als auch auf Organisationsebene traditioneller Medieninstitutionen
schafft, als zentral für die Fähigkeit einer Redaktion zu effektiven Lernprozessen.
Hierbei ist weniger die Umsetzung konkreter technischer Innovationen selbst von
Interesse, sondern die soziale Veränderungsbereitschaft und Innovationsfähigkeit
der handelnden Akteure in Zeitungsredaktionen, also den Journalisten selbst.
Gefragt wird deshalb im Rückgriff auf das organisationssoziologische Konzept der
Lernenden Organisation (Senge 1990; Argyris/Schön 2006), wie Innovationen als
geplante und kontrollierte Veränderungen im Redaktionsalltag geplant werden. Auf
diese Weise soll die Erneuerung redaktioneller Kreativ- und Produktionsprozes-
se, die auf technisch-publizistische Neuerungen oder neue Organisationsformen
zurückzuführen sind, in der ganzheitlichen Perspektive organisationaler Bedin-
gungs- und Interaktionsverhältnisse analysierbar gemacht werden.
    Fengler und Ruß-Mohl (2005) haben in ihren handlungstheoretischen Arbeiten
zur Ökonomisierung des Journalismus gezeigt, dass die Handlungsspielräume von

Journalisten in Medieninstitutionen trotz aller Organisationszwänge größer sind, als es der ökonomische Druck und die Straffheit des Redaktionsmanagements vielerorts vermuten lassen. Die Handlungsoptionen des einzelnen Mitarbeiters einer Redaktion richten sich aus Sicht der Organisationspsychologie außerdem grundsätzlich immer an den Rahmenbedingungen der Organisation aus:

> „Organisation ist ein kollektives Ganzes mit relativ festgelegten und identifizierbaren Grenzen, einer normativen Ordnung, hierarchischem Autoritätssystem, Kommunikationssystem und einem koordinativen Mitgliedssystem; dieses kollektive Ganze besteht aus einer relativ kontinuierlichen Basis innerhalb einer sie umgebenden Umwelt und beschäftigt sich mit Handlungen und Aktivitäten, die sich gewöhnlich auf ein Endziel oder Objektiv hin beziehen oder eine Menge von Endzielen oder Objektiven." (Weinert 1992: 41)

Entscheidungsfreiheiten können von Redakteuren freilich unterschiedlich genutzt werden. Für die Innovationsfähigkeit einer Redaktion interessiert vorrangig die Beschaffenheit des Lernumfeldes respektive Weiterbildungsangebots in Redaktionen als Voraussetzung organisationalen Lernens (vgl. Wasserbauer 2012). Prinzipiell sind sowohl die geschäftliche als auch die redaktionelle Organisationsebene auf Lernerfolge und daraus resultierende Innovationsanstrengungen angewiesen. Schwierigkeiten und Reibungsverluste entstehen bei der Ausgestaltung der strategischen Verfahren und individuellen Freiräume für die beteiligten Akteure. Als in dieser Hinsicht aussichtsreiche Forschungsperspektive bietet sich der analytische Dreiklang des (a) individuellen Lernens, des (b) Lernens in der Organisation und des (c) organisationalen Lernens an (vgl. Behrmann 2010). Das organisationale Lernen wird in der Forschungspraxis meist ausschließlich individuumsspezifisch oder institutionsbezogen perspektiviert, seltener dabei jedoch die Querbezüge, Abhängigkeiten und Einflussnahmen in den Blick genommen (vgl. Moldaschl 2010: 82-84). Dabei sind sowohl die persönlichen Voraussetzungen der Akteure – speziell Gewohnheiten, Ziele, aber auch Befindlichkeiten – als auch organisationale wie strukturelle Determinanten und Konstanten mit einzubeziehen, um Wandel durch Innovation beschreibbar zu machen.

Moldaschl (ebd.: 89) identifiziert *institutionelle Reflexivität* dabei als maßgeblich defizitäres Erklärungsfeld und versteht darunter die „Neigung oder Abneigung einer Organisation gegenüber ‚organisationalem Lernen'" und die (fehlende) Bereitschaft institutioneller Akteure, ihr Handlungsfeld und die organisationalen Rahmungen kritisch selbst zu beobachten. Messbar wird institutionelle Reflexivität und damit auch die Innovationsfähigkeit einer Institution zum Beispiel in Form der Senkung von Lernbarrieren (z. B. in Bezug auf Weiterbildungsangebote) oder der Schaffung von kreativen Freiräumen zur Erprobung innovativer Modelle und Formen, also der Erhöhung von zeitlicher und organisatorischer Flexibilität im Handeln der Akteure. Als Ziel einer empirischen Untersuchung bietet es sich daher an, das intermediäre „Verhältnis zwischen Person und Organisation" (Schäffter 2010: 228) zu fokussieren. Die Ambivalenz dieses Verhältnisses wird deutlich, wenn unter den Redaktionsmitgliedern, die sich in der Rolle der Innovatoren wiederfinden sollen, statt einer Unsicherheitstoleranz (Karnowski 2011: 20), die eine wichtige Voraussetzung für die Akzeptanz von Innovationen angesehen werden kann, ob des rasanten Medienwandels und der prekären Geschäftslage vielmehr Erwartungsunsicherheit (Jarren/Künzler/Puppis 2012: 13) vorherrscht.

> „At the heart of a learning organization is a shift of mind – from seeing ourselves as separate from the world to connected to the world, from seeing problems as caused by someone or something ‚out there‘ to seeing how our own actions create the problems we experience. A learning organization is a place where people are continually discovering how they create their reality. And how they can change it." (Senge 1990: 12-13)

Das Konzept der lernenden Organisation kann auch deshalb auf das der *lernenden Redaktion* angewendet werden, weil es primär auf die Wissens- und Erfahrungsentwicklung fokussiert (vgl. Meckel 1999: 96) und damit in Zeiten des Wandels in besonderer Weise die Kernfähigkeit einer Redaktion tangiert, Wissen zu kreieren und dynamisch zu transferieren (vgl. Garvins 1993: 80). Pühringer (2007) kam in ihrer Untersuchung zur Personalentwicklung in Zeitungsverlagen zu dem empirisch gesicherten Ergebnis, dass „eine strukturierte Personalentwicklung in Zeitungsredaktionen eher ein Fremdwort ist" (ebd.: 223), was insbesondere in wissensintensiven Unternehmen wie Presseverlagen den Geschäftskern, ergo den Wissenstransfer behindere. So sind Lernprozesse in Zeitungsredaktionen in überwiegendem Maße von individuellen und sozialen Erfahrungen abhängig, die sich in Normen und Routinen manifestieren, weniger aber von systematischen und auf die Redaktion zugeschnittenen Lernkonzepten.

In Krisensituationen bzw. in solchen (Umbruch-) Situationen, die organisationsintern als Krise wahrgenommen werden, zielt organisationales Lernen auf die Lehren aus den Schwierigkeiten, um dadurch ein neues Verständnis zu entwickeln, mit dem bestehenden Wissen und Fähigkeiten zu experimentieren und die in Aufruhr geratenen Gefühle, Haltungen und das Verhalten insgesamt konstruktiv zu modellieren (Antonacopoulou/Sheaffer 2014: 10). Organisationales Lernen hängt dabei direkt mit individuellem Lernen zusammen (Argyris/Schön 2006: 20-22). Die Bedingungen für organisationales Lernen werden auf mindestens drei verschiedenen, miteinander jedoch eng verwobenen Ebenen bestimmt: dem Individuum als Agent organisationalen Lernens, der Gruppe als sozialer Kontext und intermediäres Tradierungskollektiv von Wissen und der Organisation selbst als Gesamtzusammenhang (Lülfs 2013: 36-37). Bezogen auf organisationsbestimmende Hierarchien und Entscheidungskompetenzen im Zeitungsjournalismus betrifft dies demnach den einzelnen Redakteur, das Ressort als engerer bzw. die Redaktion als weiterer Gruppenzusammenhang sowie den Zeitungsverlag als Ganzes. Journalisten benötigen in einem crossmedialen Arbeitskontext neben obligatorischen Sachkompetenzen auch erweiterte Vermittlungs- und Fachkompetenzen, die sowohl hergebrachte Konventionen und Techniken betreffen als auch eine größere Flexibilität in der Anwendung und Adaption von innovativen Praktiken und Instrumenten. Auch gewinnen angesichts der strukturellen Transformationen Organisations-, Strategie- und Lernkompetenzen an Relevanz für die Redaktionsarbeit. Die häufigeren Anlässe zur Interaktion innerhalb integrierter Newsroom-Konzepte sowie mit beteiligungswilligen Nutzern erfordern zudem soziale Kompetenzen wie Führungs- und Teamkompetenz (vgl. Tabelle 9). Von Interesse ist daher, welche lernbegünstigende Umgebungen den redaktionell Beschäftigten zur Verfügung stehen und welche Weiterbildungsmöglichkeiten (intern/extern bzw. flexibel/starr) wie häufig genutzt werden (vgl. auch Vehmeier 2013).

Tabelle 9 Relevante Kompetenzen von Zeitungsredakteuren in der digitalen Moderne (in Anlehnung an: Weischenberg 1990 und Senge 1990)

Kompetenz-bereiche	Kompetenzen	Hintergrund
Sach-kompetenz	Einordnungs-, Quellen- und Methoden-kompetenz	Ressort- und Spezialwissen, Orientierungswissen
Vermittlungs- und Fach-kompetenz	Kommunikations- und Präsentations-kompetenz Handwerkliche Kompetenz (einschließlich Technik-kompetenz)	Sprachliche Fähigkeiten, Beherrschung und Variation konventioneller und neuer Darstellungsformen zur verständlichen Vermittlung von Informationen und Wissen, crossmediales Arbeiten (verschiedene mediale Plattformen und Kanäle bedienen), Solidität und Flexibilität in der Anwendung und Adaption von Recherche-, Selektions- und Redigiertechniken
Fach-kompetenz	Organisations-kompetenz	Selbständiges Arbeiten, Fähigkeiten im Projektmanagement, alltägliche Vereinbarung von und flexibler Wechsel zwischen unterschiedlichen Arbeitsebenen (z. B. Schreiben für Zeitung/Aktivität in Sozialen Medien)
	Ökonomische Kompetenz	Kenntnisse über sowie Sensibilität und Engagement für die Vermarktung von journalistischen Inhalten

Kompetenz-bereiche	Kompetenzen	Hintergrund
Fach-kompetenz (Fortsetzung)	Strategische Kompetenz	Kenntnisse über die Entwicklung des eigenen (spezi-alisierten) Berufsfeldes, vorausschauende Eruierung und ggf. Erprobung emergierender publizistischer Potentiale
	Lernkompetenz	Eigenständiges Lernen, Bereitschaft zur regelmäßigen Weiterbildung, Offenheit und Fähigkeit, sich neue Praktiken anzueignen und zu adaptieren.
Soziale Kompetenz	Führungskompetenz	Fähigkeit zur Selbstreflexion und Erkenntnis eigener Stärken und Schwächen, Ansprechbarkeit und Ko-operationsbereitschaft innerhalb der Redaktion und für die Nutzerschaft, teamorientierte Delegierung von Aufgaben
	Teamkompetenz	Projektarbeit unter Einbezug unterschiedlicher fachli-cher Expertisen, Erstellung von Dossiers, kooperative Rechercheprojekte

Wie Lernfähigkeit eine Redaktion tatsächlich ist und welche Konsequenzen dies für interne Abläufe und Strukturen und die Verfasstheit einer Redaktion insgesamt hat, hängt davon ab, wie Veränderungen innerhalb von Redaktionen aufgenommen werden, ob sie auf Akzeptanz oder Widerstand stoßen und welche Handlungen sie hervorrufen.

2.8 Untersuchungsleitende Annahmen der vorliegenden Studie

Die Aufarbeitung der strukturellen Veränderungen auf den Medienmärkten und der daraus abzuleitenden Implikationen für den Handlungsbedarf der Presse in den vorangegangenen Teilkapiteln lassen darauf schließen, mit welchen drängenden Herausforderungen Journalisten in Zeitungsredaktionen konfrontiert sind – un-abhängig davon, ob sie für die gedruckte Ausgabe einer Zeitung tätig sind oder auch für Online-Angebote arbeiten. Tabelle 10 fasst auf dieser Grundlage die für unsere Untersuchung maßgeblichen Begriffe zusammen:

Tabelle 10 Zusammenfassung der zentralen Begriffe für die Studie
„Die Zeitungsmacher"

Begriff	Verständnis	Literatur
Redaktion, Redakteur	Organisatorische Einheit zur (massenmedialen) Filterung, Lenkung und Vervielfältigung von Informationen	Bösch 2005
Digitaler Journalismus	Alle Formen journalistischer Kommunikation, die digital produziert und verbreitet werden	Lilienthal et. al 2014; Neuberger/Quandt 2010; Jones/ Salter 2012; Weichert 2011
Innovation	Geplante und kontrollierte (auch subjektiv wahrgenommene) oder auch durch Anwendung neuer Techniken und Ideen herbeigeführte Veränderung/ Erneuerung	Sjurts 2011; Storsul/ Krumsvik 2013
Partizipation	Bürgerbeteiligung am redaktionellen Arbeitsprozess	Eilders 2011; Engesser 2013; Sehl 2013; Welker 2013
Soziales Netzwerk, Social Media	Online-Plattformen zur sozialen Interaktion, speziell Vergemeinschaftung und virtuellen Pflege von sozialen Beziehungen	Loosen/Schmidt 2012; Schmidt 2011; Weyer 2011
Arbeitszufriedenheit	Wohlbefinden vor dem Hintergrund des Arbeitskontextes (Leistungsbedingungen) und den persönlichen Einstellung und Fähigkeiten (Leistungsvermögen)	Jung 2010
Lernen (Fortbildung)	Selbstreflexive Kompetenzsteigerung im redaktionellen Arbeitsumfeld	Senge 1990

Die ambivalente Schlüsselstellung von Redakteuren in Zeitungshäusern als journalistisch verantwortliche Akteure zwischen Krise und Aufbruch führt uns zu folgenden Annahmen, die für die nachfolgende empirische Untersuchung forschungsleitend waren. Im Fokus der deutschlandweiten Redaktionsbefragung standen demnach Fragen zur Einschätzung des Medienwandels, zur Innovationsbereitschaft, zur Finanzierung, zum Rollenselbstbild sowie zur Arbeitszufriedenheit (vgl. Kap 3 und 4).

- **Annahme 1:** Der digitale *Medienwandel* hat einen starken Einfluss auf die Nutzung als auch die Produktion von Medieninhalten: Einerseits kam es zu einer Vervielfachung des digital verfügbaren Medienangebots. Andererseits erhielten weite Bevölkerungskreise ebenfalls Zugang zu neuen leistungsfähigen IKT. Die strukturellen Verschiebungen auf den Medienmärkten hatten zur Folge, dass sich die wirtschaftliche Situation der Presse verschlechtert hat und eine kontroverse Debatte um die Zukunft der Zeitung und des Journalismus insgesamt geführt wird. Es ist anzunehmen, dass die anhaltende diskursive Problematisierung des Geschäftsbereichs Zeitung ein Problembewusstsein hervorruft und persönliche Einschätzungen zu den Zukunftsaussichten des eigenen Berufsfeldes ambivalent ausfallen dürften. Dagegen ist aufgrund verschiedener redaktioneller Maßnahmen zur Förderung der Publikumsbeteiligung anzunehmen, dass Laienpublikationen und die Aktivität von Nutzern im Internet von Zeitungsredakteuren eher als nützlich für ihre Arbeit denn als Bedrohung angesehen werden.

- **Annahme 2:** *Innovation* ist in der Medienbranche zur zentralen Leitgröße geworden. Speziell in der Verlagswelt avancierte der Begriff jedoch in den vergangenen Jahren von einem unspezifischen „Blähwort" (Plöchinger 2013) zum vorherrschenden Paradigma zur Rekonvaleszenz und Absicherung des Verlagsgeschäfts. Durch den hohen Nachholbedarf beim Aufbau eines systematischen Innovations- bzw. Change Managements in Zeitungshäusern ist jedoch anzunehmen, dass Prozesse der Erneuerung vorerst noch hauptsächlich konventionell und zurückhaltend verlaufen werden, bei der Bewertung zukünftig wichtiger Angebotsbereiche ebenso wie bei der Publikumsbeteiligung. Es ist andererseits anzunehmen, dass integrative Formen der redaktionellen Zusammenarbeit von Print und Online mittlerweile in vielen Zeitungshäusern zum Alltag gehören, ebenso wie der redaktionelle Einsatz von Internet-Angeboten und -Diensten.
- **Annahme 3:** In der Frage der zukünftigen *Finanzierung* von Journalismus gibt es aktuell mehr Unsicherheiten als Gewissheiten. Trotz eines vorerst noch verhältnismäßig stabilen Geschäftsmodells von Zeitungsverlagen in Deutschland durch Mischfinanzierung aus Anzeigen- und Vertriebserlösen ist davon auszugehen, dass konjunkturelle und strukturelle Schwankungen und Rückgänge die Suche nach alternativen Erlöskonzepten erforderlich machen. Anzunehmen ist, dass Sorgen unter den redaktionellen Beschäftigten festzustellen sind und dass sie auch aufgrund dieser Sorgen in die Entwicklung von Finanzierungsstrategien grundsätzlich einbezogen werden möchten.
- **Annahme 4:** Das *Rollenselbstbild* im Journalismus ist eng mit den individuellen, redaktionskulturell geprägten Haltungen, Zielen und Motivationen des einzelnen Journalisten verbunden. Relevant sind überdies die Publikumserwartungen, die Redaktionen direkt durch Einsendungen oder in dialogischer Form erreichen oder aber indirekt durch redaktionell gerahmte Vorstellungen vom Publikum (Erwartungserwartungen) eine Rolle spielen. Durch die steigende Nutzeraktivität im Internet ist jedoch fraglich, welche neuen journalistischen Rollen sich in Zeitungsredaktionen mit Blick auf die Publikumsbeteiligung durchsetzen. Anzunehmen ist, dass eine stärkere Orientierung an Publikumsinteressen neben klassischen journalistischen Aufgaben wie der Kritik an Missständen und dem Angebot präziser Informationen für wichtig erachtet wird.

- **Annahme 5:** *Arbeitszufriedenheit* und *Weiterbildung* gehören zu den wichtigsten sozialen Innovationsfaktoren. Die Entwicklung, Erprobung und Umsetzung neuer Ideen in sämtlichen Bereichen des journalistischen Arbeitszusammenhangs erfordern sowohl eine hohe Einsatz- und Veränderungsbereitschaft als auch kontinuierliche Lernprozesse. Auf Redaktionsmitgliedern von Zeitungshäusern lastet jedoch vielfacher Druck: Leistungsdruck, existentieller Druck, Erwartungsdruck. Angesichts struktureller Krisensymptome und der gleichzeitigen Notwendigkeit zur Erneuerung ist anzunehmen, dass die Arbeitszufriedenheit widrigen Umständen unterstellt ist. Auch ist aufgrund tendenziell geringer zeitlicher Ressourcen und hoher Arbeitslast zu vermuten, dass die Vielzahl formaler Weiterbildungsangebote zwar sporadisch, aber nicht regelmäßig von Zeitungsredakteuren genutzt werden.

Unsere untersuchungsleitenden Annahmen zielen auf ein aktuelles, umfassendes Stimmungsbild der redaktionell abhängig beschäftigten Journalisten im deutschen Pressesektor, das die vorliegenden Erkenntnisse aus zahlreichen Berufsfeldstudien der vergangenen Jahre ergänzt. Hierbei bildet insbesondere das Interesse an aktuellen Arbeitsroutinen, der sozialen Verantwortung, Zugänglichkeit und Veränderungsbereitschaft von Redaktionen sowie dem Zusammenhang zwischen individuellen Sorgen und der Arbeitszufriedenheit den Rahmen unserer repräsentativen Befragung deutscher Zeitungsredaktionen.

Im folgenden Kapitel 3 wird die vorliegende Studie in den Kontext ähnlicher Untersuchungen in Deutschland eingeordnet. Dazu arbeiten wir Unterschiede und Besonderheiten heraus und erläutern anschließend die methodischen Details der Befragung und ihrer Datenauswertung. Das Kapitel referenziert dabei insbesondere auf deutschsprachige Arbeiten, ohne freilich den internationalen Kontext aus dem Blick zu verlieren.

Die Untersuchung „Die Zeitungsmacher" füllt eine Lücke der empirischen Berufsfeldforschung. Sie legt besonderes Gewicht auf Innovationsprozesse in den Redaktionen und nimmt dabei den betrieblichen Kontext der Redaktion in den Fokus. Das beinhaltet vor allem die Erhebung von Arbeitszufriedenheit und Veränderungsbereitschaft von Redakteuren. Diese Variablen bedürfen angesichts tiefgreifender Einschnitte und Herausforderungen im Zeitungsgeschäft in der aktuellen Situation (vgl. Kapitel 2) einer besonderen Aufmerksamkeit. Die vorliegende Studie hat deshalb gerade auf diese Variablen ihr besonderes Augenmerk gerichtet.

3.1 „Die Zeitungsmacher" im Kontext vergleichbarer Berufsfeldstudien zum Journalismus in Deutschland

Empirische Datenerhebungen zu technisch-organisatorischen Veränderungen in Redaktionen sind gerade auf Mikro- und Mesoebene nützlich, weil sie tiefere Einblicke in die betriebliche Wirklichkeit ermöglichen (vgl. Quandt 2005, 196 ff.; Tabelle 1)[15]. Zwar gilt der deutsche Journalismus als der wohl „bestuntersuchte" der Welt (Weischenberg 2011: 5), dennoch kann immer dann lückenhaftes Wissen ausgemacht werden, sobald das Forschungsinteresse auf bestimmte Mediensparten bzw. feinere Untergruppen gerichtet ist (wie in unserem Fall eben auf die Zeitungsredaktionen bzw. -redakteure) und berufsspezifische Subgruppen von Journalisten im Mittelpunkt stehen (Reus 2009; Buckow 2011) oder international vergleichende Forschung betrieben wird (Esser 2004). Insofern rechtfertigen sich Studien durch-

---

15 Für einen Überblick über die US-amerikanische Forschung siehe Steensen (2011), zur generellen Lage des US-Journalismus siehe Pew Research Center (2013) und Anderson/ Bell/Shirky (2012).

aus, die den Gegenstand „Journalismus" mit einem speziellen Interesse, aus einem bestimmten Betrachtungswinkel und mit einer differenzierten Forschungsanlage in den Blick nehmen.

In ihrer Spezialisierung fokussiert unsere Untersuchung einen Berufsausschnitt, der seit geraumer Zeit besonders sensibel auf innovative Veränderung im Mediensektor reagiert: die Zeitungsredaktionen. Deren Träger, die Zeitungshäuser, sehen sich spätestens seit Beginn des neuen Jahrtausends einem ganz besonderen Innovationsdruck ausgesetzt (vgl. Weichert/Kramp/Jakobs 2008; Weichert/Kramp 2009; Weichert/Kramp/von Streit 2010; Kramp/Weichert 2012; Bicher/Piper 2013; Haller 2014). Die Daten, die hier mittels Befragung erhoben wurden, sind Auskünfte berufserfahrener Redakteure, die über ihre Arbeitsstätten – deutsche Zeitungsvollredaktionen – detaillierte Einschätzungen abgegeben haben. Die Studie fügt sich damit in den Gesamtkontext vorhandener journalistischer Berufsfeldforschung ein, da ihre Forschungsgegenstände an den Desideraten bisheriger Forschung orientiert sind und die Instrumente teilweise an vorgängiger Forschung ausgerichtet wurden. Im folgenden Abschnitt sollen konzise die methodischen Hintergründe der Studie erläutert werden.

Um ihre Amlage besser zu verstehen, ist es sinnvoll, zunächst Gemeinsamkeiten wie auch Unterschiede der „Zeitungsmacher" zu anderen relevanten Studien der vergangenen Dekade zu erläutern.

Das „Analyseraster der Journalismusforschung" (Löffelholz 2004: 51) kann anhand der „Weischenberg'schen Zwiebel" (ebd.) entfaltet werden: Erforscht werden demnach Fragen zum Normenkontext von Journalismus (dem Mediensystem), zum Strukturkontext (den Medieninstitutionen), zum Rollenkontext (den Medienakteuren) und zum Funktionskontext (den Medienaussagen).[16] Journalistische Berufsfeldforschung nimmt haupt- oder auch freiberufliche Journalisten in den Blick: Auf der Akteursebene soll geklärt werden, welche soziodemografischen Profile vorliegen, wie Aufgabenverständnis und Berufsmotivation aussehen und wie es um die tatsächliche Umsetzung persönlicher Berufsansprüche in der Redaktion bestellt ist (vgl. Esser 2004: 157). Die Ebene der Akteure steht recht häufig im Fokus der Forscher. Journalisten sind zwar heikle, aber auch aufmerksame Forschungsobjekte, denn sie sind einerseits schwierig zu erreichen, andererseits selbst an Befunden über ihre Zunft durchaus interessiert.

---

16 Löffelholz weist darauf hin, dass dieses Analyseraster freilich noch keine Aussage zur Hierarchie der Einflüsse auf journalistisches Handeln konstituiert. Esser (2004: 157) wählt ähnliche Differenzierungsebenen. Hinzu kommen noch Medienorganisationen und – auf der Ebene der Medienprodukte – Medienroutinen.

Journalistische Berufsfeldforschung kann als spezielle Form einer berufsso-
ziologisch verankerten Arbeitsweltforschung gesehen werden. Das am meisten
genutzte Instrument der Analyse ist dabei die Befragung. Im Mittelpunkt stehen meist Individuen, einzelne Journalisten, freilich auch um Aussagen zum
Normen- und Strukturkontext von Journalismus generieren zu können, d. h. um
mediensystematische und medienstrukturelle Hintergründe zu erforschen. Diese
„Systemempfindlichkeit" von Journalismusforschung (Esser 2004: 153) trägt dazu
bei, die Wechselbeziehungen von Systemkontext und Untersuchungsgegenstand
nicht zu vernachlässigen.[17] Auch unsere Studie basiert auf einer Befragung von
Journalisten und hatte über dieses Instrument das Ziel, redaktionelle und mediensystematische Fragestellungen (vgl. Kap. 3.3) zu beantworten. Sie ist damit
keine reine Untersuchung akteursspezifischer Belange, sondern kombiniert im
Forschungsinteresse Fragen zu Akteuren und Strukturen, vor allem redaktioneller
und gesellschaftlicher Art.

Esser (2004: 156) weist darauf hin, dass die Voraussetzung für das Verständnis
komparativer Analysen eine „Gewährleistung umfassender funktionaler Äqui-
valenz" notwendig ist. Die vorliegende Studie hat zwar keine internationalen
Vergleichsebenen. Dennoch können die für die international vergleichende Forschung genannten, formalen Vergleichsparameter für einen Vergleich national
ausgerichteter Forschung nutzbar gemacht werden. Nach Esser (ebd.) sind vier
formale Diskriminanten relevant, anhand derer eine Unterscheidung empirischer
Forschung vorgenommen werden kann:

• Forschungsinteresse
• Grundgesamtheit und Auswahlmechanismus
• Untersuchungseinheiten
• Forschungsinstrumente

Studien der Journalismusforschung können also anhand ausgewählter, methodo-
logischer Besonderheiten unterschieden werden, die sich entlang des Forschungs-
prozesses gruppieren: dem Forschungsinteresse und den Untersuchungsfeldern,
der Grundgesamtheit und Stichprobenziehung, der Untersuchungseinheiten, der
Erhebungs- und Messinstrumente sowie dem Jahr der Erhebung. In Tabelle 11
werden diese Merkmale genutzt, um „Die Zeitungsmacher" mit anderen Studien
der vergangenen Jahre zu vergleichen. Zunächst einige Vorbemerkungen.

In Deutschland gibt es nur wenige Untersuchungen zur Gesamtpopulation der
Journalisten. Das hängt mit der schwierigen Definitions- und Auswahlsituation

---

17 Das gilt insbesondere für die international vergleichende Forschung.

zusammen (Welker/Sattler 2007: 335ff.). Was ist ein Journalist? Darüber herrscht
keinesfalls völlige Einigkeit. Der Beruf des Journalisten weist unscharfe Kontouren
auf (Weischenberg/Malik/Scholl 2006: 13, 29f.; Donsbach 2002: 78), die Abgrenzung
einer Grundgesamtheit ist deshalb schon im definitorischen Ansatz mit Schwierigkeiten verbunden (Welker/Sattler 2007: 347). Eine Vollerhebung kommt aus Kostengründen normalerweise nicht in Frage. Es muss daher eine Stichprobe aus einer
klar definierten Population gezogen werden, und zwar so, dass diese Stichprobe als
ein verkleinertes Abbild der gesamten Population aufgefasst werden kann. Dies ist
aber nur dann möglich, wenn bestimmte statistische Verfahrensweisen eingehalten
werden (siehe Fallbeispiel 1). Die Einhaltung statistischer Regeln hat Auswirkungen
auf die spätere Verallgemeinerbarkeit der Befunde.

Recht selten tritt der Fall auf, dass eine Vollerhebung deutscher Journalisten,
also die Untersuchung einer sehr großen Gesamtpopulation, angestrebt wird (wie
im Fallbeispiel 2). Wird auf eine Stichprobe verzichtet, treten Probleme von Over-
und/oder Undercoverage der angestrebten Zielpopulation auf (Welker/Sattler 2007:
347). Wird aus Kostengründen eine Online-Befragung eingesetzt (ebd.) gibt es meist
Schwierigkeiten mit dem Rücklauf, d. h. mit dem Verhältnis von kontaktierten
zu antwortenden Personen. Ein schwacher Rücklauf wirkt sich wiederum auf die
Verallgemeinerbarkeit der Befunde aus.[18]

Einfacher liegt der Fall, wenn die Grundgesamtheit, die es zu untersuchen gilt,
klar abgrenzbar und eventuell sogar zahlenmäßig überschaubar ist. Dies ist üblicherweise bei Teilpopulationen der Fall: bei der Befragung von Chefredakteuren einer
Mediensparte[19], den Mitgliedern eines Vereins, die wiederum für Signalgeber einer
bestimmten Subgruppe von Journalisten gehalten werden[20] oder, wie in unserem
Fall, bei der Untersuchung der Redaktionen aller publizistischen Einheiten (Vollredaktionen) deutscher Tageszeitungen. Dann kann entweder leicht eine Stichprobe
gezogen werden, weil es entsprechende Listen zu den Untersuchungseinheiten gibt,
oder es kann per Vollerhebung die gesamte Population abgedeckt werden.

Das oben beschriebene, definitorische Problem wurde in der vorliegenden Untersuchung wie folgt adressiert: Befragt wurden die festen Mitglieder der jeweiligen
Vollredaktion, also Redakteure. Das ist quasi die härtere Währung für einen Journalisten: Redakteure sind, anders als freie Journalisten, arbeitsdefinitorisch eindeutig
abgrenzbar, es sind Personen mit journalistischer Ausbildung (Volontariat), die in
einem festen Anstellungsverhältnis beschäftigt sind und üblicherweise einen be-

---

18 Zur Repräsentativität insbesondere bei Online-Befragungen siehe Bandilla et al. 2009.
19 Aller publizistischen Einheiten in Deutschland und Österreich (Reus 2009: 273).
20 Wie bei der Befragung der Mitglieder des Vereins „Freischreiber", um strukturelle
    Befunde freier Journalisten in Deutschland zu erhalten (Buckow 2011).

stimmten Aufgabenbereich in der Redaktion bearbeiten. Sie sind überwiegend in der Redaktion eingesetzt, dort funktional eingebunden und kennen insofern – anders als Reporter – die Realität der täglichen innerredaktionellen Arbeit ausgesprochen gut. Redakteure sind zudem an die publizistischen und politischen Leitlinien ihres Mediums gebunden und wissen um die arbeitsorganisatorischen Veränderungen in der Redaktion. Freie Journalisten wurden insofern ausgeklammert, als dass diese Berufsgruppe andere berufsstrukturelle Kennzeichen besitzt und deshalb ganz anders in die betriebliche Wirklichkeit eingebunden ist, als die festangestellten Kolleginnen und Kollegen. Bewusst wurde auch darauf verzichtet, Chefredakteure oder anderes Leitungspersonal zu befragen. Die ausdrückliche Perspektive dieser Studie bestand in einer Erfassung der betrieblichen Wirklichkeit aus Sicht derjenigen, welche üblicherweise operativ die Hauptlast der Arbeit tragen, also die hauptberuflich Beschäftigten (Angestellten) selbst.

Fallbeispiel 1

Die Studie „Journalismus in Deutschland" (JouriD) gilt aufgrund ihres Stichprobenaufbaus, ihrer Laufzeit und ihres Umfangs als *Referenzstudie* in Deutschland. Die Studie basiert auf einem zweistufigen Auswahlverfahren (Malik 2004: 5; Malik 2005). Dafür wurden zunächst aus gängigen Medienverzeichnissen (u. a. Stamm, Zimpel, IVW) 3.256 journalistische Medienorganisationen selektiert (Grundgesamtheit: alle journalistische Medien). Dann wurde eine schriftliche Befragung der Chefredakteure bzw. Personalverantwortlichen dieser Medienorganisationen durchgeführt. Die Befragten nannten/ schätzten die Anzahl der fest angestellten und freien Journalisten ihrer Organisation und deren Verteilung auf Ressorts, hierarchische Positionen und Geschlecht. Die synthetische Grundgesamtheit betrug demnach 48.000 hauptberuflich tätige Journalisten. Anschließend wurde eine mehrfach geschichtete (quotierte) Stichprobenziehung durchgeführt. Am Ende wurden 1.536 Personen befragt (Weischenberg/Malik/Scholl 2006: 11). Gemeinhin gilt diese Stichprobe in der journalistischen Fachliteratur als „repräsentativ". Die Frage, die sich bei diesem methodischen Vorgehen stellt, betrifft insbesondere die freien und nebenberuflich tätigen Journalisten. Freie Journalisten, die an mehrere Redaktionen liefern, werden mehrfach erfasst (vgl. Malik 2004: 7; 2005: 195); nebenberufliche Journalisten, die selten liefern, bleiben gegebenenfalls unberücksichtigt. Einige der befragten Chefredakteure nennen die laufenden Umstrukturierungen (Entlassungen, Outsourcing) und die damit verbundenen Unsicherheiten über Personalzahlen als Grund, warum sie zunächst nicht an der Personenzahlenerhebung teilnehmen wollten (Malik 2005: 195).

Fallbeispiel 2

2004 wurde an der Universität Leipzig das Forschungsprojekt „Zukunft des Journalismus" gestartet. Das Forschungsinteresse dieser Berufsfeldstudie bestand darin, Einschätzungen zu den Zukunftsaussichten des Journalismus in Deutschland zu erfassen, um Prognosen für einen Zeithorizont von fünf bis zu zehn Jahren zu erstellen. Das Kernstück der Untersuchung bestand in einer als Quasi-Vollerhebung konzipierten Online-Befragung deutscher Journalisten. Diese sollten mittels einer E-Mail zur Online-Befragung eingeladen werden. Um zu den E-Mail-Adressen Zugang zu erhalten, wurden Kooperationspartner auf Verbandsebene gewonnen. Auch der Stamm und der Kress Verlag sowie die Bundespressekonferenz lieferten E-Mail-Adressen. Insgesamt wurde eine Gesamtheit von rund 90.000 Personen und Firmen gebildet. Von diesen waren etwa 60 Prozent per E-Mail erreichbar. Diese rund 51.000 E-Mail-Adressen wurden angeschrieben, die Feldzeit lief von Anfang Mai bis Juni 2005. Befragt wurden Journalisten aller Mediengattungen und Altersstufen. Die Online-Befragung wurde im Sommer 2005 abgeschlossen. Die Schwierigkeit bei dieser methodischen Vorgehensweise lag in der Nichterreichbarkeit vieler Personen durch fehlende oder veraltete E-Mails-Adressen. Hinzu kam ein schwacher Rücklauf von lediglich rund sieben Prozent, ein typisches Kennzeichen einer offenen Online-Befragung. Die zahlreichen Unbekannten in der Abdeckung der Grundgesamtheit, der Erreichbarkeit und der Schwäche des Rücklaufs führten in der Summe zu Problemen bei der Verallgemeinerung der Befunde auf die Gesamtpopulation der Journalisten in Deutschland – was eigentlich das Ziel einer Vollerhebung sein sollte. Zwar konnten die Befunde mit anderen Studien verglichen werden, die Erklärung der manifesten Unterschiede bleibt aber schwierig (vgl. Welker/Sattler 2007).

Die beiden Fallbeispiele führen exemplarisch vor Augen, wo die eigentlichen Probleme einer Journalistenbefragung liegen: In der klaren Definition der Zielpopulation und der Kontrolle der Stichprobe und des Rücklaufs, um am Ende auch verallgemeinerbare Befunde präsentieren zu können.

So wurden bei den „Zeitungsmachern" gleich mehrere methodische Probleme umgegangen, welche die Forscher bei journalistischen Berufsfeldstudien üblicherweise plagen: (1) Die amorphe Form des Berufsfeldes Journalismus wurde durch die klarer umrissene Definition des Redakteurs ersetzt, (2) die schwer abgrenzbare Menge aller Journalisten wurde zugunsten eines klaren Fokus auf Zeitungsvollredaktionen und ihrer Redakteure gewählt, und (3) die insbesondere bei Journalisten schwierig einzusetzende, offene Online-Befragung wurde durch die in der Ansprache und im Rücklauf besser zu kontrollierende CATI-Befragung[21] ersetzt.

Eng mit der Definition der Grundgesamtheit ist die Frage nach den Auswahl-, Erhebungs- bzw. Untersuchungseinheiten verbunden. Diese können zusammenfallen, im Falle unserer Studie „Die Zeitungsmacher" waren sie wie folgt definiert: Die *erste*

---

21 Computer Assisted Telephone Interview.

Stufe bildeten alle Zeitungsvollredaktionen in Deutschland, diese sollten mit einer Vollerhebung untersucht werden. Die Erhebungseinheit war die Gesamtredaktion; alle 130 redaktionellen Einheiten wurden vom Felddienstleister kontaktiert. Auf der *zweiten Selektionsstufe* (innerhalb der Redaktionen) bildete der einzelne Redakteur die Auswahleinheit. Der oder die jeweilige Befragte war als hauptberuflicher, festangestellter Redakteur der jeweiligen Redaktion definiert. Schließlich bildeten sowohl Redaktionen als auch Redakteure die Untersuchungseinheiten der Studie. Ein Beispiel: Für die Analyse innovativer Prozesse in den Redaktionen wurden redaktionelle Einheiten betrachtet (Untersuchungseinheiten: Redaktionen), für die Analyse bestimmter persönlicher Einschätzungen war dagegen der einzelne Journalist als Angehöriger der Redaktionen (Untersuchungseinheiten: Personen) Gegenstand der Untersuchung.

Die in einer Befragung eingesetzten Instrumente wie Skalen und Frageaggregate sind am spezifischen Forschungsinteresse orientiert. Für „Die Zeitungsmacher" bezog sich das Forschungsinteresse auf die Felder Medienwandel, Innovation, Finanzierung der Zeitung, Arbeitszufriedenheit und Rollenbild. Um alle Felder adäquat abzudecken wurden neue Frageaggregate entworfen, aber auch bestehende Aggregate aus der Literatur entnommen. Das betraf v. a. das Rollenbild und das berufliche Selbstverständnis von Journalisten. Dieses wird in Deutschland bereits vielfältig beforscht und wird inzwischen recht differenziert gehandhabt (vgl. Weischenberg/Malik/Scholl 2006: 97ff.; Donsbach et al. 2009: 32). Die Items zur Abfrage der drei gängigen Rollenbilder Information & Vermittlung, Kritik, Kontrolle & Engagement, Service & Unterhaltung wurden aus der Studie JouriD von Weischenberg, Malik und Scholl (2006) entnommen. So wrd eine Untersuchung einerseits anschlussfähig und baut auf bewährte Skalen, die schon mehrfach erfolgreich eingesetzt wurden. Andererseits birgt ein solches Vorgehen die Gefahr, neue oder veränderte Rollenbilder, die durch innovative Prozesse entstanden sein könnten, nicht angemessen zu berücksichtigen. Deshalb wurden in den „Zeitungsmachern", zusätzlich zu den bewährten Items, auch neue Schlüsselbegriffe des beruflichen Selbstverständnisses abgefragt. Neue Begriffe wie „Kurator" wurden allerdings nicht operationalisiert, sondern als einfache Zustimmungsitems erhoben.

Eine empirische Studie basiert immer auf einem bestimmten Erkenntnisinteresse, und dieses bestimmt das methodische Design einer Untersuchung maßgeblich mit. In der Übersicht von Tabelle 1 wird dies deutlich sichtbar: Praxisorientierte Studien, die eher an einer deskriptiven und breit angelegten Momentaufnahme interessiert sind wie der „Social Media Trendmonitor" von *news aktuell* und Faktenkontor (2012) können auf eine statistisch konsistente Auswahl der Befragten verzichten. Da im Ergebnis keine höherwertigen statistischen Auswertungen präsentiert werden sollen ist weniger der Rücklauf als vielmehr die Breite der Befragung entscheidend.

Für die vergleichende Berufsfeldstudie zu „professionellen Kommunikatoren" steht hingegen der Aspekt der Beziehung zwischen den Berufsgruppen
„Journalist" und „PR-Mitarbeiter" im Mittelpunkt. Dieser Binnenvergleich
wurde möglich, weil die jeweiligen Fragebögen aufeinander abgestimmt entwickelt wurden. In der Forschungsbeschreibung (http://profcom.univie.ac.at/
projektbeschreibung/methodik) heißt es: „Die besondere Qualität der Studie besteht
u. a. darin, dass die Wahrnehmung der verschiedenen Berufsrollen professioneller
Kommunikatoren innerhalb ein und derselben Untersuchung erhoben wird. [...]
Dadurch kann ein komplexes Realitätsmodell aus Selbst- und Fremdwahrnehmungen
der jeweiligen Kommunikatorgruppe konstruiert werden. In den meisten Fällen
sind solche Informationen nur über getrennt voneinander erhobene Datensätze
zugänglich."

Zwei Arten von Untersuchungen können unterschieden werden: Einerseits
Befragungen von Journalisten und andererseits Befragungen der Bevölkerung zu
Journalisten und Journalismus. Letztere sind mit herkömmlichen Bevölkerungs-
umfragen vergleichbar und bedürfen eines entsprechenden Auswahlmechanismus,
um allgemeingültige Aussagen zu produzieren. Mit Ausnahme der JouriD-Studie,
die an Aufwand und Mitteleinsatz die anderen Untersuchungen bei weitem über-
trifft, kämpfen viele Untersuchungen mit unbekannten bzw. schlecht abgedeckten
Grundgesamtheiten oder geringen Rücklaufquoten. Dies hängt hauptsächlich
mit externen Faktoren, nämlich der schlechten definitorischen Abgrenzbarkeit
von journalistischer Tätigkeit, aber auch mit der ungünstigen Erreichbarkeit von
Presseleuten zusammen.

Das Ziel unserer Studie bestand zunächst darin, eine möglichst große Abdeckung der publizistischen Einheiten in Deutschland zu meistern. *56 Prozent* aller
Redaktionen konnten letztlich erreicht werden, unter den Bedingungen statistischer
Fehlerberechnung ist das mit Blick auf nicht allzu große Fehlerspannen auf der
Ebene der Redaktionen eine akzeptable Größe. Schätzungsweise arbeiten in den
zum Zeitpunkt der Studie bestehenden *130 Vollredaktionen* deutscher Zeitungshäuser 12.000 Redakteure.[22] Trotz alarmierender Nachrichten vom Zeitungssterben
bilden Zeitungsredakteure immer noch einer der größten Untergruppe unter den
hauptberuflichen Journalisten in Deutschland. „Die Zeitungsmacher" hat letztlich
127 Redakteure als Redaktionsangehörige befragt. Diese Anzahl ist im Hinblick
auf die abzubildenden Redaktionen zu interpretieren.

---

22 Siehe Kapitel 2: Nach Hochrechnung von Weischenberg und Kollegen (2006: 38) waren
    im Jahr 2005 mehr als 60 Prozent der Journalistinnen und Journalisten bei Presseverlagen
    tätig.

Tabelle 11 Berufsfeldstudien 2005 bis 2012: ausgewählte Befragungen für Deutschland

Titel / Jahr der Erhebung	Forschungsinteresse und Untersuchungsfelder	Zielpopulation und Grundgesamtheit / Befragte	Stichprobe / Ausschöpfung	Messinstrument (Erhebungsart)	Quelle
Die Zeitungsmacher 2012	Medienwandel, Innovation, Finanzierung der Zeitung, Rollenselbstbild und Arbeitszufriedenheit	Vollredaktionen (publiz. Einheiten) aller deutschen Tageszeitungen (130); deren Redakteure (etwa 12.000); mehrstufiges Auswahlverfahren; auf der Redaktionsebene nach Redaktionsgrößenklassen geschichtet	Vollerhebung auf der Ebene der Redaktionen / 56,2 %; Zufallsstichprobe auf Redaktionsebene je 1, 2 oder 3 Redakteure; insg. 127 Redakteure in der Stichprobe	Befragung (CATI und schriftlich)	Weichert/Kramp/ Welker
Wirtschaftskrise – Zeitungskrise? / Strategien für die Zukunft		Chefredakteure deutscher Medien	Vollerhebung	Befragung	Mast 2009, 2012
Social Media Trendmonitor 2012, news aktuell und Faktenkontor/ 2012	Umgang professioneller Kommunikatoren mit dem Social Web; wird jedes Jahr wiederholt; kein Panel	Fach- und Führungskräfte aus der Kommunikationsbranche; keine klare Abgrenzung Journalist/PR Manager	2.943 Fach- und Führungskräfte aus PR-Agenturen (624), Pressestellen (1.483) von Unternehmen und Journalisten (881) / k. A.	Befragung (online)	news aktuell/ Faktenkontor 2012 (PDF); http://www.newsaktuell.de/pdf/trendmonitor_2012.pdf
Professionelle Kommunikatoren in Europa (PROFCOM) / 2009/10	Beziehungen zwischen PR-Managern und Journalisten (Selbstwahrnehmung-Fremdwahrnehmung), Ethik, Einstellung zu Europa: fünf ausgew. europäische Länder plus Türkei	Hauptberufliche Journalisten und PR-Mitarbeiter, die über eine E-Mail-Adresse ansprechbar sowie in einer der Auswahllisten (Stamm etc.) eingetragen waren; für Deutschland: 8.713 Journalisten und 1.627 PR-Mitarbeiter	Deutschland: Vollerhebung auf Basis der zugrunde gelegten E-Mail-Listen: 1.076 Journalisten, 305 PR-Mitarbeiter / 12 bzw. 19 %	Befragung (online)	Sells 2011 (PPT; Feldbericht aller Umfragen von PROFCOM); http://profcom.univie.ac.at/projektbeschreibung/
Persönlichkeit im Journalismus / 2008	Bedeutung von und Einschätzung zur journalistischen Persönlichkeit	Chefredakteure aller publizistischen Einheiten in Deutschland (136) sowie in Österreich und in der deutschsprachigen Schweiz;	Deutschland: Vollerhebung (133 Chefred.), insg. 164 Chefred./ insg. 23 %	Postalische Befragung („offene Rundfrage")	Reus 2009

Tabelle 11 *(Fortsetzung)* Berufsfeldstudien 2005 bis 2012: ausgewählte Befragungen für Deutschland

Titel / Jahr der Erhebung	Forschungsinteresse und Untersuchungsfelder	Zielpopulation und Grundgesamtheit / Befragte	Stichprobe / Ausschöpfung	Messinstrument (Erhebungsart)	Quelle
Journalismus in Deutschland (JouriD) / 2005	Referenzstudie: Merkmale und Einstellungen der Akteure, Tätigkeiten, Rollenselbstbild und -wirklichkeit, Beziehung zu PR, ethisches Handeln	Hauptberufliche Journalisten in Deutschland (48.000 lt. Voruntersuchung); mehrstufiges Auswahlverfahren: Medienunternehmen und deren Personalverantwortliche, sowie deren Beschäftigte	3.256 Medien-unternehmen; 1.155 Personalverantwortliche; 1.536 Journalisten / k. A.	Befragung (CATI)	Weischenberg/ Malik/ Scholl 2006
Zukunft des Journalismus / 2004/05	Entwicklung des Berufsfeldes, aktuelle und zukünftige Arbeitsanforderungen, Kompetenzfelder, Ethik	Hauptberufliche Journalisten in Deutschland, die über eine E-Mail-Adresse ansprechbar sowie in einer der Auswahllisten (DJV, Stamm etc.) eingetragen waren; 51.297 E-Mailadressen (Personen & Medienunternehmen)	Vollerhebung /Teilnahme von 3.745 Journalisten/ Ausschöpfung etwa 8%	Befragung (online)	Überall 2006; Welker/Sattler 2007
Meinungen zu Medien und Journalisten (Akademie für Publizistik) / 2010	Einschätzungen der Bevölkerung zu Journalisten; Beziehungen zwischen Journalisten und Bevölkerung	Die in Privathaushalten lebende deutschsprachige Bevölkerung ab 14 Jahre in der Bundesrepublik Deutschland.	Mehrstufige systematische Zufallsauswahl auf Basis des ADM Telefon-Mastersamples. 1.001 Personen der Grundgesamtheit / k. A.	Befragung (CATI)	Akademie für Publizistik 2010; PDF, http://goo.gl/jquG
Journalismus in Deutschland / 2009	Einschätzungen der Bevölkerung; Wissen und Meinungen zu Journalisten und Journalismus; Ansehen und Vertrauen in Journalismus	Deutsche Bevölkerung von 16 bis 65 Jahre	Auswahl im Online-Panel; Quotierung nach Mikrozensus und zusätzlich nach MA-Reichweiten der AGMA Quoten für bestimmte Lesergruppen; 970 Befragte	Befragung (online)	Welker 2009
Entzauberung eines Berufs / 2007/08	Einschätzungen der Bevölkerung zu Journalisten; Beziehungen zwischen Journalisten und Bevölkerung	Deutsche Bevölkerung ab 18 Jahren; zweistufiges Auswahlverfahren mit zufallsgenerierten Telefonnummern nach dem Gabler-Häder-Verfahren	Stichprobe: 1.054 Erwachsene ab 18 Jahren / 14%	Befragung (CATI)	Donsbach et al. 2009

3.2 Methodisches Vorgehen

Zur empirischen Untersuchung von *Innovationsprozessen in Zeitungsredaktionen* vor dem Hintergrund des digitalen Strukturwandels wurde eine Vollerhebung aller 130 publizistischen Einheiten (*Zeitungsvollredaktionen*) in Deutschland angestrebt.[23] Von den insgesamt 130 deutschen Zeitungsvollredaktionen beteiligten sich 73 Redaktionen – die Nettoausschöpfung auf der Ebene der Redaktionen betrug 56,2 Prozent.

Auf Personenebene beantworteten den Fragebogen insgesamt *127 Redakteure*. Innerhalb der Redaktion sollten – je nach Größenklasse – durch eine Zufallsauswahl entweder ein, zwei oder drei Redakteure befragt werden. Für Redaktionen unter zehn Redakteuren war ein Interview, für Redaktionen mit zehn bis 50 Redakteuren waren zwei und bei großen Redaktionen über 50 Redakteuren drei Interviews eingeplant. Im Ergebnis wurden diese Quoten nur teilweise erreicht (vgl. Tabelle 12). Für den Erstkontakt mit der Redaktion wurde zunächst nach einem Redakteur gefragt, der in einem zufällig ausgewählten Ressort (Wirtschaft, Regional, Kultur, Politik, Sport, Verschiedenes) arbeitet. Sofern das Ressort in der Redaktion nicht vorhanden war, wurde der Zufalls-Algorithmus erneut durchlaufen. Für das potentielle zweite und dritte Interview wurde nach einem weiteren Redakteur gefragt, der bereit war, sich an der Befragung zu beteiligen. Hierzu wurden in der Folge der Name und die Telefonnummer des Redakteurs notiert und diese mit Terminvereinbarung kontaktiert. Die vierwöchige Feldzeit erstreckte sich von Mitte Januar bis Ende Februar 2012. Um die Zahl der Befragten zu erhöhen, wurde von im Juni 2012 eine Nachfassaktion initiiert.

Tabelle 12 Erhebungsmethode

	Redakteure	Prozent
CATI-Erhebung	84	66,1
PAPI-Erhebung	43	33,9
Gesamt	127	100

---

23 Die Befragung wurde sowohl als telefongestützte Interviews als auch als schriftliche Befragung realisiert. Als Felddienstleister wurde mit der YouGov Deutschland AG ein mittelständisches Forschungsinstitut aus Köln beauftragt. Beide Befragungsmodi wurden nach den Datenschutzrichtlinien der Umfrageforschung durchgeführt, das heißt die Namen von Redakteuren und Redaktionen wurden durch den Dienstleister durchgehend anonymisiert.

Zunächst wurden alle Redaktionen postalisch angeschrieben. Hierzu wurde ein Brief an die Leitung der jeweiligen Redaktion gesandt, um darüber zu informieren, dass die Durchführung einer CATI-Befragung geplant sei. Das Schreiben wurde Anfang Januar 2012, also zwei Wochen vor Beginn der Feldzeit, versendet. Das Berliner Telefonstudio des Forschungsdienstleisters startete die CATI- Befragung am 17. Januar 2012. Nach der Hälfte der vierwöchigen Feldzeit wurden diejenigen 66 Redaktionen, die den Erstkontakt verweigert hatten, schriftlich erneut auf die Studie hingewiesen. Dieser Einladungsbrief wurde Anfang Februar versendet. Das Feldende für die Telefonbefragung war der 24. Februar 2012. Zum Zwecke einer Nacherhebung wurden Anfang Juni 2012 nochmals die größeren Redaktionen angeschrieben, die sich an der Befragung bis dato nur mit einem Interview beteiligt hatten. Auf diese Weise konnte die Zahl der Befragten nochmals um weitere zwölf erhöht werden. Letztlich wurde auf diese Weise ein Drittel aller Befragten per schriftlichem Papierfragebogen (PAPI) interviewt und zwei Drittel per CATI-Interview (siehe Tabelle 12). Die durchschnittliche Länge der Telefonbefragung betrug 15 Minuten pro Interview. Das kürzeste Interview wurde in 9,5 Minuten geführt, das längste in 26,5 Minuten.

Tabelle 13 Anzahl der Redaktionen nach geführten Interviews und Redaktionsgrößen, N=73 und theoretische Gewichtungsfaktoren

		Anzahl der Redaktionen / Gewichtungsfaktor			Gesamt
		ein Interview geführt	zwei Interviews geführt	drei Interviews geführt	
Redaktions- größe / Gewichtungs- faktor	zwischen 1 und 9 Redakteuren	2 1,0	1 0,5	3 0,33	6
	zwischen 10 und 49 Redakteuren	13 2,0	12 1,0	7 0,67	32
	50 Redakteure und mehr	23 3,0	3 1,5	9 1,0	35
Gesamt		38	16	19	73

Tabelle 13 zeigt die Verteilung der tatsächlich geführten Interviews nach Redaktionsgrößen. Mit den theoretischen Gewichtungsfaktoren kann eine Normalisierung von Redaktionsgrößen, d. h. ein Ausgleich der Repräsentation kleiner und großer Redaktionen, errechnet werden.[24]

---

24 Der Vergleich zwischen gewichteten und ungewichteten Daten zeigte bei der Errechnung insbesondere der Zusammenhangsmaße keine bedeutenden Unterschiede. Insofern

3.3 Fragebogen und Untersuchungsebenen

Der Fragebogen (siehe Anhang) beinhaltete neben den grundlegenden demografischen Angaben der Befragten und den Angaben zu ihren Heimatredaktionen fünf Themenkomplexe:

- Medienwandel
- Innovationsfelder & -potenzial
- Finanzierung der Zeitung
- Journalistisches Rollenselbstbild
- Arbeitszufriedenheit und Weiterbildung

Damit standen die Redaktionen im Mittelpunkt der Untersuchung auf Basis ihrer Redakteure als Merkmals- und Einstellungsträger, als Funktions- und Rollenträger (vgl. Weischenberg et al. 2006: 98ff.) sowie als Mitglieder einer betrieblichen Organisation (vgl. Argyris/Schön 2008). Die befragten Redakteure verkörpern pars pro toto die jeweils abgebildeten Zeitungsredaktionen (*redaktionelle Einheiten*). Das gilt insbesondere für die Fragen, bei denen der befragte Redakteur bzw. die befragte Redakteurin Einschätzungen zu „seiner" bzw. „ihrer" Redaktion abgeben sollte, also für die Organisation spricht, in der er bzw. sie arbeitstechnisch und sozial verankert ist. Alle Einflussfaktoren wurden über persönliche Einschätzungs- und Einstellungsmessungen auf individueller Basis erfasst.

- Der Themenkomplex *Medienwandel* beinhaltete zunächst grundlegende Einschätzungsfragen zur Zukunft der Zeitung bzw. zur Zukunft des Journalismus als Profession insgesamt. Die mit fünfstufige Likert-Skalen abgefragten Zukunftseinschätzungen wurden ergänzt durch eine Frage nach der Beurteilung des Ausmaßes der Bedrohung des Journalistenberufs durch Laien, die sich in einer digitalen Medienwelt zunehmend auch ohne Journalisten zu Wort melden. Schließlich sollten die Redakteure angeben, ob sie ihren Beruf eher in der Krise, in der Normalität oder im Aufbruch sehen.
- Für den Komplex *Innovationsfelder & -potenzial* sollten die Redakteure v. a. Wichtigkeiten einschätzen: die Relevanz neuer Dienste und Anwendungen für die redaktionelle Arbeit, die redaktionellen Bereiche, in denen Innovationen besonders zum Tragen kommen und die Zusammenarbeit von Print und Online unter einem redaktionellen Dach. Damit hingen auch zwei wichtige Fragen zusammen, die in diesem Block gestellt wurden: die Zusammenarbeit der

---

wurde auf Gewichtungsfaktoren in der Auswertung verzichtet.

Redaktion mit den Lesern bei partizipativen Formaten und die eingeschätzte Nähe der Leser zur Redaktion.

• Die Frage nach den Sorgen der Redaktion um die Finanzierung der Zeitung bzw. die Frage, ob Redaktionen an der Entwicklung neuer Finanzierungsstrategien beteiligt werden sollten, standen im Zentrum des Themenblocks *Finanzierung der Zeitung.*

• Im darauffolgenden Themenblock *Journalistisches Rollenselbstbild* wurden dann die klassischen Items des journalistischen Rollenselbstbildes abgefragt.[25] Schließlich bildeten Fragen zur *Arbeitszufriedenheit und Weiterbildung* den Schlusskomplex des Fragebogens, der mit etwa 15 bis 20 Minuten Beantwortungszeit bereits am oberen Ende der Möglichkeiten einer Telefonbefragung angesiedelt war. Im letzten Block wurde ein Arbeitszufriedenheitsindex mit sechs Teilfragen eingesetzt und die betrieblich-redaktionelle Weiterbildungspraxis ermittelt, indem angebotene Fortbildungsoptionen abgefragt wurden.

Der Fragebogen enthielt also Variablengruppen, die sich sowohl auf die Makro-, die Meso-, aber auch Mikroebene bezogen. Die Hypothesen- und Modellbildung integrierte in Bezug auf die zu erklärende Innovationsfähigkeit diese drei Ebenen. Dies wird im Einzelnen genauer erläutert.

Makroebene: Gesellschaft und Journalismus

Auf der sozial- und systembezogenen Makroebene wird die Innovationsfähigkeit einer Redaktion durch die Zukunftserwartungen der Redakteure zur eigenen Profession, zur Zeitung und dem journalistischen System als Ganzes abgebildet. Diese Vorausschau misst die Stärke der Erwartung der Redakteure, welche Bedeutung sie dem Medium Tageszeitung bzw. der journalistischen Profession insgesamt auf die Sicht von zehn Jahren noch beimessen. Dazu wurden zwei Indikatorfragen gestellt (Bedeutung des Journalismus bzw. Bedeutung der Tageszeitung).

Die Suche nach Vergleichszahlen für diese Indikatorfragen ergab Folgendes: Die Studie „Die Zeitungsmacher" ermittelte, dass 42 Prozent der Befragten einen Bedeutungsverlust für die Zeitung, aber nur zwei Prozent für den Journalismus insgesamt erwarten. Der praxisorientierte „Medien-Trendmonitor" ermittelte im Jahr 2010 unter den Mitarbeitern von Tageszeitungen (N=515) einen Anteil von 48 Prozent, der einen „drastischen Bedeutungsverlust" von Print erwartet, also ein durchaus ähnlicher Anteil wie der Wert der „Zeitungsmacher". Zur Bedeutung des

---

25 Siehe die Erläuterungen dazu weiter unten, Abschnitt Makroebene.

Journalismus insgesamt hatte der Medien-Trendmonitor keine vergleichbare Frage gestellt (*news aktuell* GmbH/Faktenkontor GmbH 2010: 11).

Der Erwartungsabgleich auf der Systemebene wird ergänzt durch das berufliche Selbstverständnis, das die persönliche Rollen- und Funktionseinschätzung abbildet. Das Aggregat besteht aus *14 dichotomen Einzelvariablen*, die später in drei Gruppen, den Rollenbildern, als Indexvariablen zusammengefasst wurden: a) Information und Vermittlung, b) Kritik, Kontrolle und Engagement sowie c) Service und Unterhaltung. Jedes dieser Teilaggregate misst die Stärke professioneller und etablierter Rolleneinschätzungen auf persönlicher Einschätzungsbasis. Die Items und ihre Gruppierung wurden weitgehend an Weischenberg, Malik, Scholl (2006: 102ff.) angelehnt. Mit drei Einschränkungen: Aus Feldforschungsgründen wurde hier lediglich das generalisierte Selbstverständnis, nicht aber die Handlungsrelevanz erhoben. Außerdem wurden die Items jeweils dichotom erfasst (ja/nein) und später innerhalb des jeweiligen Teilaggregats auch zu einem Index addiert. Weischenberg, Malik, Scholl (ebd.) hatten die Items des Aggregats „Selbstverständnis" mit fünfstufigen Likertskalen erhoben. Zum dritten wurde das Item „Positive Ideale vermitteln" des Teilaggregats „Service und Unterhaltung" aus Datenqualitätsgründen ex post gestrichen.

Tabelle 14 Berufliches Selbstverständnis (Zustimmung in Prozent)

	Zeitungs-macher	JouriD 2005[27]
Persönliche Rollen- und Funktionseinschätzungen:	Prozent	Prozent
• Das Publikum möglichst präzise informieren	97,6	92
• Komplexe Sachverhalte erklären und vermitteln	99,2	84
• Dem Publikum möglichst schnell Informationen vermitteln	78,7	83
• Die Realität genauso abbilden wie sie ist	84,3	80
• Sich auf Nachrichten konzentrieren, die für ein breites Publikum interessant sind	43,3	66
• Neue Trends aufzeigen	91,3	37
• Das Publikum unterhalten und für Entspannung sorgen	69,3	34
• Lebenshilfe bieten	88,2	41
• Dem Publikum eigene Ansichten präsentieren	77,2	29
• Kritik an Missständen üben	98,4	74
• normalen Leuten eine Chance geben, ihre Meinung zu sagen	74,0	47
• sich für die Benachteiligten in der Gesellschaft einsetzen	74,8	40
• Politik, Wirtschaft und Gesellschaft kontrollieren	94,5	35
• die politische Tagesordnung beeinflussen und Themen auf die politische Agenda setzen	59,8	24

---

26 Weischenberg/Malik/Scholl 2005: 281. Rollenselbstverständnis nach Mediensparte: Zeitung.

Hohe Differenzen zur Referenzstudie von Weischenberg et al. fallen insbesondere bei den Werten in den Teilaggregaten „Kritik, Kontrolle, Engagement" sowie v. a. „Service und Unterhaltung" auf. Hier drängt sich die Vermutung auf, dass die dichotome Abfrage der Items in unserer Studie dazu führt, dass die Zustimmung der Befragten durchgängig höher ausfällt. Während Weischenberg die Zustimmungswerte mit Hilfe der beiden höchsten Werte der Likert-Skala errechnet, mussten sich die Befragten bei den Zeitungsmachern eindeutig für oder gegen das jeweilige Item entscheiden, eine Abstufung gab es nicht. Zudem beinhalten die Daten der JouriD-Studie von Weischenberg auch Wochen- und Sonntagszeitungen, sind also nicht nur auf Tageszeitungs- bzw. Vollredaktionen bezogen.

Mesoebene: Betriebliche Organisation

Die zweite relevante Ebene der Innovationsfähigkeit bildet die Redaktion selbst, deren Mitarbeiter (hier: die Redakteure) in einen organisationell-betrieblichen und soziopsychologischen Zusammenhang eingebettet sind (vgl. Ruß-Mohl 2010: 207). Arbeitsbedingungen und Arbeitsklima – so die Annahme – wirken sich auf der Mesoebene auf die untersuchte Innovationsfähigkeit insofern aus, als dass motivierte Mitarbeiter eher bereit sind, Innovationen vorzuschlagen, umzusetzen oder mitzutragen. Insgesamt werden auf dieser Ebene die Zielfaktoren Arbeitsplatzzufriedenheit[27], -sicherheit und Weiterbildungsmöglichkeiten erfasst. Die einzelnen Variablen zu Weiterbildungsmöglichkeiten wurden später ebenfalls zu einen Index aufsummiert, d.h. je mehr Weiterbildungsmöglichkeiten angegeben wurden, desto höher fiel dieser Indexwert aus.

Erfasst wurden diese Variablen durch die Antworten der befragten Redakteure, die – so unsere Annahme – quasi als Experten ihres eigenen Umfeldes – kompetent Auskunft geben können. Sicherlich können bestimmte redaktionelle Parameter auch inhaltsanalytisch oder durch Beobachtung erfasst werden – was möglicherweise objektivere Angaben zur Folge hätte – aber unter einer künstlichen Beobachtungssituation eventuell nicht die tatsächliche Alltagspraxis in den Redaktionen widerspiegeln würde.

---

27 Das Aggregat entstammt dem so genannten „Mitarbeiter-Engagement-Benchmark", dieser ist dem noch weiter gefassten „PeopleIndex" entnommen. Der „PeopleIndex" ist ein Benchmark-Instrument zur Messung des Engagements der Mitarbeiter.

Mikroebene: Partizipation (Redakteure und Leser bzw. Nutzer)

Die dritte Ebene bildet die Mikroebene. Diese Betrachtungsebene schließt sowohl den Redakteur als auch den Nutzer des redaktionellen Produkts mit ein.

Zunächst fassen wir die wichtigsten soziodemografischen Merkmale der befragten Redakteure zusammen und prüfen kurz anhand vergleichbarer Studien die Plausibilität der Werte:

- *Alter*: Die Befragten waren durchschnittlich 46,3 Jahre alt, bis auf wenige Ausreißer lag. Das Alter zwischen 30 und 60 Jahren. In dieser Spanne war eine Normalverteilung des Alters zu beobachten. Weischenberg/Malik/Scholl (2006: 59; 262) gaben an, dass 41 Prozent aller Printjournalisten im Jahre 2005 zwischen 36 und 45 Jahre alt waren. Der Altersdurchschnitt lag demnach bei etwa 40 Jahren. Männer waren durchschnittlich etwas älter als Frauen.

- *Geschlecht*: Bei den befragten Redakteuren unserer Studie handelt es sich überwiegend um Männer, 85 Prozent der Befragten waren männlich. In der deutschen Medienbranche liegt der Frauenanteil ebenso wie speziell im Journalismus schätzungsweise bei aktuell mehr als einem Drittel (Ruskowski 2011). Weischenberg/Malik/Scholl (2006: 260) berichten für die Mediensparte der Zeitungen einen Frauenanteil von 34 Prozent. Allerdings fällt die Frauenquote bei Tageszeitungen noch geringer aus, wenn lediglich Nicht-Teilzeitbeschäftigte berücksichtigt werden. Insofern dürfte unser Untersuchungswert nicht allzu weit vom tatsächlichen Wert entfernt liegen.

- *Berufserfahrung*: Etwa ein Viertel der Befragten gab an, bis zu zehn Jahre im Beruf zu stehen, etwa 10 Prozent waren seit zehn bis maximal 15 Jahren als Redakteure tätig und rund zwei Drittel gaben an, bereits über 15 Jahre Berufserfahrung zu besitzen. Da Alter und Berufserfahrung wenig überraschend hochsignifikant (Kendal-Tau=0,657***; p=0,00) korrelierten, kann für diese Variable zum Vergleich mit anderen Studienbefunden auf den ersten Punkt dieser Liste verwiesen werden.

- *Ressortzugehörigkeit*: Bei der eindeutigen Zuordnung der Befragten lag das Politikressort mit knapp 20 Prozent an der Spitze (Weischenberg/Malik/Scholl 2006: 259 berichteten 8 %), gefolgt vom Regionalen mit 6 Prozent (dies.: 59 %) und der Wirtschaft (dies.: 4 %). Durch Mehrfachzugehörigkeiten zu Ressorts konnte aber mit 43 Prozent bei den „Zeitungsmachern" vielfach keine eindeutige Zuordnung ermittelt werden.

Die Stichprobe der „Zeitungsmacher" enthält somit überwiegend beruflich erfahrene, mittelalte, männliche Zeitungsredakteure, die hauptsächlich in den Ressorts Politik, Regionales und Wirtschaft für Lokal- bzw. Regionalzeitungen tätig sind. Die Durchschnittswerte der befragten Redakteure sind, was die charakteristischen Variablen anbelangt, durchaus plausibel, wobei der Anteil der Männer etwas überproportioniert ausgefallen sein dürfte.

Eine zentrale Annahme unserer Studie ist, dass die Innovationsfähigkeit einer Redaktion durch die Ermöglichung von Partizipation bezüglich ihrer Leser bzw. Nutzer angezeigt wird. Die maßgeblichen Variablen, welche die Beziehung des Redakteurs bzw. der Redaktion zum Leser messen, sind a) die generelle akteursseitige Einschätzung der Möglichkeit zur Partizipation der Leser am redaktionellen Produkt (Auslagerung von Kreativ- und Produktionsprozessen), b) der wahrgenommene Abstand der Redaktion zum Leser und der Rezipierten sowie c) die Einschätzung der Wichtigkeit neuer Online-Dienste für die redaktionelle Arbeit wie Facebook oder Twitter. Die einzelnen Items aus c) wurden mit Hilfe fünfstelliger Likert-Skalen erhoben und anschließend zu einer Indexvariablen verrechnet.

Zum Vergleich kann hier ein Wert herangezogen werden, den der Medien-Trendmonitor (news aktuell GmbH/Faktenkontor GmbH 2010: 20) erhoben hat. Bei der Tageszeitung (N=528) schätzten die Hälfte (49 %) aller Befragten, dass Social Media (Facebook, Flickr, Twitter, Xing, Youtube) eine „sehr hohe" bzw. „hohe" Relevanz für die Arbeit haben. Bei den „Zeitungsmachern" gaben inzwischen über 70 Prozent der Befragten an, dass Soziale Netzwerke „sehr wichtig" oder „wichtig" für die redaktionelle Arbeit seien. Sie liegen mit ihrer Einschätzung damit noch ein Stück höher als die Befunde aus dem Jahr 2010.

Vergleichbare Variablen der Partizipationsebene finden sich in sonst keiner der oben referierten Vergleichsstudien – Partizipation lässt sich aber als Erweiterung des Rollenselbstverständnisses bzw. der Rollenumsetzung des Einzelitems interpretieren, „normalen Leuten eine Chance [zu] geben, ihre Meinung zum Ausdruck zu bringen". Wie oben referiert sprechen sich bei Weischenberg/Malik/Scholl (2006: 280) 47 Prozent der Zeitungsjournalisten für dieses Selbstverständnis aus und sogar 61 Prozent glauben, dies tatsächlich umsetzen zu können. Insofern erstaunt nicht, dass neue, interaktive Mittel wie Facebook oder Twitter in der vorliegenden Studie als relativ wichtig für die redaktionelle Arbeit eingeschätzt werden.[28]

---

28 Als Hinweis für die Wichtigkeit onlinegestützter Leserbeteiligungsmittel kann ferner Esch (2008) angeführt werden: In einer Umfrage unter 17 Redaktionsleitern von Tageszeitungen in größeren deutschen Städten (Esch 2008: 37 ff.) zur „Leserbeteiligung in Lokalredaktionen" gaben alle Befragten Leserbeiträgen redaktionellen Raum. 12 von 17 Befragten geben an, Lesern die Beteiligung über das Internet zu ermöglichen.

Zusammenfassend halten wir fest, dass die Studie „Die Zeitungsmacher" ein Lücke schließt, weil sie

- den Zusammenhang von Innovation und Partizipation untersucht,
- sich dabei an der betrieblichen Wirklichkeit der Redaktion ausrichtet,
- Redakteure (Mikro-), Redaktion (Meso-) und Gesellschaft (Makroebene) in den Blick nimmt
- und methodisch eine hohe Abdeckung aller deutschen Vollredaktionen erreicht hat.

In Kapitel 4 werden nun die wichtigsten Befunde der Studie zunächst deskriptiv vorgestellt und anschließend – in einem weiteren Schritt und anhand dieser Ergebnisse – eine Dreiertypologie auf Basis einer abstrakteren Gruppierung der Redaktionen skizziert.

Dieses Kapitel präsentiert und diskutiert zentrale Ergebnisse der Studie. Der Schwerpunkt der Auswertungen liegt zunächst auf den individuellen Aussagen der befragten Redakteure im Kontext ihrer jeweiligen Organisationen: Das heißt, die Redakteure wurden als Merkmals- und Rollenträger sowie als Mitglieder ihrer Redaktion befragt, die ‚ihre‘ Zeitungsredaktionen als *redaktionelle Einheiten* repräsentieren. Die Struktur der Ergebnisdarstellungen und -interpretationen stützt sich dabei auf die fünf zentralen Themenkomplexe, die in Kap. 3.3 eingehend beschrieben wurden:

- Medienwandel,
- Innovationsfelder & -potenzial,
- Finanzierung der Zeitung,
- Journalistisches Rollenselbstbild sowie
- Arbeitszufriedenheit und Weiterbildung.

Zur Darstellung kommen nachfolgend deskriptive Befunde und deren Interpretationen, ferner wichtige Zusammenhänge zentraler Variablen, deren Korrelationen auf Signifikanz geprüft wurden. Der besseren Übersicht halber zeigen wir zunächst in Tabelle 15 eine Zusammenfassung der soziodemografischen Variablen und die zentralen Untersuchungsergebnisse für die Ebenen Gesellschaft und Redaktion.

Tabelle 15   Zentrale Untersuchungsergebnisse der Studie „Die Zeitungsmacher"[29]

Ebene	Aggregate und Indizes	µ bzw. %[30]
Soziodemografie und redaktionelle Spezifika	Demografische Daten	
	Alter: Mittelwert	46 Jahre
	Geschlecht: männlich	84 %
	Berufserfahrung: mehr als 15 Jahre	68 %
	Regionalität der Redaktion	
	• Lokal	41 %
	• Regional	44 %
	• Überregional	15 %
	Redaktionsgröße	
	• zwischen 1 und 9 Redakteuren	11 %
	• zwischen 10 und 49 Redakteuren	46 %
	• 50 Redakteure und mehr	43 %
Gesellschaft (Makroebene)	*Globale Zukunftserwartungen* (Einschätzungen von Zeitung und Journalismus)	
	• Bedeutung der Tageszeitung in 10 Jahren gemessen an ihrem heutigen Status: (1 = „wichtiger" bis 3 = „unwichtiger")	2,3
	• Bedeutung des Journalismus in der Gesellschaft in 10 Jahren: (1 = „wichtiger" bis 3 = „unwichtiger")	1,5
	Berufliches Selbstverständnis (persönliche Rollen- und Funktionseinschätzungen): Zustimmung in Prozent	
	• Das Publikum möglichst präzise informieren	98 %
	• Komplexe Sachverhalte erklären und vermitteln	99 %
	• Dem Publikum möglichst schnell Informationen vermitteln	79 %
	• Die Realität genauso abbilden wie sie ist	84 %
	• Sich auf Nachrichten konzentrieren, die für ein breites Publikum interessant sind	43 %
	• Das Publikum unterhalten und für Entspannung sorgen	69 %

---

29 Für alle relevanten Variablen wurden auf jeder Redaktionsebene Mittelwerte gebildet.
     Dichotome Mehrfachvariablen wurden zu Gesamtvariablen verrechnet, Nominalvariablen
     zu Indexzahlen. Auf der betrieblichen Ebene wurden zudem wichtige soziodemografische
     Variablen der Redakteure aufgenommen, wie Alter, Berufserfahrung und Geschlecht. Die
     nominale Variable Geschlecht wurde für jede Redaktion zu einer Indexzahl verrechnet,
     deren Höhe die Geschlechtertendenz in den jeweiligen Redaktionen widerspiegelte. Für
     die Regionalität der jeweiligen Redaktion wurde analog verfahren. Alle Prozentwerte
     verstehen sich als auf- oder abgerundete Werte, auch die Mittelwerte wurden auf eine
     Stelle hinter dem Komma auf- oder abgerundet.
30 Mittelwert (µ) für intervallskalierte Variablen oder Zustimmung in Prozent.

Gesellschaft	• Lebenshilfe bieten	88 %
(Makroebene)	• Dem Publikum eigene Ansichten präsentieren	77 %
(Fortsetzung)	• Kritik an Missständen üben	98 %
	• Normalen Leuten eine Chance geben, ihre Meinung zu sagen	74 %
	• Sich für die Benachteiligten in der Gesellschaft einsetzen	75 %
	• Politik, Wirtschaft und Gesellschaft kontrollieren	95 %
	• Die politische Tagesordnung beeinflussen und Themen auf die politische Agenda setzen	60 %
	• Neue Trends aufzeigen	91 %
Redaktion/	*Arbeitszufriedenheit* (Index):[31] 1 = „trifft überhaupt	
Organisation	nicht zu" bis 5 = „trifft voll zu"	
(Mesoebene)	• Ich bin mit meiner derzeitigen Arbeitssituation zufrieden	4,0
	• Ich fühle mich meinem Unternehmen verbunden	4,4
	• Ich bin stolz, für mein Unternehmen zu arbeiten	4,0
	• Ich möchte auch in drei Jahren noch für mein Unternehmen arbeiten	4,4
	• Ich stehe voll und ganz hinter meinem Unternehmen	4,3
	• Mein Unternehmen schätzt mich als Mitarbeiter	4,1
	Arbeitsplatzsicherheit (Sorgenstand)	
	• Machen Sie sich Sorgen über die Finanzierung Ihrer Zeitung oder Ihres Verlages? 1 = „keine Sorgen" bis 5 = „sehr große Sorgen"	3,3
	Wie nehmen Sie derzeit die Stimmung in Ihrem Arbeitsumfeld wahr?	
	• Krisenstimmung	18 %
	• Normalzustand	49 %
	• Aufbruchsstimmung	32 %
	Weiterbildungspraxis	
	• Weiterbildung absolviert („Ja" in %)?	65 %
	• Wenn „Ja", welche?	
	• Interne Workshops	77 %
	• Exkursionen	36 %
	• Infomaterialien	73 %
	• Interne Vorträge	61 %
	• Externe Schulungen	81 %
	• E-Learning	20 %
	• Sonstiges	19 %

---

31 Der Arbeitszufriedenheitsindex entstammt dem *Mitarbeiter-Engagement-Benchmark*, der die Zielfaktoren Engagement, Arbeitsplatzsicherheit und Weiterbildungsmöglichkeit integriert.

Individuum/ Partizipation (Mikroebene)	*Mitwirkungs-Parameter* (in Bezug auf die Leser): Mitwirkung der Leser an redaktionellen Leistungen: 1 = „sehr hoch" bis 5 = „sehr niedrig"	
	• Mitwirkung bei der Recherche	3,6
	• Mitwirkung an der Erstellung von Texten	4,1
	• Mitwirkung beim Redigieren	4,7
	• Mitwirkung an Redaktionskonferenzen	4,5
	Distanz des Zeitungslesers zur Redaktion: 1 = „ganz nah" bis 5 = „ganz weit weg"	2,6
	Bedrohung durch Laien („eher nein" in %)	84 %
	Wichtigkeit von Internet-Angeboten und -Diensten für die redaktionelle Arbeit (1 = „sehr wichtig" bis 5 = „unwichtig")	
	• Blogs	3,6
	• Podcasts	3,9
	• Video/Bewegtbild	2,8
	• Twitter (u. a. Kurzmitteilungsdienste)	3,0
	• Soziale Netzwerke (Facebook, Xing, Google+)	2,2
	• Datenjournalismus/Datenvisualisierung	2,6

Tabelle 15 zeigt, dass an der Studie überwiegend Redakteure lokaler und regionaler Tageszeitungsredaktionen beteiligten waren – nur etwa ein Sechstel der befragten Redakteure (15 %) arbeitet überregional. Zahlenmäßig war der größte Teil der Befragten aber in mittelgroßen und großen Redaktionen beschäftigt. Die Befragten waren überwiegend männlich und durchschnittlich 46 Jahre alt mit einer soliden Berufserfahrung. Das berufliche Selbstverständnis entspricht tendenziell dem eines Informationsvermittlers und Realitätserklärers, aber auch eines Kontrolleurs und Kritikers. Service (Hilfe und neue Trends) wird ebenfalls weithin als wichtige journalistische Aufgabe erachtet. Die Arbeitszufriedenheit ist generell hoch, die Weiterbildungspraxis aber ausbaubar. Die Partizipationspraxis (Beteiligung der Leser) erreichte keine besonders hohen Werte, obwohl neue Dienste und Anwendungen im Internet meist als wichtig erachtet werden.

Diese Ergebnisse zeigen insgesamt in plausibler Weise ein Abbild der redaktionellen Wirklichkeit in Zeitungsredaktionen im Jahre 2012/13.[32] Im nächsten Abschnitt werden sämtliche Befunde detailliert und wichtige Variablen in bestimmten Zusammenhängen betrachtet. Dabei geht es zunächst um das Thema

---

32 Die Plausibilität der Werte (u. a. männliche Mehrheit, recht hohes durchschnittliches Alter) wurde noch einmal im Gespräch mit dem Deutschen Journalistenverband DJV gegengeprüft und durch einen Abgleich mit der Soziodemographie der DJV-Mitglieder bestätigt.

Medienwandel in den Redaktionen. Zu Beginn eines jeden Abschnitts wird dazu das entsprechende Fragenset aufgeführt.

4.1 Medienwandel

▶ *Stellen Sie sich vor, Sie könnten zehn Jahre in die Zukunft schauen: Welche Bedeutung, gemessen am heutigen Status, wird in zehn Jahren die Tageszeitung haben? Wird sie aus Ihrer Sicht eher wichtiger, wird sie gleichbedeutend bleiben, oder wird sie von der Bedeutung her unwichtiger?*

▶ *Und welche Bedeutung wird in zehn Jahren der Journalismus in der Gesellschaft haben? Wird er aus Ihrer Sicht eher wichtiger, wird sie gleichbedeutend bleiben, oder wird sie von der Bedeutung her unwichtiger?*

▶ *Laien äußern sich ja immer öfter mit eigenen Texten und Inhalten im Internet. Sehen Sie in diesen Angeboten eine Bedrohung für den professionellen Journalismus?*

Medienwandel lässt sich nicht nur als von außen kommende Veränderung beschreiben. Er spiegelt sich zu einem guten Teil auch in den Erwartungen der in der Branche Beschäftigten wider. Der Blick der Befragten auf die eigenen Zukunftsaussichten ist differenziert, aber durchaus ambitioniert: Obwohl die Einschätzungen der befragten Redakteure zur Zukunft des Journalismus und der (eigenen) Tageszeitung in direkter Verbindung miteinander stehen, überwiegt offenbar die Ansicht, dass zwar der eigene Beruf, nicht aber das eigene Medium zukunftsfähig respektive überlebensfähig sind. Beide Narrative – die Krise der Tageszeitung, der Aufbruch der eigenen Profession (vgl. Kap. 2) – schlagen sich in den Antworten der Befragten unmittelbar nieder: Während der professionelle Journalismus in zehn Jahren als gleichbedeutend eingeschätzt wird bzw. dessen Bedeutung in der Gesellschaft nach Einschätzung der Befragten gewinnen wird (μ: 1,51), verliert die Tageszeitung nach Auffassung der Befragten im gleichen Zeitraum eher an Bedeutung (μ: 2,33). Dabei glauben diejenigen Redakteure, die den Journalismus als zunehmend wichtiger betrachten oder zumindest meinen, dass seine Relevanz erhalten bleibt, in der Mehrzahl an einen Bedeutungsverlust der gedruckten Tageszeitung.

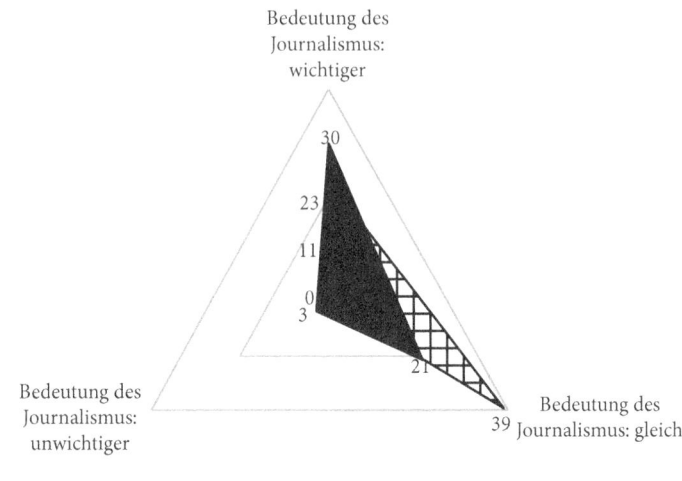

Bedeutung des
Journalismus:
wichtiger

Bedeutung des
Journalismus:
unwichtiger

Bedeutung des
Journalismus: gleich

☐Bedeutung der Tageszeitung: wichtiger   ▣Bedeutung der Tageszeitung: gleich
▩Bedeutung der Tageszeitung: unwichtiger

Abb. 1 Zukünftige Bedeutung des Journalismus und zukünftige Bedeutung der
Tageszeitung; Flächendiagramm; absolut (Zahl der Redakteure), N=127

Abb. 1 visualisiert die entsprechenden Kombinationen beider eingeschätzten Zu-
kunftsszenarien: Die Flächen in der Mitte und am rechten Eck bilden ab, dass zahlreiche Redakteure eine Kombination aus wachsender Bedeutung des Journalismus
bei schrumpfender (oder gleichbleibender) Bedeutung der Tageszeitung annehmen.
Die fehlende Fläche am linken Eck indiziert hingegen, dass es niemanden unter den
Befragten gab, der eine schrumpfende Bedeutung des Journalismus *und zugleich
der* Tageszeitung annahm; vielmehr bestand in Bezug auf die künftige Rolle des
Journalismus weitgehend Optimismus unter den Befragten – jedoch nicht in Bezug
auf die zukünftige Rolle der Tageszeitung.

Obwohl die Befragten dem Journalismus in den nächsten zehn Jahren weiterhin
eine stabile bzw. hohe Bedeutung für die Gesellschaft einräumen, wird – so die
Prognose – die Bedeutung der Tageszeitung in diesem Zeitraum eher zurückge-
hen, oder aber stagnieren: Die Tageszeitung wird nach Einschätzung von etwa der
Hälfte der Befragten (49 %) in der Gesellschaft eine gleichbleibende Bedeutung
haben oder sogar unwichtiger werden (40 %). Dem gegenüber glaubt jeweils die
Hälfte der Befragten, dass der Journalismus für die Gesellschaft innerhalb von

zehn Jahren gleichbleibend wichtig sein oder sogar wichtiger werden wird. Von denjenigen wiederum, die explizit eine wachsende Bedeutung des Journalismus annehmen, sagt etwa die Hälfte, dass die Tageszeitung unwichtiger wird. Hieran zeigt sich die Ambivalenz in der Branche: Einerseits ist ein Krisen-Narrativ (vgl. Abschnitt 2.1) besonders im Bereich der Tageszeitungen vorherrschend, andererseits erkennen die Befragten die Entwicklungspotenziale und den Chancenreichtum (Auswirkung eines Aufbruchs-Narrativs) für den Journalismus insgesamt. Auch wenn dem Zeitungsmedium – vor dem Hintergrund der akuten wirtschaftlichen Schwierigkeiten und strukturellen Herausforderungen auf dem Pressemarkt – langfristig keine stabile Zukunft zugetraut wird, glaubt doch eine Mehrheit an eine wachsende Bedeutung des Journalismus für die Gesellschaft.

Es darf vermutet werden, dass die Erwartung eines Bedeutungsverlustes für die Zeitung damit zusammenhängt, dass Nicht-Journalisten – v. a. Bürgerinnen und Bürger – im Internet aktiver werden und den traditionellen Journalismus unter Druck setzen. Diesen Zusammenhang legen die Antworten der Befragten tatsächlich nahe. Zwar sieht die große Mehrheit der befragten Redakteure (über 80 %) die journalistische Profession durch die Beteiligung von Laien im Internet eher nicht bedroht. Der Grund dafür mag im gefestigten beruflichen Selbstverständnis und einem professionellen Selbstbewusstsein liegen (aufgrund der langen Berufserfahrung der meisten Befragten). Schreibende Bürger werden von den Journalisten zwar zur Kenntnis genommen, aber nicht mehrheitlich als Bedrohung für den eigenen Berufsstand angesehen. Dennoch: Unter denjenigen Befragten, welche die Rolle der gedruckten Tageszeitung in Zukunft schwächer sehen, sind unerwartet (d. h. überproportional) viele Redakteure zu finden, die Laien als Bedrohung für den Journalismus empfinden (siehe Tabelle 22, Tabelle 23). Auch der entsprechende Mittelwerttest ist eindeutig: Diejenigen, die eher eine Bedrohung durch Laien wahrnehmen, schätzen den zukünftigen Status der Tageszeitung niedriger ein (2,6) als diejenigen, die sich durch Laien nicht bedroht sehen (2,2). Diese Differenz zwischen den beiden Gruppen ist signifikant (0,026; Sig. 2-seitig).

Andererseits gilt: Diejenigen Redakteure, die in publizistisch aktiven Nutzern eher keine Bedrohung sehen, glauben an eine Behauptung oder gar Relevanzsteigerung des Journalismus für die Gesellschaft. Eine offene, positive Grundhaltung seitens der Zeitungsredakteure in Anbetracht steigender publizistischer Nutzeraktivität im Internet zeugt zugleich von einer starken Überzeugung von der eigenen beruflichen Relevanz und von einer insgesamt optimistischeren Sicht auf die Gestaltungsmöglichkeiten des eigenen Metiers.

Ein Faktor, der die Einschätzungen zur Zukunft von Journalismus und Zeitung beeinflusst, ist mutmaßlich das Alter. Wir vermuteten, dass ältere Redakteure eine etwas skeptischere Haltung an den Tag legen, u. a. weil Ältere noch mehrheitlich die goldene Ära des Tageszeitungsjournalismus miterlebt haben, sie in kürzerer Zeit in den Ruhestand wechseln und auch bei Erreichen der Altersgrenze die Zukunft der Tageszeitung nicht mehr selbst mitgestalten können. In der Tat halten die Älteren (40 plus) sowohl den Journalismus als auch die Zeitung in Zukunft für etwas weniger relevant als ihre jüngeren Kollegen. Für die Frage nach den Zukunftsaussichten der Tageszeitung ist ein geringer Unterschied sichtbar; dieser könnte aber auch zufällig sein, für die Frage nach der Bedeutung des Journalismus ist der Unterschied jedoch signifikant.

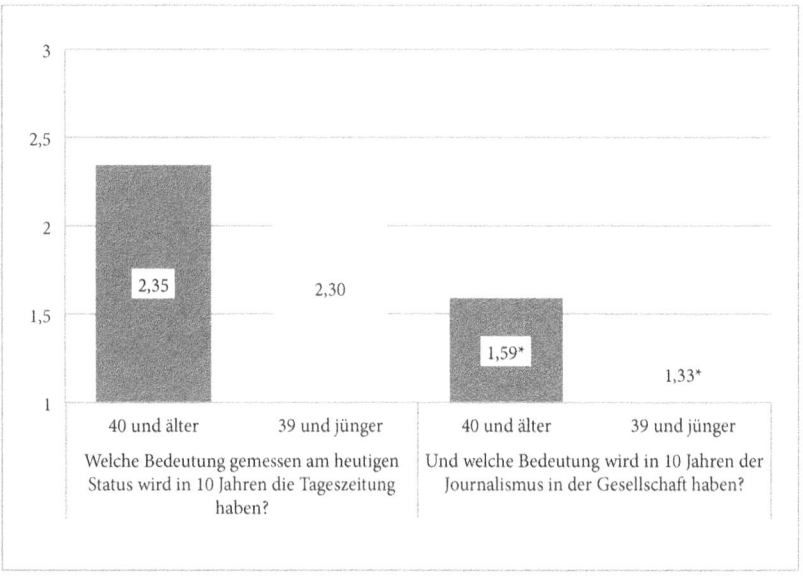

Abb. 2   Einschätzung zur Zukunft der Zeitung und des Journalismus; Mittelwerte nach Alter; 1 (wichtiger werden) bis 3 (unwichtiger werden); bis 39 (N=33), ab 40 und älter (N=92)

Der Optimismus unter Zeitungsredakteuren in Bezug auf die Erhaltung des Mediums Tageszeitung gründet neben dem Alter hauptsächlich auf der Berufserfahrung (vgl. Anhang), wobei das Alter der Befragten und das Ausmaß der Berufserfahrung erwartungsgemäß hoch korrelieren. Redakteure mit nur zwei bis fünf Jahren Berufserfahrung glauben zu etwa gleichen Teilen an eine gleichbleibende Bedeutung, an einen Zuwachs oder an einen Bedeutungsverlust der Zeitung. Unter den

Befragten mit längerer Berufserfahrung ist eine durchgehend pessimistischere Perspektive vorherrschend – was insofern kaum überrascht, als dass der Beruf des Tageszeitungsredakteurs in Bezug auf die Bezahlung und den gesellschaftlichen Status zunehmend an Attraktivität verliert. Diesen Bedeutungswandel scheinen gerade berufserfahrene Redakteure stärker zu reflektieren als die weniger erfahrenen.

Oben hatten wir abgefragt, ob sich Redakteure durch Laien bedroht sehen. Dabei sind es oftmals redaktionelle Innovationen, die dafür sorgen, dass Laien ein größeres Gewicht in der journalistischen Wertschöpfungskette zugedacht wird. Im nachfolgenden Unterkapitel werden spezifische Innovationsfelder & -potenziale in der Redaktion näher beleuchtet.

4.2   Innovationsfelder & -potenzial

▷ *Welcher der genannten Bereiche wird für die Tageszeitung in Zukunft wichtiger sein als heute?*

▷ *In welchen Bereichen Ihrer Zeitung halten Sie Innovationen für besonders wichtig?*

▷ *Wie wichtig sind folgende Internet-Angebote und -Dienste für Ihre redaktionelle Arbeit?*

▷ *Bitte sagen Sie uns, wie in ihrer Redaktion die Bereiche Print und Online zusammenarbeiten?*

▷ *Wie hoch fällt Ihrer Einschätzung nach die Beteiligung Ihrer Leser an den redaktionellen Leistungen Ihres Hauses aus?*

▷ *Wenn Sie bitte einmal ganz global auf einer Skala von 1 (ganz nah) bis 5 (ganz weit weg) die Distanz des Lesers Ihrer Zeitung zur Redaktion einschätzen würden. Wo liegt die Ihrer Meinung nach?*

▷ *Stellen Sie sich vor, Sie recherchieren an einem wichtigen Thema und publizieren anschließend darüber: Würden Sie den Leser in die Recherche und in die Publikation des Themas mit einbeziehen?*

Im vorigen Unterkapitel hatten wir nach der Relevanz der Zeitung in den kommenden zehn Jahren gefragt. Wird nach einzelnen redaktionellen Inhalten differenziert, zeigt sich ein eindeutiges Bild: Aktuellen Nachrichten und Informationen aus dem Politikressort wird kaum mehr ein Zuwachs an Bedeutung zugeschrieben. Das dürfte vor allem mit der veränderten Konkurrenzlage und der damit verbundenen Beschleunigung durch journalistische Online-Angebote zusammenhängen – mit einer tagesaktuellen Politikberichterstattung alleine kann heute keine Tageszeitung

mehr punkten. Vielmehr geht es um die Einordnung von Ereignissen für den Leser
über den Tag hinaus, mithin um Hintergrund und Analyse, welche Tageszeitungen
nach wie vor zu leisten imstande sind. Für die journalistische Analyse sehen die
Befragten nahezu geschlossen (96 %) eine Bedeutungszunahme. Gleiches gilt für
die Interaktivität und Multimedialität von journalistischen Inhalten (89 %). Auch
bleiben Meinung und Kommentar aus Sicht der Redakteure wichtige Pfeiler des
Tageszeitungsjournalismus (83 %). Insgesamt sind die Befragten also der Meinung,
dass reflektierende und einordnende Inhalte künftig an Bedeutung gewinnen. Die
Digitalisierung in den Redaktionen schreitet zudem voran und wird nach Einschätzung der befragten Journalisten insbesondere in Bezug auf die Multimedialität der
publizierten Inhalte zukünftig wichtiger werden, wobei diese Eigenschaft insbesondere auf das Online-Angebot der Zeitungen zu beziehen ist.[33]

Die zukünftige Tageszeitung wird nach Einschätzung der Befragten also vor
allem mit Hintergrund und Analyse glänzen können, wohingegen Aktuelles aus
der Politik zunehmend an Relevanz einbüßen wird. Überraschend ist dennoch,
dass nur etwa 12 Prozent der befragten Redakteure aktuelle Nachrichten für Tageszeitungen als zukünftig relevant erachten, wollen doch 79 Prozent der Befragten
Informationen schnell vermitteln (siehe Tabelle 14 oben). Dieser scheinbare Widerspruch liegt möglicherweise darin begründet, dass die gedruckte Tageszeitung als
Datenträgermedium nicht mehr unbedingt als zeitgemäß erachtet wird, während
die Tageszeitung als Institution – und damit sind auch die von ihr verfolgten Online-Aktivitäten gemeint – weiterhin durchaus als relevantes Nachrichtenmedium
für politische Inhalte betrachtet wird.

---

33 Die Dichotomisierung der Relevanzeinschätzung (ja/nein) wurde in der folgenden
    Abbildung als relevant/nicht-relevant abgebildet. Wir weisen ferner darauf hin, dass
    alle abgefragten Bereiche unterschiedliche Ausgangsniveaus von Wichtigkeit (Relevanz
    heute) haben können, diese wurden hier nicht vergleichend erhoben.

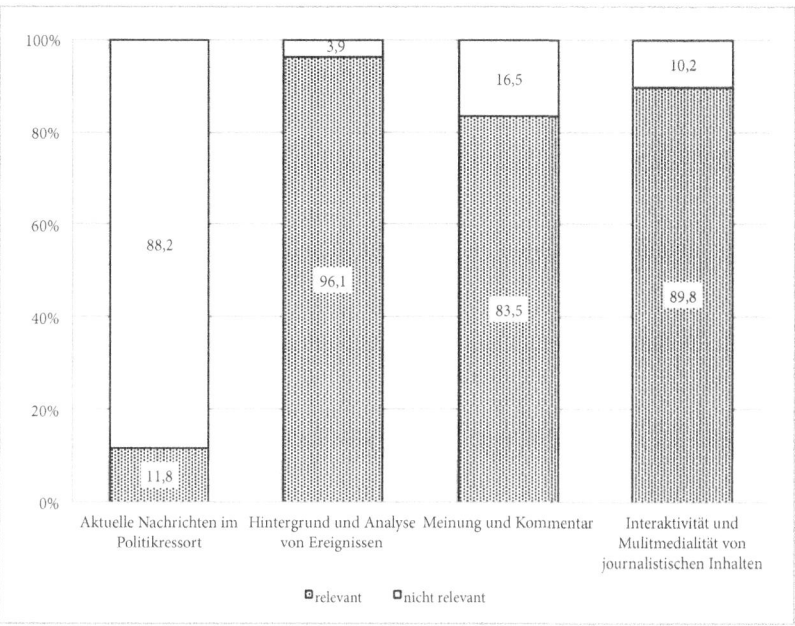

Abb. 3 Zukünftige Relevanzeinschätzung einzelner Bereiche für die Tageszeitung; Einschätzung in Prozent; N=127

Innovationen sind die Triebkraft für Veränderungen – wir wollten wissen, in welchen speziellen Bereichen der Tageszeitung die Befragten Innovationen für besonders wichtig erachten. Die nächste Abbildung zeigt, in welchen Bereichen einer Zeitung Neuerungen erwartet und von der Redaktion für nötig empfunden werden.

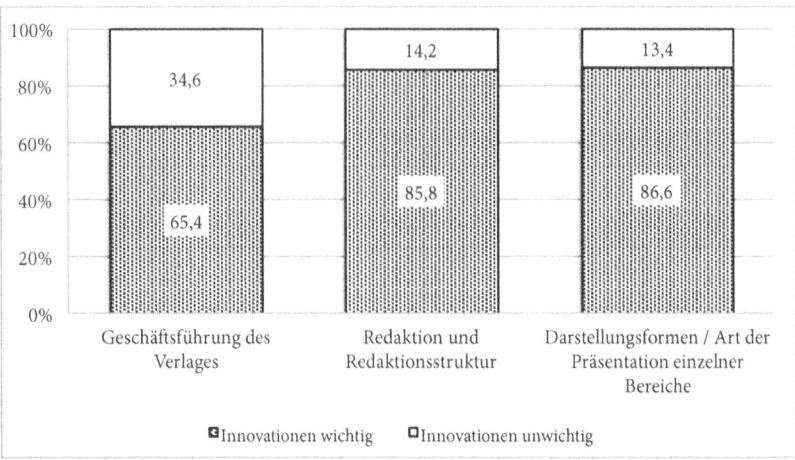

Abb. 4   Bedeutung von Innovationen in unterschiedlichen Bereichen der Tageszeitung;
Mehrfachantworten in Prozent; N=127

Darstellungsformen sind offenbar das Pfund, mit denen Redaktionen wuchern kön-
nen – in diesem Bereich halten die meisten der Befragten Innovationen für zentral.
Die Wichtigkeit von Innovationen wird im Großen und Ganzen jedoch für alle drei
Bereiche („Geschäftsführung des Verlags", „Redaktion und Redaktionsstruktur"
sowie „Darstellungsformen und Art der Präsentation") reklamiert. Vor allem bei den
Inhalten der Zeitung halten die Befragten zu einem besonders hohen Anteil einen
Innovationsschub für nötig. Als fast ebenso innovationsbedürftig wird der Komplex
Redaktion und Redaktionsstruktur eingeschätzt: Für die Redaktionsorganisation
erachten rund 86 Prozent der befragten Redakteure Neuerungen als wichtig. Deutlich
weniger Befragte schätzen die Geschäftsführung als innovationsbedürftig ein – was
jedoch mit einer gewissen professionellen Erwünschtheit erklärt werden kann oder
einer Scheu, die Verlagsleitung zu kritisieren, aber auch mit dem eigenen Unvermö-
gen, diesen nicht-redaktionellen Bereich kompetent zu beurteilen. Die befragten
Redakteure zeigen jedenfalls nicht mit dem Finger auf andere Bereiche – Innovationen halten sie zu einem hohen Anteil dort für wichtig, wo sie selbst tätig sind bzw.
am meisten bewegen können, nämlich bei den redaktionellen Darstellungsformen.
    Wird nun die gleiche Frage mit dem Alter der Befragten kombiniert, ergibt sich
ein noch etwas differenzierteres Bild.

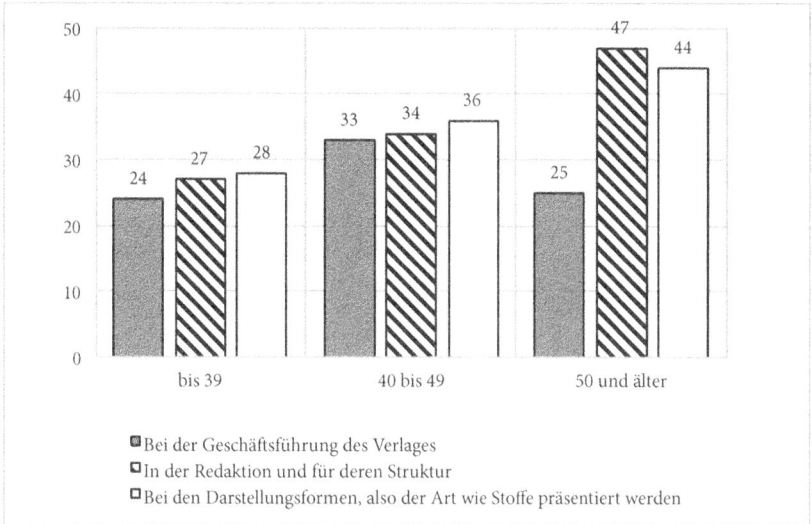

Abb. 5   Innovationsbereiche der Tageszeitung nach Alter der Redakteure;
Mehrfachantworten, Zustimmung (ja); Angaben absolut; N=17, 103, 116

Vor allem Redakteure jungen (bis 39 Jahre) und mittleren Alters (40 bis 49 Jahre)
sehen auch die Mitarbeiter in der Geschäftsführung ihres Verlags in der Pflicht, sich
selbst Innovationen zu unterziehen und zu modernisieren. Bei den beiden jüngeren
Altersklassen werden die drei möglichen Innovationsbereiche recht gleichwertig
gesehen. Einen deutlichen Unterschied in der Einschätzung zeigt jedoch die Klasse
der Älteren (50+): Hier plädieren die meisten Befragten für Innovationen in der
Redaktion und bei den Inhalten; eine Dringlichkeit die Verlagsspitze zu erneuern,
wird hingegen nur von einer Minderheit befürwortet.

Dass gerade die älteren Befragten tendenziell weniger an der Unternehmensspitze
Innovationen fordern, deutet auf eine Rollenverteilung auf Basis der Entscheidungskompetenzen und Gestaltungsmöglichkeiten hin: Die Befragten wollen offenbar in
ihrem angestammten Bereich, also in der Redaktion, neue Handlungsspielräume
schaffen, um Innovationen sowohl organisatorisch als auch handwerklich zu erproben und umzusetzen. Wie in Abschnitt 2.7 bereits herausgearbeitet wurde, ist die
Position der Chefredaktion als Schnittstelle zwischen Redaktion und Management
zu verstehen – sie ist es, die beispielsweise organisatorisches Lernen ermöglichen
und programmatisches Innovations- und Kreativitätsmanagement fördern muss.
Da also in den Redaktionen und vor allem bei den Inhalten Innovationen befür-

wortet werden, lohnt sich ein Blick auf die gängigen Anwendungen und Dienste, die gerade in den digitalen Spielarten des Journalismus im Zuge von Neuerungen redaktionelle Verwendung finden und in den redaktionellen Alltag integriert werden.

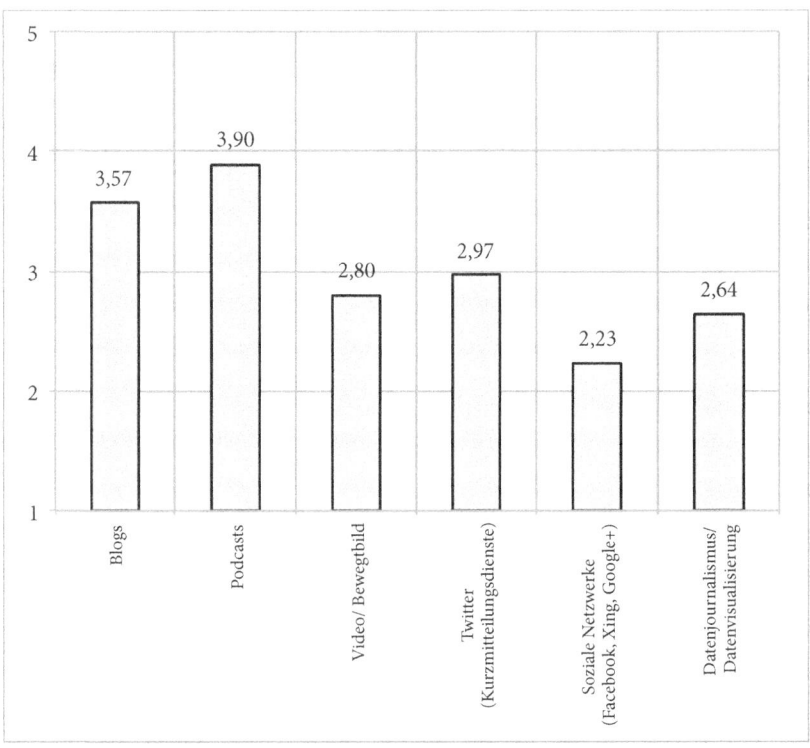

Abb. 6 Wichtigkeit von Anwendungen und Diensten für die redaktionelle Arbeit; Mittelwerte: 1 (sehr wichtig) bis 5 (unwichtig)

Mehr als 70 Prozent der Redakteure sehen soziale Netzwerke als „sehr wichtig" oder „wichtig" für ihre tägliche Arbeit an – alle weiteren Internet-Angebote und -Dienste haben bislang eine eher geringere Bedeutung für die Befragten. Auch Datenjournalismus und Datenvisualisierung nehmen in der Einschätzung der Redakteure eine herausgehobene Stellung ein. Etwa die Hälfte findet Datenjournalismus „sehr wichtig" bis „wichtig" (vgl. Tabelle 15 sowie Tabelle 27, Tabelle 28, Tabelle 29 und Tabelle 29 im Anhang). Video und Bewegtbild werden mit einem Mittelwert von 2,8 und

Twitter mit 2,9 eingestuft (auf einer Skala von 1 „sehr wichtig" bis 5 „unwichtig").
Weit abgeschlagen sind Blogs – mehr als die Hälfte der Befragten hält die Web-Tage-
bücher in der redaktionellen Arbeit für „unwichtig". Nur Podcasts sind noch etwas
uninteressanter für die Befragten: Mehr als zwei Drittel räumen Podcasts, also den
Abonnements von Video- oder Audiodateien, keine hohe Bedeutung für die journalistische Arbeit ein. Die Bürgerbeteiligung kommt für den Journalismus dann am
ehesten zum Tragen, wenn es um den interaktiven Austausch in sozialen Netzwerken
geht. Blogs und Podcasts sind dazu offenbar nicht kommunikativ genug. Naheliegend
ist nun, den Einfluss der Variable „Alter" auf die Einschätzung der Wichtigkeit der
einzelnen Dienste und Anwendungen zu prüfen. Hier ergibt sich folgendes Bild:

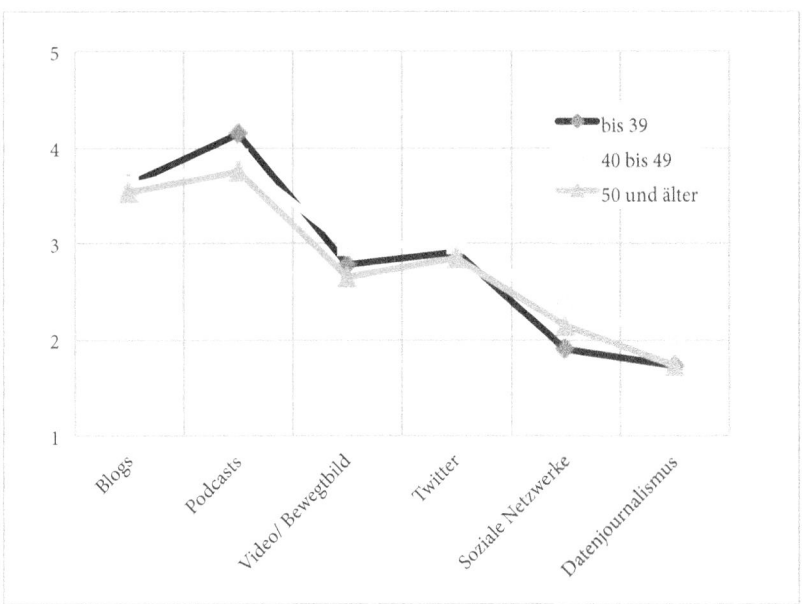

Abb. 7   Wichtigkeit von Anwendungen und Diensten für die redaktionelle Arbeit nach
Alter; Mittelwerte: 1 (sehr wichtig) bis 5 (unwichtig)

Je niedriger die Kurve in Abbildung 7 fällt, desto wichtiger wurde die jeweilige
Anwendung eingestuft. Insgesamt wird deutlich, dass für die jüngeren Redakteure Blogs und Podcasts etwas unwichtiger sind als für ältere Befragte. Sehr stark
weichen die Alterskurven aber nicht voneinander ab, was im Grunde überrascht:

Für die Älteren hätten wir insgesamt deutlich niedrigere Relevanzeinschätzungen digitaler Dienste und Angebote erwartet.

- Für die *jüngeren Redakteure* (unter 39 Jahre) sind in erster Linie soziale Netzwerke (wie Facebook, Xing und Google+) wichtig für ihre redaktionelle Arbeit. Auch Kurzmitteilungsdienste wie Twitter, Videos/Bewegtbild-Beiträge und Methoden der Datenvisualisierung werden geschätzt.
- Für die *Redakteure mittleren Alters* (40-49 Jahre) ist das Social Web (soziale Netzwerke) sowie Datenjournalismus für die redaktionelle Arbeit die erste Wahl unter den Internet-Angeboten, aber auch Kurzmitteilungsdienste und Videos/ Bewegtbilder werden für wichtig erachtet. Blogs und Podcasts werden dagegen als weniger wichtig eingestuft.
- Für *ältere Redakteure* (jenseits der 50) sind Facebook & Co. sowie Datenvisualisierung und Videos/ Bewegtbilder ebenfalls die wichtigsten Internet-Angebote im redaktionellen Kontext, aber auch Twitter wird eine Relevanz beigemessen. Blogs und Podcasts werden im Vergleich zu sozialen Netzwerken und anspruchsvolleren multimedialen Darstellungsformen wie Datenvisualisierung und Bewegtbildern als eher konventionell und weniger innovativ im redaktionellen Zusammenhang eingestuft.

Dass für Zeitungsredakteure aller Altersschichten die sozialen Netzwerke gleichwichtig erachtet werden, mag zunächst überraschen – hat doch der Boom von Facebook & Co. viele ältere Redakteurskohorten erst spät erreicht. Dennoch liegt die Präferenz aller Redakteure klar auf kommunikativ ausgerichteten Dienste und Anwendungen, was sich möglicherweise durch die beispiellose Popularität sozialer Netzwerke vor allem bei den Nutzern erklären lässt: Seitens der Zeitungsredaktionen wird nun mit Nachdruck versucht, Boden wett zu machen und den neuen Nutzungsvorlieben mit dialogischen Formen und Formaten zu begegnen. Gleichwohl werden innovative Darstellungsformen wie interaktive Möglichkeiten der Visualisierung komplexer Daten als relevant eingestuft; dazu müssen im Einzelfall auch spezifische Blogs gezählt werden.

Wenn von neuen journalistischen Aufgabenfeldern, Rollen oder Funktionen die Rede ist, fallen unter anderem Begriffe wie „Moderator", „Kurator"[34], „Community Manager" oder „Blogger/Kommentator" (vgl. Abbildung 17 und Kap. 2.4). Diese neuen Tätigkeitsfelder sind teilweise noch nicht vollständig professionell ausgebildet und beschrieben. Sie besitzen zudem einen hybriden journalistischen Charakter und korrespondieren in der Regel unmittelbar mit dem Einsatz neuer Anwendungen und

---

34 Kuratieren bedeutet hier so viel wie „aggregieren und bewerten von Fremdinhalten".

Dienste. Insofern ist es angezeigt zu prüfen, wie stark die Einschätzung der befragten Redakteure mit der Nennung dieser jeweiligen neuen Tätigkeitsfelder zusammenhängt. Nahezu die Hälfte (48 %) aller Befragten nannten den „Community Manager" als neues Rollenbild im Journalismus. Diese Rolle ist funktional mit neuen Anforderungen beim Einsatz von Social Media in den Redaktionen verbunden. Wir vermuteten also einen Zusammenhang zwischen der Nennung dieser Tätigkeit und der Relevanzeinschätzung von Social Media. Tatsächlich gibt es einen signifikanten Mittelwertunterschied (T-Test 0,001, Sig. 2-seitig) bei der Einschätzung der Wichtigkeit von Social Media zwischen denjenigen Redakteuren, die den „Community Manager" als künftiges Tätigkeitsfeld erkennen und jenen, die dieses Rollenbild nicht genannt haben. Mittelwertunterschiede bezüglich der Einschätzung der Wichtigkeit für bestimmte Social-Media-Anwendungen lassen sich auch für die anderen der hier abgefragten neuen Funktionen darstellen, jedoch sind die Differenzen auf dem entsprechenden Niveau nicht signifikant, das heißt, sie könnten auch zufällig zustande gekommen sein. Dennoch zeigen sich für diejenigen Redakteure, die „Moderator", „Kurator" oder „Blogger/Kommentator" als neue, ergänzende Tätigkeiten im Journalismus genannt haben, eine nahezu durchgängig höhere Einschätzung, was die Wichtigkeit von sozialen Medien für die Redaktion betrifft. Außer die Nennung „Blogger/Kommentator" liegen die Mittelwertunterschiede nahezu gleichauf.

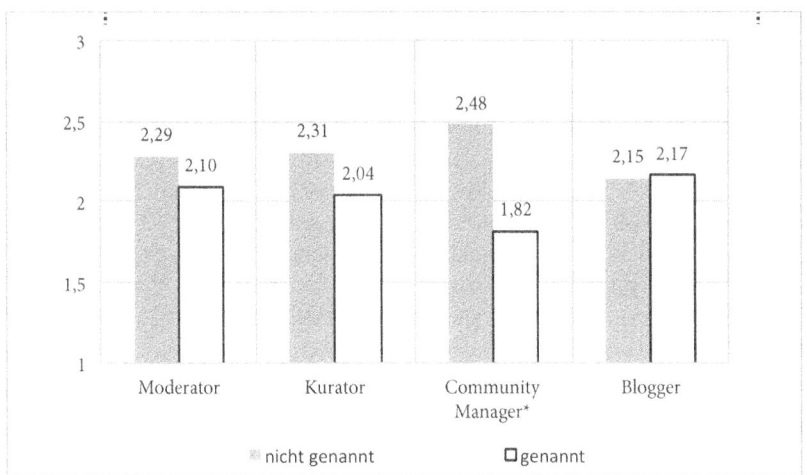

Abb. 8   Mittelwertunterschiede in der Beurteilung der Wichtigkeit von sozialen Netzwerken nach: neuen Funktionen Je nicht gennnt bzw. genannt); Alter; Mittelwerte: 1 (sehr wichtig) bis 5 (unwichtig)

Die Bedeutung von sozialen Netzwerken wird also vor allem von solchen Redakteuren bei ihrer redaktionellen Arbeit als hoch erachtet, die das Berufsbild des Journalisten der Zukunft im „Community Manager" sehen. Dies entspricht der gestiegenen Bedeutung interaktiver und dialogischer Formate und Praktiken im Journalismus (vgl. Kap. 2.8). Die Herausbildung neuer Rollenbilder, die den Schwerpunkt des journalistischen Funktionsspektrums weniger auf die Produktion von Inhalten als auf ihre begleitende Vermittlung, Kommentierung und Moderation legen, ist insbesondere in der Zeitungswirtschaft ein Novum: Erstmals in der Geschichte des Journalismus wird ein Aufgabenbereich als gleichwertig anerkannt, dessen Kern der Aufbau und die Pflege einer Leser-/Nutzer-Gemeinschaft ist – was bislang eine Aufgabe des Leser-Marketings war.

Weiter oben (vgl. Abbildung 6) hatten wir gezeigt, dass neben Social Media auch die Anwendung von „Datenjournalismus und Datenvisualisierung" unter den Redakteuren als zukunftsweisend erachtet wird. Nun kann man vermuten, dass auch für Datenjournalismus Unterschiede in der Einschätzung der Wichtigkeit auftreten, wenn zwischen Redakteuren differenziert wird, die bestimmte neue Rollen und Tätigkeitsbereiche wie „Moderator", „Kurator" oder „Blogger/Kommentator" nennen bzw. nicht nennen. Und in der Tat: Die Gruppe der Redakteure, die „Moderator" als neue Rolle anerkennt, schätzt die Wichtigkeit von Datenjournalismus signifikant höher ein, als diejenigen Befragten, die „Moderator" nicht nannten (2,3 zu 3,2; T-Test 0,001, Sig. 2-seitig). Ähnliches, mit einer etwas geringeren Signifikanz, zeigt sich für die Einschätzung der Wichtigkeit der Rolle eines „Kurators" (2,3 zu 3,0; T-Test 0,009, Sig. 2-seitig), nicht aber für die Rolle eines „Bloggers/Kommentators" (2,7 zu 2,4; T-Test nicht signifikant). Die Nennung letzterer Rolle hat keine signifikante Unterscheidungskraft mehr, was die Erklärung der Unterschiede in der Einschätzung der Wichtigkeit von Datenjournalismus angeht (vgl. auch Tabelle 18). Da die Rolle „Blogger/Kommentator" bereits eine Zeitlang am Markt erfolgreich eingesetzt wurde ist anzunehmen, dass sie mit den neueren Anwendungen wie Social Media oder Datenjournalismus funktional nicht so eng in Verbindung steht, wie „Moderator" oder „Kurator".

Nachdem wir ein Schlaglicht auf neue journalistische Arbeitsfelder und Rollen geworfen haben, soll nun die Frage untersucht werden, an welchen Flächen sich die beiden Redaktionsbereiche Print und Online reiben. Wir haben deshalb nach den Formen der Zusammenarbeit zwischen Print und Online gefragt.

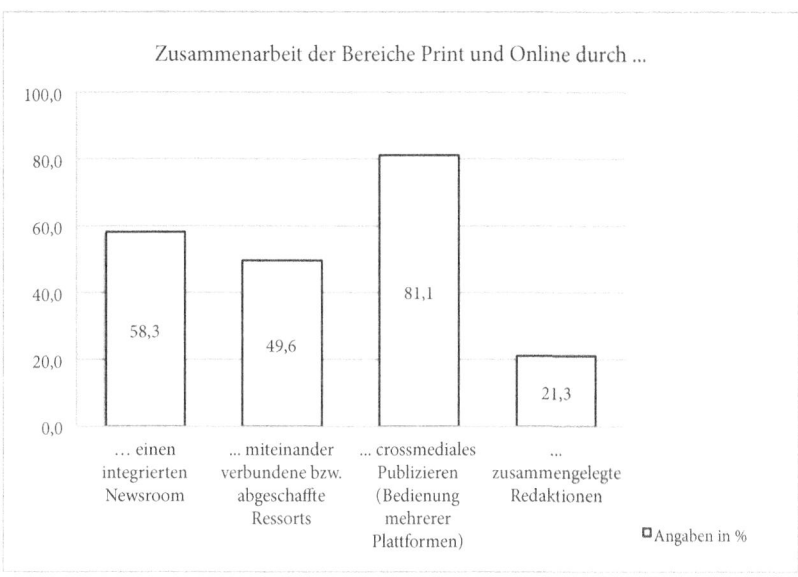

Abb. 9   Zusammenarbeit von Print und Online – Mehrfachantworten

Die Redaktionen haben offenkundig verschiedene Wege gefunden, um Print und Online zu verzahnen, das machen zumindest die Antworten der befragten Redakteure deutlich: Nach eigener Einschätzung müssen sich Redaktionen inzwischen mit den unterschiedlichsten Plattformen auskennen und diese beherrschen können. Print und Online verbinden sich in den Redaktionen meist durch crossmediales Publizieren, indem mehrere Publikationsplattformen bedient und genutzt werden (81 % der Redakteure gaben diese Form der Verzahnung an). Annähernd 60 Prozent der Redakteure gaben an, dass in ihrem Haus ein Newsroom die Brücke zwischen Online und Print bilde. Knapp die Hälfte sagte, dass in ihren Redaktionen Ressorts miteinander gekoppelt oder abgeschafft wurden, um so Print und Online zu verbinden. Nur ein Fünftel der Redakteure (21 %) erklärte, in zusammengelegten Print-Redaktionen zu arbeiten – in Redaktionen also, in denen zwei oder mehr Zeitungen produziert werden. Die Zusammenarbeit zwischen Print und Online ist also längst Realität in deutschen Zeitungsredaktionen: Die strukturellen Voraussetzungen crossmedialen Arbeitens sind zumindest vorhanden. Aber welche Auswirkungen hat dies auf den Wandel der Redaktionskultur?

Die Einschätzungen der Befragten zur Zukunftsfähigkeit der Zeitung und zum Journalismus insgesamt hatten wir bereits oben dargestellt. Wir hatten erwartet, dass die redaktionelle Arbeit in Newsrooms auch einen positiven Einfluss auf die Einschätzung der Zukunftsaussichten hat. Tatsächlich zeigte sich, dass die Arbeit in Newsrooms einen leicht positiven Einfluss auf die Einschätzung der Bedeutung des Journalismus für die kommenden zehn Jahre hat (vgl. Tabelle 33). 58 Prozent der befragten Redakteure arbeiten bereits in integrierten Newsrooms – und von diesen glaubt auch über die Hälfte, dass die Bedeutung des Journalismus in den nächsten zehn Jahren steigen wird. Von den Redakteuren, die nicht in solchen Newsrooms arbeiten, meinen nur etwa 42 Prozent, dass der Journalismus wichtiger wird – mehr als die Hälfte sagen, dass die Bedeutung gleich bleibt. Dieser recht geringe Unterschied in der Beurteilung könnte auch zufällig aufgetreten sein, ein T-Test auf Mittelwertunterschiede ergab keine signifikanten Differenzen. Für die Frage nach der Zukunft der Zeitung sind die Unterschiede zwischen Newsroom-Erfahrenen und denen, die nicht in einer Print-/Online-Redaktion arbeiten, noch geringer und ebenfalls nicht signifikant. Die Arbeit in einem integrierten Newsroom liefert somit keine Erklärungskraft für die Einschätzung der Zukunftsaussichten der Tageszeitung.

Ähnliches zeigt sich für crossmediales Arbeiten: Auch diese Art der Zusammenarbeit zwischen Print und Online liefert keine zusätzliche Erklärung für das Ausmaß der Zukunftseinschätzungen von Journalismus oder Tageszeitung. Redakteure, die crossmedial arbeiten, haben eine leicht positivere Einstellung gegenüber der Bedeutung des Journalismus in der Zukunft. Der Unterschied in den Mittelwerten (rund 0,1 Punkte, vgl. auch Tabelle 35) mag zufallsbedingt sein – eine zufallsrobuste Differenz war nicht auszumachen. Von den Redakteuren, die crossmedial arbeiten (103 Befragte, 81 %), glaubt etwa die Hälfte (46 Redakteure) an eine gleichbleibende Bedeutung der Tageszeitungen in den nächsten zehn Jahren – fast ebenso viele (46 Redakteure) glauben an eine zurückgehende Bedeutung der Tageszeitung. Von den Redakteuren, die nicht crossmedial arbeiten (24 Redakteure) ist ebenfalls rund die Hälfte der Meinung, dass die Bedeutung der Tageszeitung stagnieren wird.

Die Antworten der Befragten zeigen insgesamt, dass eine moderne Arbeitsweise – ob crossmedial oder nicht – so gut wie keinen Einfluss auf die Meinung über die Bedeutung der Tageszeitung und des Journalismus in der Zukunft hat. Auch wenn absolut gesehen weniger klassisch arbeitende als crossmedial arbeitende Redakteure der Meinung sind, dass die Tageszeitung unwichtiger wird, wird dem Medium in den nächsten zehn Jahren von beiden Gruppen keine große Bedeutung eingeräumt.

Gleiches wie oben gilt für die Arbeit in zusammengelegten Redaktionen (vgl. Tabelle 37): Auch wenn in einer zusammengelegten Redaktion zwei oder mehr Zeitungen hergestellt werden, wird die Tageszeitung nicht als zukunftsweisendes Medium betrachtet. Tatsächlich glaubt mehr als die Hälfte dieser Redakteure an eine zurückgehende Bedeutung. Damit zeigt sich, dass die meisten Redakteure die Zusammenlegung von Redaktionen als Folge der Krise wahrnehmen und diese strukturellen Veränderungen als nicht hilfreich für die gesamte Situation der Tageszeitung betrachten.

Weiter oben hatten wir dargestellt, welche Bedeutung die Redakteure bestimmten neuen Anwendungen und Diensten zumessen, die durch das Internet, insbesondere durch das Web 2.0, möglich geworden sind. Diesen Anwendungen und Diensten lassen sich bestimmte Funktionen zuordnen, die an den einzelnen innerredaktionellen Verarbeitungsstufen festgemacht werden können. Eine der wichtigsten Funktionen kann mit einer erweiterten Schnittstelle zum Leser umschrieben werden. Die Ermöglichung erweiterter Leserpartizipation (vgl. Kap. 2) ist ein zentrales Kennzeichen einer vernetzten Redaktion. Wie in Kap. 2.6 argumentiert, verstehen wir die Öffnung redaktioneller Arbeitsroutinen und -prozesse hin zum Nutzer als vorrangigen Innovationsbereich im Journalismus: Partizipation, Inklusion und Dialogisierung haben künftig starke Auswirkungen auf die Art und Weise, wie Journalisten agieren und wie sie ihre Angebote erstellen. An welchen redaktionellen Verarbeitungsstufen die Redakteure die Leser zu beteiligen bereit sind, zeigt der nächste Abschnitt.

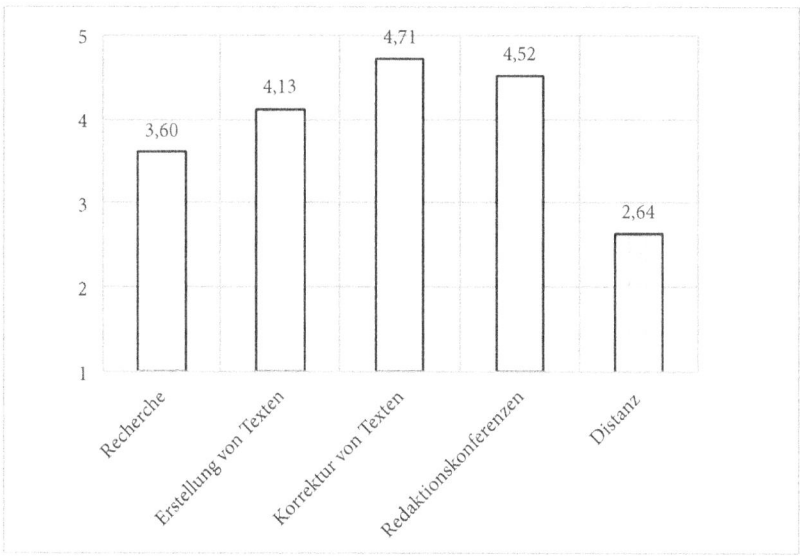

Abb. 10 Partizipation: Mittelwerte unterschiedlicher Beteiligungsformen an redaktionellen Leistungen; 1 (sehr stark) bis 5 (sehr schwach); Leserdistanz: 1 (ganz nach) bis 5 (ganz weit weg)

Abgebildet sind von uns abgefragte und in den Redaktionen bereits praktizierte Beteiligungsformen für Leser. Dabei schneidet die Recherche am besten ab: Mit einem Mittelwert von 3,6 liegt sie deutlich vor den anderen Formen. Dieser Befund mag damit zusammenhängen, dass sich in den vergangenen Jahren gerade unterschiedliche Formen des Crowdsourcings in den Redaktionen etabliert haben. Bei diesen nimmt die Recherche eine zentrale Position ein. Am geringsten ist die Beteiligung nach Einschätzung der Redakteure bei der Korrektur von Texten, die zu einer zusätzlichen Qualitätssteigerung beitragen könnte, aber offenbar nicht oder zu wenig genutzt wird – sowohl seitens der Leser als auch der Redaktion. Zusätzlich ist die Leserdistanz (vermutete Entfernung der Leser zur eigenen Redaktion) in der Abbildung abgetragen. Diese wird insgesamt deutlich näher eingeschätzt (2,64), als die Nutzungsintensität der abgefragten, konkreten Beteiligungsformen. Zu erklären ist dieser Unterschied sicher dadurch, dass in die Distanzschätzung nicht nur die Beteiligung des Lesers an redaktionellen Leistungen eingeht, sondern auch umgekehrt die eigene redaktionelle Leistung in Bezug auf den Leser bewertet wird. So ist es denkbar, dass die Redakteure der Meinung sind, in ihren Artikeln die Bedürfnisse und Wünsche der Leser entsprechend widerzuspiegeln und zu transportieren.

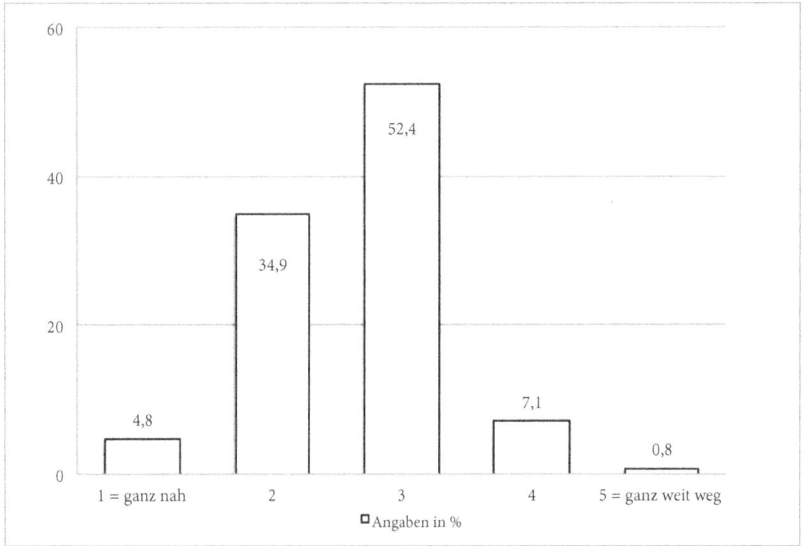

Abb. 11 Distanz des Lesers zur Redaktion; N=126;
Mittelwert: 2,64, Standardabweichung: 0,72, Varianz:: 0,519

Bei der genaueren Betrachtung der Nähe der Leser zur Redaktion zeigt sich mehr als die Hälfte der befragten Redakteure jedoch unentschlossen. Sie meinen, die Leserschaft weder weit weg noch nah an der Redaktion verorten zu können. Gut ein Drittel der Redakteure glaubt aber an eine nahe Position der Rezipienten zu ihrer Redaktion. Dies könnte mit der überwiegenden regionalen und lokalen Ausrichtung der Tageszeitungen zusammenhängen, bei denen die befragten Redakteure tätig sind (vgl. Tabelle 1). Regionale Angebote sind allein schon durch ihre thematische Ausrichtung nah dran am Leser – als Dienstleister für regional relevante Information, d.h. auch, dass diese Redaktionen besonders auf die Nähe der Leser angewiesen sind.

Im Einklang der theoretischen Grundannahmen unserer Studie (vgl. Kap. 2) steht nun folgender Befund: Redakteure, die eine Beteiligungsmöglichkeit der Leserschaft an der redaktionellen Recherche eher als niedrig beschreiben, attestieren der Tageszeitung auch einen etwas stärkeren zukünftigen Bedeutungsabfall als Kollegen, die ein höheres Ausmaß der Beteiligung ihrer Leser angeben (2,4 zu 2,2 vgl. Tabelle 39). Redakteure, die eine Beteiligungsmöglichkeit ihrer Leser bei der Erstellung von Beiträgen als gering einstufen, glauben ebenfalls daran, dass die Tageszeitung in Zukunft unwichtiger wird. Umgekehrt gilt demnach: Das vermehrte Zulassen von Beteiligung und eine positive Zukunftseinschätzung für die Zeitung gehen Hand in Hand.

Leser werden allerdings insgesamt in den Redaktionen kaum integriert, aber bei der Recherche greifen Redakteure auf die Mitwirkung der Leser noch am ehesten zurück – zusammengenommen 44 Prozent der Befragten gaben eine eher hohe Beteiligung der Leser an der Recherche an. Auf dem zweiten Platz folgt die Beteiligung der Leser bei der Erstellung von Inhalten. Immerhin noch 22 Prozent sagen, die Leser öfter in dieser Hinsicht zu beteiligen. Bei der Korrektur oder in Redaktionskonferenzen spielen Leserbeteiligungen keine Rolle: 96 bzw. 88 Prozent der Befragten geben für diese Form der Beteiligung an, dass sie kaum vorkommt. Redigat und Redaktionskonferenzen sind in der Tat angestammte Instrumente und Aufgaben von professionellen Journalisten, mit denen nicht nur Sachfragen, sondern auch Relevanzentscheidungen getroffen werden. Diese sollen – oder können – offenbar nicht so schnell für Laien geöffnet werden.

Dem Leser wird eine Mitwirkung an redaktionellen Leistungen noch am ehesten bei der Recherche zugesprochen, das haben wir im Vergleich einzelner Leistungen im vorangegangenen Abschnitt gezeigt. Recherche ist allerdings ein weiter Begriff, der von der Einsendung von Bildern oder einfachen Hinweisen auf Twitter zu aktuellen Ereignissen bis hin zur Beteiligung an investigativen Rechercheprojekten reichen kann. Deshalb haben wir zur Recherche noch eine weitere, spezifischere Frage gestellt, die darauf abzielte, wie Redakteure reagieren, wenn sie an weitreichenden und schwierigen Stoffen arbeiten. Und es zeigt sich: Bei dieser Frage sind die befragten Redakteure zögerlicher. 40 Prozent der Befragten stehen einer Beteiligung von Laien neutral gegenüber. Ein Drittel der Redakteure würde die Leser bei der Recherche zwar ohne großes Zögern einbeziehen (Ausprägungen 4 und 5), mehr als ein Viertel der Redakteure würde dies allerdings „auf keinen Fall" praktizieren. Der Mittelwert auf diese Frage liegt bei 3,04 (1 „auf keinen Fall" bis 5 „auf jeden Fall"; Standardabweichung 1,07; Varianz 1,14; N=123; vgl. Tabelle 40). Überschreitet die Recherche und die zu publizierende Geschichte eine gewisse Relevanzschwelle, wird sie demnach zu einer Aufgabe der Redakteure, die nicht ausgelagert werden kann. Bei sensiblen Stoffen spielt die Grenze der Redaktion zwischen Innen und Außen also wieder eine stärkere Rolle.

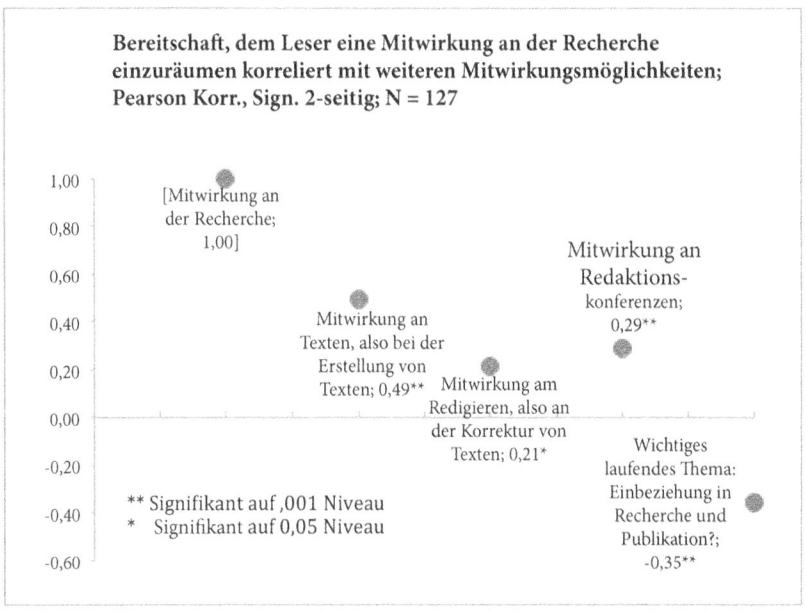

Abb. 12 Mitwirkungsmöglichkeiten der Zeitungsleser – Korrelationen

Die methodische Recherche gehört zu den Kerntätigkeiten eines jeden Journalisten. Ausgehend von der Einschätzung in welchem Ausmaß Leser an redaktioneller Recherche partizipieren können haben wir geprüft, wie stark diese Partizipationsmöglichkeit mit anderen Tätigkeiten zusammenhängt. Dabei zeigen sich für alle hier abgefragten Tätigkeiten signifikante Zusammenhänge. Wird dem Leser also eine Mitwirkungsmöglichkeit bei der Recherche eingeräumt, steigt auch die Wahrscheinlichkeit, dass Leser an anderen Tätigkeiten partizipieren. Einzige Ausnahme: Die Beteiligung an einem relevanten und schwierigen Thema. Hier besteht gar ein negativer Zusammenhang.

Zusammenfassend lässt sich festhalten: Die Offenheit von Zeitungsredakteuren in der Frage, wie weit und intensiv sie ihre Leser am professionellen Arbeitsprozess und den redaktionellen Belangen teilhaben lassen wollen, hat Grenzen. Während eine Beteiligung des interessierten Nutzers an der Recherche für sinnvoll und zum Teil auch wichtig erachtet wird, ist eine darüber hinausgehende Partizipation nur von einer Minderheit gewünscht. Inklusions- und Partizipationsbemühungen seitens der Redaktionen sind dann deutlich zurückhaltend. Von einer systematischen Einbeziehung des Publikums in redaktionelle Arbeitsprozesse kann auf Basis der Befragungsergebnisse nicht ausgegangen werden. Vielmehr sind die Redaktionskulturen in Zeitungshäusern offenbar noch immer von einer über Jahrzehnte gewachsenen Distanz zur Leserschaft gekennzeichnet, vor allem gemessen an den Maßstäben dialogischer und partizipativer Journalismuskonzepte. Die persönliche Bereitschaft, sich auf Nutzer und ihre je unterschiedlichen Eigenschaften, Interessen und Kompetenzen einzulassen, wird dabei zu einem wichtigen Faktor.

Nun stand zu vermuten, dass die Einschätzungen der abgefragten Mitwirkungsmöglichkeiten möglicherweise auch von den persönlichen Erfahrungen und Eigenschaften der Befragten abhängen, darunter vornehmlich vom Alter und vom Geschlecht. Dieser Verdacht hat sich allerdings nicht bestätigt. Weder das Alter noch die getrennte Auswertung nach Männern und Frauen hat nennenswerte Mittelwertunterschiede bei der Einschätzung der Mitwirkung der Leser ergeben. Auch die Variable, die bereits weiter oben ausgewertet wurde, die generelle Angst vor Laien, kann keine signifikanten Mittelwertunterschiede für Mitwirkungsmöglichkeiten generieren. Eine Erklärung hierfür ist wohl, dass die Mitwirkungsmöglichkeiten für Leser eher von redaktionellen Strukturen als von persönlichen Eigenschaften der Redakteure abhängen, d. h. werden Aussagen zu redaktionellen Mitwirkungsmöglichkeiten gemacht, so werden diese unabhängig von persönlichen Eigenschaften getroffen. Dieser Erklärungsansatz erhärtet sich auch beim nächsten Befund: Über alle Altersgrenzen hinweg wird die Distanz zum Leser von Redakteuren relativ gleichförmig wahrgenommen. Jüngere Redakteure (unter 39 Jahren) empfinden in Relation zu den anderen Alterskohorten keine geringere, aber auch keine stärkere Distanz zur Leserschaft.

Im nächsten Abschnitt werden Finanzierungsfragen beleuchtet – vor dem Hintergrund der oben skizzierten Wahrnehmung einer wachsenden Entkoppelung von Redaktion und Journalismus ein wichtiger Fragenblock.

4.3   Finanzierung

▶ *Machen Sie sich als Redakteur Sorgen über die Finanzierung Ihrer Zeitung bzw. Ihres Verlags?*

▶ *Sollten Redaktionen an der Entwicklung neuer Finanzierungsstrategien beteiligt werden?*

▶ *Warum sollten Redaktionen Ihrer Meinung nach bei neuen Finanzierungsstrategien beteiligt werden?*

▶ *Warum sollten Redaktionen Ihrer Meinung nach nicht bei neuen Finanzierungsstrategien beteiligt werden?*

Finanzierungsfragen des Verlages gehören normalerweise nicht zu den Kernaufgaben, mit denen sich Redakteure intensiv beschäftigen. Das bleibt in der Regel der Geschäftsführung oder dem operativen Management vorbehalten – bisher. Dennoch haben zahlreiche Schließungen, Insolvenzen oder Umstrukturierungen von Zeitungshäusern in der jüngeren Vergangenheit dazu geführt, dass sich Redakteure zunehmend Sorgen um die Finanzierung ihres Verlagshauses machen und sich deshalb auch mit der Frage der Finanzierung ihres eigenen Metiers befassen. Möglicherweise entwickeln sie dabei auch Ideen, wie neue Finanzierungsquellen zu erschließen sind – diese Möglichkeiten haben wir in diesem Abschnitt daher bewusst abgefragt.

Drei Viertel der befragten Redakteure beobachtet die finanzielle Situation ihres Verlagshauses offenbar genau und durchaus mit Bedenken (Tabelle 43). Mehr als 40 Prozent machen sich Sorgen und nur etwa ein Viertel sieht sich sorgenfrei in Bezug auf die Verlagsfinanzierung. Mehr als ein Drittel der befragten Redakteure schwanken in ihrer Sorge um die Verlagsfinanzierung. Insgesamt machen sich deutlich mehr Redakteure Sorgen zu den Finanzen ihres Hauses als es sorgenfreie Kollegen gibt.

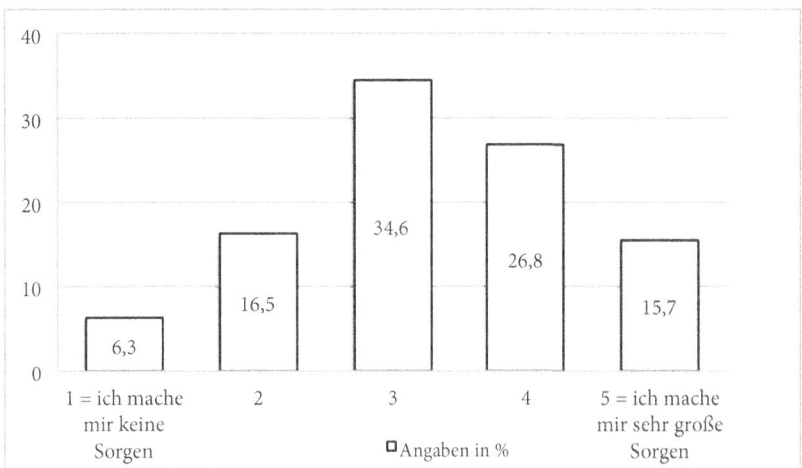

Abb. 13 Sorge der Redakteure um die Verlagsfinanzierung; N=127;
Mittelwert: 3,29; Standardabw.: 1,11; Varianz: 1,24

Nun ist zu vermuten, dass eine solche Frage nach einer emotionalen Disposition
(Sorge bzw. Angst in Bezug auf Weiterfinanzierung) abhängig von den persönlichen Eigenschaften der Befragten ist. Deshalb haben wir die Abhängigkeit dieser
Frage auf das Alter der Befragten errechnet. In der Tat bestätigt sich in diesem Fall
unsere Vermutung: Der Mittelwertunterschied zwischen den Gruppen 40 Jahre
und älter bzw. 39 Jahre und jünger ist signifikant (vgl. Tabelle 46), d. h. wer unter
40 Jahre alt ist, macht sich tendenziell größere Sorgen um die Verlagsfinanzierung.

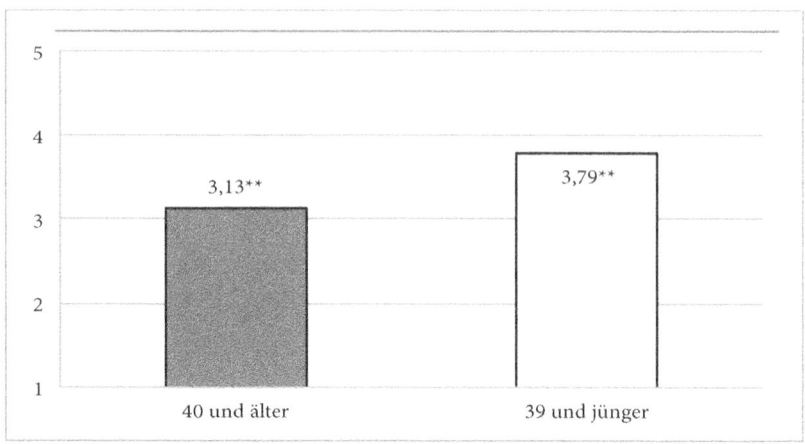

Abb. 14 Finanzierungssituation der Zeitungsverlage (nach Alter);
Mittelwertunterschiede; 1 (keine Sorgen) bis 5 (große Sorgen); N=92, 33

Der in Abbildung 14 diskutierte Befund kann selbst dann bestätigt werden, wenn das Alter der Befragten in drei Klassen differenziert wird: Junge Redakteure (bis 39 Jahre) machen sich besonders große Sorgen um die Finanzierung ihrer Zeitung bzw. ihres Verlags. Bei den 40- bis 49-jährigen gibt es ebenfalls eine Tendenz zur Sorge. Die über 50-Jährigen sehen die finanziellen Verhältnisse ihres Betriebes dagegen entspannter. Eine höhere Sensibilisierung für die wirtschaftlichen Strukturprobleme unter jüngeren Redakteuren ist vor dem Hintergrund der zum Teil prekären Arbeitsverhältnisse von Berufsanfängern in der Pressebranche (insbesondere in tariflich ungebundenen Online-Redaktionen) anzunehmen. Dennoch gründet sich dieses verbreitete Problembewusstsein unter Nachwuchsjournalisten vermutlich auch auf der Kenntnis der tatsächlichen wirtschaftlichen Situation des eigenen Zeitungshauses, d. h. wir nehmen an, dass die Befragten ihre individuelle Arbeitssituation jeweils bewusst mit einbezogen haben.

Wir nehmen dagegen nicht an, dass der Grund in einer diffusen wie grundsätzlichen Sorge um die Zukunft der Branche und der eigenen beruflichen Existenz liegt. Wäre dies der Fall, dann sollte bei den Jüngeren die finanzielle Angst um den Verlag durch die allgemeine Sorge um die Zukunft des Journalismus bzw. der Tageszeitung erklärbar sein. Beide Variablen sollten miteinander deutlich und signifikant korrelieren. Ein Test ergab zwar positive, aber nur leichte und keine signifikanten Beziehungen: In der Altersklasse der bis 39-Jährigen (N=33) beträgt die Pearson-Korrelation zwischen der Einschätzung der Zukunft des Journalismus und der Sorge um die Finanzen des Verlages 0,213 (Sig. 0,235 (2-seitig)). Eine Erhöhung der einen Variablen geht mit einer Erhöhung der anderen einher. Das bedeutet: Je prekärer die Bedeutung der Zukunft des Journalismus insgesamt eingeschätzt wird, desto größer fällt auch der Sorgenstand bezüglich des Verlages aus und umgekehrt. Signifikant ist dieser Zusammenhang aber nicht. Noch schwächer ausgeprägt ist der Zusammenhang von Zukunft der Tageszeitung und Finanzierungssorgen (0,139; Sig. 0,439 (2-seitig)). Für die bis 39-Jährigen heißt das, dass beide Variablen nur schwach gleichgerichtet sind. Auch dieser Zusammenhang ist nicht signifikant. Das gilt auch für die beiden anderen Altersklassen (40 bis 49 Jahre und 50 Jahre und älter), für die ebenfalls keine signifikanten Zusammenhänge zwischen Zukunft des Journalismus, der Zeitung und der Finanzierungssorgen errechnet werden konnten.

Insgesamt machen sich Redakteure in deutschen Zeitungshäusern also große bis sehr große Sorgen über die Finanzierung ihrer Zeitung bzw. ihres Verlags, und sie glauben auch, dass die Bedeutung der Tageszeitung binnen der nächsten zehn Jahre abnehmen wird. Die Befragungsergebnisse zeigen eine leichte, nicht signifikante Korrelation (0,118; Sig. 0,187 (2-seitig)) zwischen dem Ausmaß der Sorgen der Redakteure im Hinblick auf die wirtschaftliche Situation ihres Unternehmens und der pessimistischen Zukunftserwartung im Hinblick auf das Medium Tageszeitung. Umgekehrt verhält es sich mit dem Zusammenhang zwischen den wirtschaftlichen Sorgen der Redakteure und ihrer Zukunftsprognose für die Profession des Journalisten insgesamt: Der Zusammenhang zwischen den Variablen ist negativ. Die Befragten sagten, Journalismus werde gleichbedeutend wichtig für die Gesellschaft bleiben oder sogar noch wichtiger werden. Je größer jedoch der Sorgenstand der Redakteure ausfällt, desto eher glauben sie an einen Bedeutungs*zuwachs* des Journalismus. Dieser leicht negative Zusammenhang (- 0,081; Sig. 0,364 (2-seitig)) ist jedoch nicht signifikant.

Was bedeutet nun dieses Ergebnis? Wir gehen bei unserer Interpretation der Befunde von einer mentalen Trennung zwischen dem Arbeitsplatz Tageszeitung und der gesellschaftlichen Bedeutung des Journalismus insgesamt aus. Die befragten Redakteure machen durchaus einen Unterschied zwischen der Formation ihres Betriebes und der Relevanz ihres Berufes für die Gesellschaft. Dieser Befund zeigt, dass eine analytische Unterscheidung zwischen Redaktion und Journalismus durchaus eine Berechtigung hat, zum Beispiel auch das Modell eines redaktions-unabhängigen Journalismus.

Die Redakteure fühlen sich dabei offenbar verantwortlich und ökonomisch beschlagen genug, um in Fragen der Finanzierung die Verlagsleitung zu beraten. Rund Dreiviertel der Befragten möchte in die Entwicklung von Finanzierungs-strategien des Verlags eingebunden werden. Dies deckt sich mit der wachsenden Relevanz unternehmerischen Denkens und Handelns im journalistischen Kompetenz- und Qualifikationsrahmen. Verantwortung für den geschäftlichen Erfolg und die wirtschaftliche Rentabilität journalistischer Angebote zu übernehmen, ist eine Forderung, die im Branchendiskurs neuerdings formuliert und auch gegenüber den Redaktionen immer häufiger eingefordert wird.

Als Gründe für die Beteiligung der Redakteure an neuen Finanzierungsstrategien nennen die Befragten ihre redaktionellen Kompetenzen und das journalistische Fachwissen. Schließlich sind sie es, die das Produkt kennen und die größere Nähe zum Leser haben – sie schreiben sich eine herausragende Rolle im gesamten Produktionsprozess zu. Bei der Beteiligung in Fragen der Finanzierung geht es den befragten Redakteuren um die Sicherung ihres Arbeitsplatzes und ihrer Existenz – sie betrachten sich selbst als Betroffene, die sich gerne selbst helfen wollen. Eine Beteiligung an solchen Entscheidungen würde die Redakteure ihrer eigenen Einschätzung nach fördern und die Akzeptanz bei den Mitarbeitern erhöhen. Sie würden gerne zukünftig ihre Kreativität auf diese Frage richten und dazu auch Ideen mit der Chefetage der Geschäftsführungen austauschen. Ein weiterer Grund: Sie möchten die redaktionelle Unabhängigkeit und damit Glaubwürdigkeit gewahrt wissen und auch deshalb an finanziellen Entscheidungen beteiligt sein. Die Redakteure haben das Bedürfnis, sich selbst ein Bild über die Probleme zu machen und sind der Meinung, dass man im digitalen Zeitalter über alle Hierarchien hinweg zusammenarbeiten müsse. Ein erweitertes Mitspracherecht der Redaktionen an weitreichenden geschäftsstrategischen Entscheidungen dürfte in Medienunternehmen nicht unwesentliche Veränderungen erfordern, da, wie in Kap. 2.4 dargelegt, Redaktionen üblicherweise nicht über (souveräne) Entscheidungskompetenzen über ihr organisationales Handlungsfeld oder auch Produktinnovationen und die weiteren Aktivitäten in einem Zeitungshauses verfügen.

4.4   Rollenselbstbild

▶ *Was sollten Journalisten Ihrer Meinung nach überwiegend tun?*
▶ *Was ist die Funktion von Journalismus in der Gesellschaft? Welche gehören Ihrer Meinung nach dazu?*
▶ *In welchen Bereichen bzw. in welchen Rollen werden Zeitungsjournalisten künftig mehr gefordert sein?*

Die Abfrage des Rollenselbstbildes gehört mittlerweile zum Standardrepertoire von Redakteursbefragungen. Dabei handelt es sich um einen wichtigen Indikator, um über das Selbstverständnis der Journalisten ihre Haltung, Einstellung und Bereitschaft in Bezug auf bestimmte Rollen, Funktionen und Aufgaben zu ermessen. Als gängige Item-Batterie hat sich das von Weischenberg, Malik und Scholl genutzte Fragenset herauskristallisiert, das inzwischen in den beiden Referenzstudien von 1993 und 2005 genutzt wurde und entsprechende Vergleichswerte bietet (vgl. Kapitel 3). Das persönlich wahrgenommene Rollenselbstbild von Journalisten bietet nicht nur Einblick in das berufliche Selbstverständnis, sondern auch einen Abgleich mit den gesellschaftlichen Normen, mit denen Journalismus in demokratischen Gesellschaften operiert. Zwar ist „die Aussagekraft solcher Selbstbeschreibungen und Absichtserklärungen der Journalisten in der Journalismusforschung umstritten", wie Weischenberg, Malik und Scholl (2006: 98) konstatieren. Doch bieten diese „Idealisierungen" (ebd.) den Vorteil, dass sie eine Brücke bilden zwischen den individuellen Einstellungen der Befragten auf der Mikroebene, den Bedingungen in der jeweiligen Redaktion auf der Mesoebene und den gesellschaftlichen Rollenerwartungen auf der Makroebene (vgl. Kapitel 2 und 3). Aus Sicht der empirischen Sozialforscher hat dieses Fragenset außerdem den Vorteil, dass es in der Auswertung auch Kombinationen mit weiteren Variablen ermöglicht.

Wir haben die einzelnen Items mit einer dichotomen „Ja/Nein"-Frage erhoben, d. h. die Befragten mussten zu jedem Item ihre Zustimmung oder Ablehnung signalisieren. Zudem sei noch einmal darauf hingewiesen, dass hier ausnahmslos Redakteure von Tageszeitungen befragt wurden, die Varianz der Berufsrollenauffassungen beschränkt sich damit auf den Typus eines Printerzeugnisses. Insbesondere bei den Fragen nach der Vermittlungsleistung (Komplexität), der Aktualität, der Information und der Darbietung von Meinung (Kommentare etc.) kann eine gewisse Homogenität der Auffassungen angenommen werden. Tageszeitungen haben zudem einen anderen Verarbeitungszyklus als im schnellen Agentur- oder im wochenbezogenen Magazinjournalismus. Medienspezifisch sind hier ferner die Möglichkeit tagesaktueller Reflexion und die Aufarbeitung von komplexen

Hintergründen. Schnelligkeit ist aus Sicht der Befragten hingegen nicht die erste
Aufgabe von Tageszeitungsjournalisten.

Abb. 15 Rollenselbstbild von Zeitungsredakteuren – Aufgabe von Journalisten
(Zustimmung jeweils in Prozent)

Die Befragten geben an, sich mit den basalen journalistischen Aufgaben zu identifizieren. Das sind insbesondere die präzise und schnelle Vermittlung, Service
und Unterhaltung sowie Meinung und Kommentar. Fast alle Befragten wollen
komplexe Sachverhalte vermitteln und abbilden. Fast ebenso viele Redakteure
sehen die Hauptaufgabe darin, das Publikum möglichst präzise zu informieren.
88 Prozent der Befragten sehen eine Aufgabe darin, Lebenshilfe anzubieten. Mehr
als 80 Prozent wollen die Realität exakt abbilden – wobei sich die eigentliche Frage
nach der Definition von Realität stellt.

Etwa Dreiviertel aller Befragten sehen eine möglichst schnelle Informationsvermittlung als prioritär an und räumen damit der Aktualität eine hohe Bedeutung
ein. Fast die gleiche Bedeutung wie die Aktualität hat die Präsentation der eigenen
Ansichten. Über Dreiviertel wollen ihre Ansichten vermitteln – was wiederum auf
einen missionarischen Ansatz bei der Berufsauffassung schließen lässt. Gut Zweidrittel
der Befragten (69 %) möchten die Leser zuvörderst unterhalten und zur Entspannung beitragen – offenbar wird auch die Tageszeitung als Unterhaltungsmedium
eingeschätzt. Lediglich 43 Prozent sehen die Aufgabe des Journalismus darin, solche
Nachrichten zu vermitteln, die für ein breites Publikum interessant sind, d. h. im
Umkehrschluss aber auch, dass die Bedienung des Interesses des Publikums für mehr
als die Hälfte der befragten Redakteure als nachrangige Aufgabe zu verstehen ist.

Insgesamt zeigt sich ein Bild, das in solider Art und Weise den Erwartungen
von Tageszeitungsredakteuren entspricht: die Vermittlung von Komplexität, dabei
präzise und einigermaßen aktuell zu sein, gepaart mit der Aufgabe, Service zu
bieten und das Geschehen parallel zu kommentieren. Die Vermutung, dass sich
die spezifischen Eigenschaften des Mediums und der Redaktionsorganisation im
beruflichen Selbstverständnis widerspiegelt, hat sich damit erfüllt. Allerdings
bestehen im Vergleich mit der Studie von Weischenberg et al. (2006) teilweise
deutliche Unterschiede in der prozentualen Zustimmung zu den einzelnen Items.
Die Differenzen sind in Tabelle 50 abgetragen. Demnach weisen die meisten Aussagen in unserer Untersuchung höhere prozentuale Zustimmungswerte auf – mit
einer einzigen Ausnahme: Die Befragten geben zu einem kleineren Anteil als bei
Weischenberg et al. an, die Konzentration auf ein breites Publikum als journalistische Aufgabe zu begreifen. Wenn man bedenkt, dass die vorliegende Befragung zu
einem großen Anteil von Regionalzeitungsredakteuren beantwortet wurde, ist ein
Anteil von lediglich etwas über 40 Prozent Zustimmung zu dieser Aussage durchaus plausibel. Denn Lokal- und Regionaljournalismus hat die jeweiligen örtlichen
Zielgruppen vor Augen und ist wenig geneigt, sich an die breite Masse zu wenden.
Den höchsten Überschuss in Bezug auf die Studie von Weischenberg et al. erzielte
das Selbstverständnis, als Kontrollinstanz der Gesellschaft zu fungieren. Dieses
generelle Plädoyer für einen kritischen Recherchejournalismus überrascht nicht,
tragen doch die Zeitungen (noch immer) dazu bei, gesellschaftliche Missstände
aufzudecken. So hatten auch schon Weischenberg et al. (2006: 107) festgestellt, dass
die Kritikfunktion insbesondere bei Zeitungsredakteuren ausgeprägt ist, stärker als
bei Zeitschriftenredakteuren. Überraschend sind jedoch das prozentuale Ausmaß
und damit die Deutlichkeit, mit der sich die Befragten in unserer Studie für Kritik
und Kontrolle aussprechen.

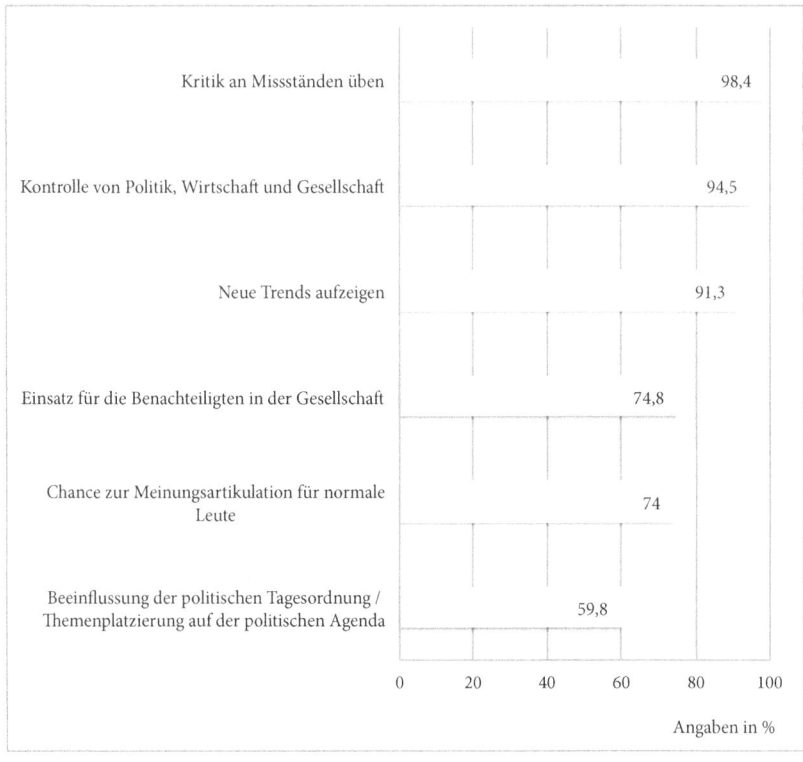

Abb. 16 Funktion des Journalismus in der Gesellschaft

Bei der Funktion des Journalismus für die Gesellschaft steht nach Meinung der
Befragten Kritik an Missständen an erster Stelle. Fast alle Redakteure (98 %) stimmen
diesem Funktionsitem zu. 95 Prozent der Befragten verbinden Journalismus mit
einer Kontrolle von Politik, Wirtschaft und Gesellschaft. Überraschend ist, dass
mehr als 90 Prozent neue Trends aufzeigen wollen, was allerdings voraussetzen
würde, dass die Redakteure selbst neue Trends verfolgen. Knapp Dreiviertel der
Befragten sehen sich offenbar in der Rolle, sich für andere einzusetzen. Ebenfalls
knapp Dreiviertel sehen eine Funktion des Journalismus darin, „normalen Leuten"
die Chance zu geben, ihre Meinung zu äußern. Eine Beeinflussung der politischen
Tagesordnung halten knapp 60 Prozent für eine Aufgabe von Journalisten. Offenbar

haben – im Umkehrschluss – etwa 40 Prozent der Tageszeitungsredakteure das Ziel einer aktiven politischen Einmischung ad acta gelegt.

Um nun Verbindungen zwischen Mikro-, Meso- und Makroebene journalistischen Handelns weiter sichtbar zu machen, wollen wir prüfen, inwiefern die Einschätzung zur Einräumung redaktioneller Partizipationsmöglichkeiten durch das journalistische Rollenverständnis erklärt werden kann. Oben hatten wir Partizipation bereits diskutiert und möchten nun die beiden Variablen Partizipation und Rollenverständnis kombinieren. Es soll also geprüft werden, ob das Rollenverständnis in bestimmten Ausprägungen eine Erklärungskraft hat für die Einschätzung der verschiedenen Partizipationsmöglichkeiten. Unsere Erwartung ist, dass die Hinwendung zum Nutzer keine ausschließlich handwerkliche oder organisatorische Herausforderung darstellt, sondern auch von der Berufsauffassung und vom Rollenselbstbild von Journalisten abhängt.

Dazu haben wir die verschiedenen Items zu drei Rollenkomplexen zusammengefasst und jeweils einen Index gebildet.[35] Die aggregierten Rollen betreffen „Information und Vermittlung", „Kritik, Kontrolle, Engagement" und „Service und Unterhaltung". Sie lehnen sich damit an die bei Weischenberg et al. diskutierten Funktionscluster an.

Ein engagiertes Rollenselbstverständnis, bei dem sowohl die Kritik- und Kontrollfunktion als auch die anwaltschaftliche Funktion des Journalisten für benachteiligte Mitglieder der Gesellschaft im Vordergrund stehen, hängt offenbar mit der erhöhten Einschätzung zusammen, dass Leser in die Recherche und in die Publikation eines Themas einbezogen werden (vgl. Tabelle 42). Das bedeutet, dass die Mittelwerte für Partizipationseinschätzung durchgängig niedriger bei denjenigen ausfallen, die den Journalismus stärker mit der Funktion „Kritik und Kontrolle" in Verbindung bringen (Skala von 1 sehr hoch bis 5 sehr niedrig). Mit anderen Worten werden bei denjenigen Befragten, die dem Journalismus eher kritische und kontrollierende sowie unterstützende Funktionen zubilligen, auch die Mitwirkungsmöglichkeiten für Leser ausgeprägter eingeschätzt. Allerdings sind die Mittelwertunterschiede auf den entsprechenden Niveaus nicht signifikant. Anders bei dem Funktionscluster „Information und Vermittlung": Der Mittelwertunterschied für die Lesermitwirkung an der Recherche fällt deutlich und signifikant aus (vgl. Tabelle 42).

Das ist erstaunlich, würde man intuitiv doch eher erwarten, dass diejenigen, die Sachverhalte schnell und präzise vermitteln wollen, die Mitarbeit von Laien eher

---

35 Die Indizes addieren jeweils die Werte der entsprechenden Items auf und normieren diese auf 0 (keine Ausprägung) bis 1 (maximale Ausprägung). Der Trennwert für den Mittelwerttest wurde bei 0,5 gesetzt.

als störend empfinden. Der umgekehrte Zusammenhang ist allerdings der Fall: Laien werden offensichtlich als Bereicherung empfunden, zumindest geben die Informations- und Vermittlungs-Befürworter eine stärkere Mitwirkung der Laien bei der Recherche an. Auch die Mitwirkung der Leser an der Erstellung von Texten wird eher von solchen Redakteuren zugebilligt, welche die schnelle und präzise Vermittlung komplexer Sachverhalte in den Mittepunkt ihrer Arbeit rücken. Jedoch kehrt sich dieser Zusammenhang bei der Mitwirkung der Leser an der Korrektur von Texten und an Redaktionskonferenzen um: Hier fallen die Mittelwerte bei denjenigen Befragten höher aus, die Information und Vermittlung betonen. D. h. dass die Zubilligung von Mitwirkung für Redigat und Redaktionskonferenzen *niedriger* ausfällt, wenn Information und Vermittlung stärker geltend gemacht werden. Für das Funktionscluster „Service und Unterhaltung" ist wiederum keine eindeutige Tendenz auszumachen: Während die Beteiligung an der Recherche so gut wie keine Unterschiede in den Mittelwerten erkennen lässt (Recherche spielt bei „Service und Unterhaltung" ggf. nicht die zentrale Rolle), wird den Lesern für die Erstellung von Texten eine geringere Beteiligung zugemessen, je eher die Funktionen „Service und Unterhaltung" betont werden. Die errechneten Unterschiede sind allerdings für dieses Funktionscluster nicht signifikant.

Abschließend sollen noch die Unterschiede für die wahrgenommene Leserdistanz diskutiert werden: Für die Funktionscluster „Kritik und Kontrolle" und „Information und Unterhaltung" zeigen die Mittelwertunterschiede in die gleiche Richtung, während für „Service und Unterhaltung" die gegensätzliche Richtung auszumachen ist: Redakteure, die Funktionen wie Kritik, Kontrolle und anwaltschaftlichen Journalismus in den Vordergrund rücken, sehen eher eine *geringere* Distanz zu den eigenen Lesern. Befragte, die „Service und Unterhaltung" betonen, sehen eher eine *größere* Distanz. Allerdings fällt letzterer Unterschied mit 0,9 Punkten recht gering aus, zudem ist die Differenz nicht signifikant. Diejenigen Redakteure, die „Information und Vermittlung" herausstellen, sehen wiederum eine eher geringere Distanz zum Leser. Auch dieser Unterschied ist nicht signifikant.

Prüft man nun Einzel-Items werden die oben referierten Befunde grundsätzlich bestätigt. Wer unter den Befragten für den Journalismus in Anspruch nimmt, den normalen Leuten eine Chance zu geben, ihre Meinung zu sagen, sieht seine Redaktion insgesamt eher nah bis ganz nah beim Leser. Die redaktionelle Distanz zur Leserschaft wird auch von solchen Redakteuren allgemein als eher klein eingestuft, die sich für die Benachteiligten in der Gesellschaft einsetzen möchten. Auch sagen die befragten Redakteure, die es für wichtig halten, sich als Journalist für sozial Schwache einzusetzen, dass die Partizipation der Leser an den abgefragten redaktionellen Tätigkeiten höher ausfällt.

Zusammenfassend lässt sich somit sagen, dass ein Rollenselbstverständnis, welches die Belange der Bevölkerung, unterprivilegierter sozialer Schichten sowie Einzelschicksale in den Mittelpunkt der journalistischen Funktionsbeschreibung rückt, mit einer optimistischeren Beurteilung der Leserpartizipation im redaktionellen Alltag einhergeht. Auch bei einem Rollenbild, das die Vermittlungs- und Einordnungsleistung ins Zentrum rückt, wird die Distanz zwischen Leser und Journalist geringer und das Ausmaß von Interaktion und Austausch zwischen Redaktion und Publikum höher eingeschätzt.

Insgesamt kann Tabelle 42 auch als zusammenfassende Übersicht gelesen werden, auf welche Weise Schnittstellen zwischen Laien und Profis funktionieren, bzw. in welchen gesellschaftlichen Funktionsbereichen Profis bereit sind, Laien zu beteiligen. Insofern kann diese Tabelle auch als Verbindungsglied zwischen individuell wahrgenommenen gesellschaftlichen Anforderungen (Mikro-Makro-Link) und redaktionellen Restriktionen bzw. Umsetzungen (Mesoebene) gesehen werden. Um eine umfassende Übersicht über die einzelnen Ebenen (Mikro, Meso, Makro) zu erhalten, soll am Ende dieses Kapitels eine *multivariate Analyse* angeboten werden.

Nach der Analyse und Diskussion der tradierten journalistischen Funktionscluster sollen nur noch einige neue Rollen und Anforderungsbereiche für Journalisten in den Blick genommen werden. Diese Anforderungsbereiche sind in den vergangenen Jahren durch redaktionelle Innovationen neu entstanden. Sie sind insofern noch nicht voll ausdifferenziert und definiert. Gefragt wurde, in welchen Rollen Journalisten künftig mehr gefragt sein würden. Jede Rolle wurde einzeln abgefragt und konnte demnach genannt bzw. nicht genannt werden.

Zusätzliche Aufgaben für Journalisten liegen nach Meinung der Redakteure in der Beschäftigung mit digitalen Informationen und in der Arbeit mit und in Communities. Einen wichtigen Anforderungsbereich für Journalisten sehen die Befragten in der klassischen Mediatoren-/Moderatorenrolle – zwei Drittel der Befragten sehen diese Zukunftsoption. Deutlich mehr als die Hälfte betrachtet Bloggen (57 %) und Kuratieren (56 %) als zukünftige journalistische Aufgaben. Das Einordnen und Bewerten sowie das Kommentieren von Internet-Inhalten ist den Journalisten also als Tätigkeit präsent. Wie Tabelle 38 zeigt, ist dies in den Redaktionen die akzeptierte Form, die Leser zu beteiligen. Es ist in solchen Fällen die Aufgabe der Journalisten, die angebotenen Inhalte gründlich nachzurecherchieren und vor dem Hintergrund ihrer Berufserfahrung zu bewerten. Knapp die Hälfte (48 %) sieht zukünftige Journalisten als Community Manager.

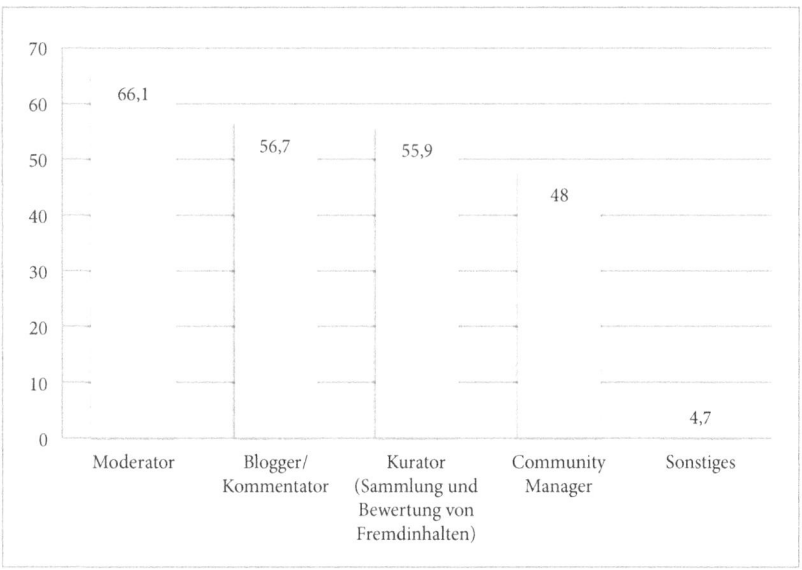

Abb. 17 Zukünftige Anforderungsbereiche von/für Journalisten;
Nennungen jeweils in Prozent; N=125

Die aus Redakteurssicht bewertete Distanz zum Leser ist auch unter jenen Befragten deutlich geringer, die dem Berufsbild des Journalisten als Community Manager oder auch als Blogger/Kommentator in Zukunft eine größere Bedeutung zumessen. Wer unter den Befragten den Journalisten zukünftig auch in der Rolle des Moderators oder als Community Manager gefordert sieht, tendiert eher dazu, seine Leser in die Recherche und Publikation eines Themas einzubeziehen. Die Befragten nannten auch Rollen, die sie in einem offenen Feld eintragen konnten. „Einordner und Bewerter" wurde sechsmal und die Abwehr von Angriffen auf die journalistische Unabhängigkeit zweimal genannt. Je einmal wurden „Blattmacher", „multimedial arbeiten, hintergründiger arbeiten, eigene Schwerpunkte setzen" sowie „Videojournalismus" genannt, also alles Rollen, die stark unterschiedlich belegt sind.

Nachdem nun – ausgehend von gesellschaftlichen Erwartungen – journalistische Funktionsbereiche diskutiert wurden, sollen im nächsten Abschnitt Faktoren auf der betrieblichen, mithin auf der Mesoebene näher beleuchtet werden. Dabei geht es insbesondere um die die persönliche Identifikation mit dem eigenen Unternehmen und die Weiterbildungspraxis für Tageszeitungsredakteure.

4.5   Arbeitszufriedenheit

▶ *Wie stark treffen folgende Aussagen auf Sie zu? („Ich bin mit meiner derzeitigen Arbeitssituation zufrieden.", „Ich fühle mich meinem Unternehmen verbunden.", „Ich bin stolz, für mein Unternehmen zu arbeiten.", „Ich möchte auch in drei Jahren noch für mein derzeitiges Unternehmen arbeiten.", „Ich stehe voll und ganz hinter meinem Unternehmen.", „Mein Unternehmen schätzt mich als Mitarbeiter.")*
▶ *Haben Sie in den vergangenen drei Jahren eine Weiterbildung absolviert?*
▶ *Und wo haben Sie die Weiterbildung absolviert?*
▶ *Auf welche Weiterbildungsangebote können Sie als Redakteur zurückgreifen?*
▶ *Wie nehmen Sie die derzeit aktuelle Stimmung in ihrem Arbeitsumfeld wahr? Welcher Zustand trifft die Situation am besten?*

Die individuelle Arbeitszufriedenheit und die Weiterbildungspraxis in den Redaktionen sind wichtige Variablen zur Beschreibung der redaktionellen Wirklichkeit. Mit den nachfolgenden Befunden beschreiben wir die „objektiven Beschäftigungsbedingungen" (Weischenberg/Malik/Scholl 2006: 89) und schlagen eine Brücke zur Mesoebene der betrieblichen Organisation. Aufgrund der Anlage unserer Untersuchung als Telefonbefragung musste die Differenziertheit der abgefragten Aggregate dabei in Grenzen gehalten werden. Wir konzentrierten uns daher auf die persönliche Identifikation mit dem Unternehmen sowie die Praxis und Qualität der betrieblichen Weiterbildung. Das Aggregat der Mitarbeiteridentifikation entstammt dem so genannten „Mitarbeiter-Engagement-Benchmark" und dieser ist dem noch weiter gefassten „PeopleIndex" unseres Forschungsdienstleisters entnommen. Der „PeopleIndex" ist ein Benchmark-Instrument zur Messung des Engagements der Mitarbeiter. Insofern bilden die gestellten Fragen weniger die Zufriedenheit der Redakteure mit ihrem Beruf ab, sondern zeigen die Identifikation mit und die Freude an ihrer Arbeit in der jeweiligen Redaktion. Um aber auch einen Indikator zu haben, der sich eher auf die allgemeine Stimmung als auch die spezifische Situation am Arbeitsplatz bezieht, wurde am Schluss dieses Blocks eine Frage nach der generellen Stimmung gestellt.

Die große Mehrheit der befragten Redakteure zeigt sich gegenüber ihrem Medienunternehmen loyal und mit der Arbeitssituation zufrieden (knapp 80 %, vgl. Tabelle 52). Die Verbundenheit mit dem Unternehmen (fast 90 %) rangiert zwar etwas vor dem Stolz, für das Unternehmen zu arbeiten, aber schließlich stehen die meisten (fast 80 %) hinter ihrem Arbeitgeber. Ebenso sieht es mit der Bereitschaft aus, auch noch in drei Jahren für das Unternehmen arbeiten zu wollen (85 %). Da die Befragten im Durchschnitt 46 Jahre alt sind, verwundert diese Bereitschaft nicht – auch für Journalisten wird die Jobsuche mit zunehmendem Alter nicht einfacher. Bei der Verbundenheit mit dem Unternehmen und der zukünftigen Arbeitsbereitschaft antworten die wenigsten unentschieden – entweder man steht zu seinem Unternehmen (und dem Medium) oder nicht. Die große Mehrheit fühlt sich von dem Medienunternehmen geschätzt (83 %). Offenbar gibt es bei den jeweiligen Arbeitgebern gute Voraussetzungen, Leistung zu erbringen und sich für die Weiterentwicklung des Unternehmens einzusetzen, selbst wenn die Antworten der Redakteure durch soziale Erwünschtheit beeinflusst sein sollten. Denn bereits Weischenberg et al. (2006: 89) haben auf das Paradoxon hingewiesen, dass die in Untersuchungen regelmäßig festgestellte große Zufriedenheit der Journalisten wenig mit den sich verschlechternden äußeren Bedingungen des Journalistenberufs im Einklang zu stehen scheint. Während einerseits die Arbeitsbelastung steige und die Entlohnung sinke, würden andererseits die Zufriedenheitswerte der Mitarbeiter immer besser. Auch die Befunde der Studie von Weischenberg und Kollegen von 2005 (2006: 91) zeigten eine hohe interne Zufriedenheit der Befragten. Zeitungsredakteure gehörten damals zur zufriedensten Gruppe unter den Journalisten, obwohl sie auch schon Mitte der 00er Jahre vom digitalen Strukturwandel betroffen waren.

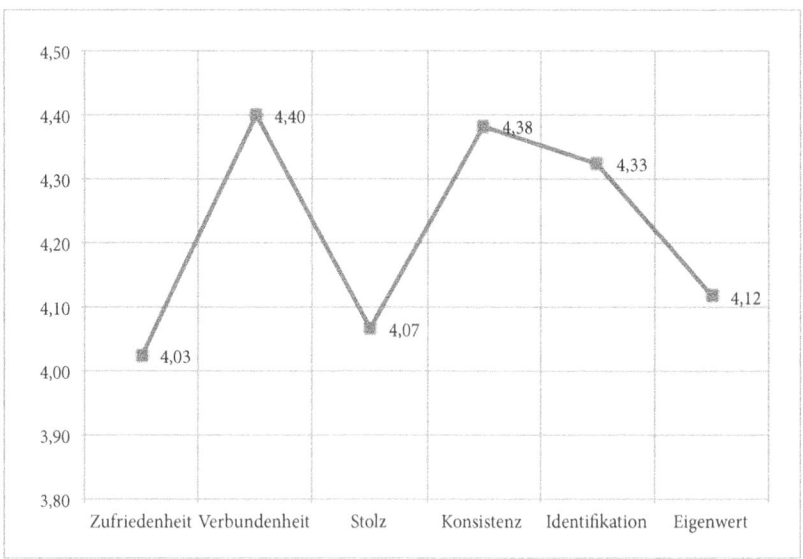

Abb. 18 Mitarbeiter-Unternehmens-Index;
Mittelwerte: 1 (überhaupt nicht) bis 5 (vollund ganz); N=120

Den höchsten Mittelwert erreicht das Item „Verbundenheit mit dem Unternehmen". Da zwei Drittel (67,7 %) der Befragten bereits 15 Jahre und länger für das jeweilige Unternehmen tätig sind, ist der hohe Verbundenheitswert letztlich keine Überraschung. Auch die Konsistenz (Erwartung, noch in drei Jahren im Unternehmen zu arbeiten), ist bei den Befragten ausgeprägt. Diese beiden Items verweisen zudem möglicherweise auf ökonomische Zwänge und nicht so sehr auf eine emotionale Bindung. Hingegen fallen Zufriedenheit und Stolz, aber auch der vermutete Eigenwert für das Unternehmen, etwas geringer aus.

Nun haben wir vermutet, dass die Variable Alter (respektive die Variable Beschäftigungsdauer im Unternehmen) Erklärungskraft in Bezug auf die Items des Mitarbeiterindexes hat. Wir haben deshalb nachfolgend Mittelwertvergleiche für die Gruppe bis 39 Jahre (N=33, helle Balken) und für die Redakteure 40 plus (N=91, dunkle Balken) errechnet. So wird deutlich, dass die Arbeitszufriedenheit beim Vergleich der Alterskohorten bei den unter 40-Jährigen am geringsten ist. Ältere Redakteure sind tendenziell zufriedener mit ihrer Arbeitssituation. Die gefühlte Verbundenheit mit ihrem Unternehmen ist in allen Altersschichten mehrheitlich stark ausgeprägt. Unzufriedenheit gibt es jedoch bei den unter 49-Jährigen. Dass es insbesondere jüngere Redakteure sind, die – wenn auch nur zu einem verhältnismäßig geringen Anteil – unzufrieden mit ihrer Arbeitssituation sind, deutet auf die ambivalente Aussicht der beruflichen Zukunft beim Medium Tageszeitung hin, sowie darauf, dass jüngere Redaktionsmitarbeiter in der Regel zu schlechteren Konditionen (insbesondere niedrigere Löhnen und höhere Arbeitszeit) beschäftigt werden. Zudem lastet auf ihnen der Erwartungsdruck, den Übergang von der Ära Print in das digitale Zeitalter im eigenen Zeitungshaus souverän zu gestalten und operativ voranzutreiben.

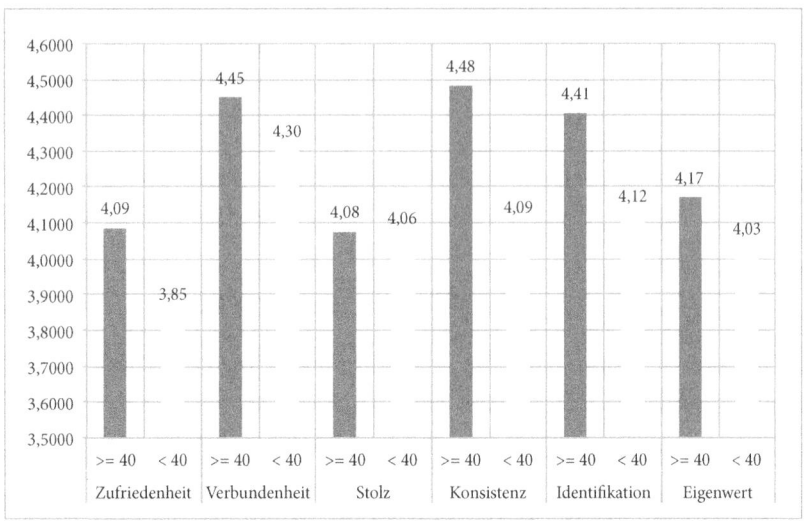

Abb. 19 Mitarbeiterindex Arbeitszufriedenheit; Mittelwerte nach Alter;
1 (überhaupt nicht) bis 5 (voll und ganz); N=91,33

Die geringsten Mittelwertunterschiede sind bei dem Item „Ich bin stolz, für mein
Unternehmen zu arbeiten" zu sehen. Das zeigt, dass sich auch Jüngere mit ihrer Arbeit
als Redakteure emotional identifizieren, auch wenn die beruflichen Bedingungen
nicht (mehr) ganz so gut sein mögen, wie bei den älteren Kollegen. Den größten
Unterschied (knapp 0,4) weist das Item „Konsistenz" auf, also die Erwartung, noch in
drei Jahren beim gleichen Arbeitgeber angestellt zu sein. Dieser Unterschied verweist
u. a. auf die höhere berufliche Mobilität der Jüngeren. Die ermittelten Unterschiede
der Mittelwerte sind allerdings auf den entsprechenden Niveaus nicht signifikant
und könnten insofern auch in einem gewissen Rahmen zufällig bedingt sein.

Schließlich sei an dieser Stelle noch einmal auf folgenden Punkt verwiesen: Da
wir in der vorliegenden Studie ausschließlich festangestellte Redakteure der gleichen
Hierarchiestufe befragt haben, sind die Befunde als homogen zu interpretieren, d. h.
es gibt keine Chefredakteure oder freie Mitarbeiter, die das Bild verzerren können.
Die betriebliche Hierarchie als Störvariable scheidet hier insofern aus.

Nun wollten wir abschließend wissen, wie die Befragten die generelle Stimmung im
Arbeitsumfeld begreifen, ob sie eher einen Aufbruch, einen Normalzustand oder eine
Krise sehen. Die grundsätzliche Annahme, die hinter dieser Frage steht lautet, dass
Redakteure, die überwiegend eine Krisenwahrnehmung haben, sich anders verhalten,

als diejenigen, die sich im Aufbruch sehen. Dabei wird nicht in Frage gestellt, dass die jeweilige, individuelle Wahrnehmung durch äußere Tatsachen mitbeeinflusst ist.

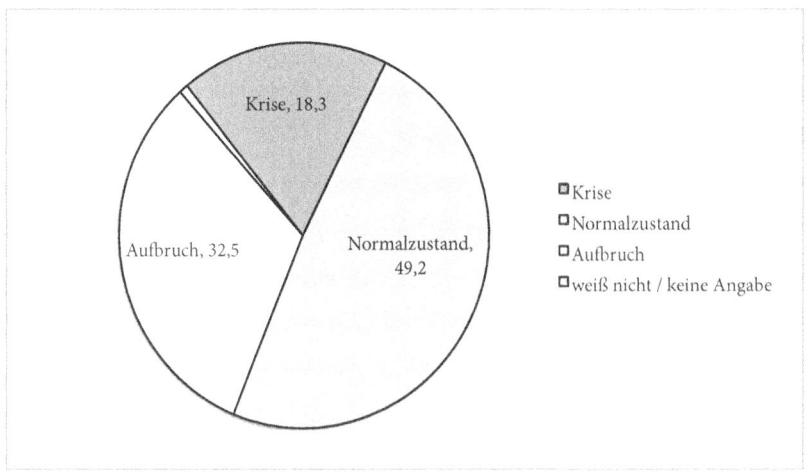

Abb. 20 Wahrnehmung der generellen Stimmung im redaktionellen Arbeitsumfeld, Angaben in Prozent; N=127

Nahezu die Hälfte der Befragten hat nicht das Empfinden, dass die Stimmung im Arbeitsumfeld eine besondere Polarisierung besitzt – für sie ist alles normal. Fast ein Drittel der Redakteure spürt jedoch eine Aufwärtsstimmung und knapp ein Fünftel aller Redakteure (18,3 %) sieht eine Krisenstimmung in seinem Umfeld. Diese divergierenden Wahrnehmungen geben zu der Vermutung Anlass, dass bestimmte Eigenschaften der Befragten bzw. der Redaktion eine Rolle spielen. Nachfolgend haben wir die Antworten deshalb genauer ausgewertet.

Zuerst soll geprüft werden, wie die wahrgenommene Situation und das Alter der Redakteure zusammenhängen. Gibt es signifikante Mittelwertunterschiede? Nein, die Unterschiede sind recht klein und statistisch nicht signifikant. So haben die 23 Redakteure, die eine Krise wahrnehmen, einen Altersdurchschnitt von 44,7 Jahren, die 41 Befragten, die einen Aufbruch sehen, sind mit 46,8 Jahren leicht älter. Dieser Unterschied mag – wie gesagt – möglicherweise auch zufallsbedingt sein. Die 60 Redakteure, die einen Normalzustand orten, sind im Schnitt 46,9 Jahre alt. Auch die intuitive Vermutung, dass die Jüngeren eher einen Aufbruch und die Älteren eine Krise wahrnehmen, trifft demnach nicht zu. Wenn das Alter als erklärende

Variable ausfällt, sollten andere Faktoren einen Einfluss auf die Wahrnehmung der Situation haben.

Deshalb haben wir zunächst geprüft, ob der Sorgenstand zur finanziellen Situation des eigenen Verlages mit der Einschätzung der Situation in Verbindung steht. Tatsächlich zeigt sich hier ein Zusammenhang, insbesondere bei den Befragten, die sich sehr große Sorgen machen: Hier finden sich überproportional, also unerwartet viele Befragte, die eine Krisenstimmung wahrnehmen. Dagegen fällt die Zahl derjenigen, die Normalität sehen, unterproportional, also unerwartet gering aus. Für diejenigen, die einen Aufbruch diagnostizieren, sind die Effekte dagegen gering. Es sieht also so aus, dass die Krisenwahrnehmung insbesondere mit der finanziellen Sorge um den Verlag verbunden ist, der Aufbruch hingegen nicht mit den Finanzen, sondern möglicherweise mit anderen Faktoren in Verbindung gebracht werden kann.

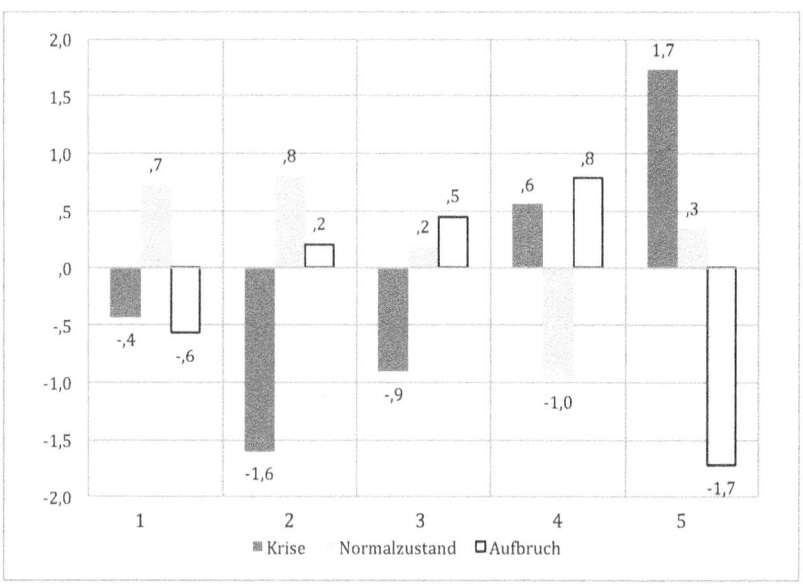

Abb. 21 Sorgen um die Verlagsfinanzierung und Wahrnehmung der Stimmung im redaktionellen Arbeitsumfeld; 1 (keine Sorgen) bis 5 (sehr große Sorgen); standardisierte Residuen; N=23, 62, 41

Bestätigt wird der obige Befund auch durch eine einfaktorielle Varianzanalyse (Anova), bei der die Mittelwertunterschiede auf Signifikanz getestet wurden (vgl. Tabelle 54). Demnach kann der Sorgenstand in Bezug auf die Finanzierung des Verlages durchaus mit der Wahrnehmung der Situation erklärt werden. Wer also eine Krise wahrnimmt, macht sich auch signifikant mehr Sorgen über die finanzielle Lage seines Verlages (ebd.). Insbesondere die Mittelwerte bei Finanzsorgen von denen, die eine Krise feststellen und denen, die einen Normalzustand sehen, unterscheiden sich deutlich und machen in der Differenz fast einen Punkt aus (ebd.). Wie oben bereits vermutet, fällt der Mittelwertwertsunterschied der Finanzsorgen zwischen Krisen- und Aufbruch-Wahrnehmern geringer aus als zwischen Krisen- und Normalzustand-Wahrnehmern. Die Vermutung liegt deshalb nahe, dass für die Redakteure im Aufbruch andere Faktoren als die finanzielle Lage erklärend sind.

Wir haben deshalb zunächst einige redaktionelle Variablen herangezogen, wie bspw. die Art der Zusammenarbeit von Print und Online.

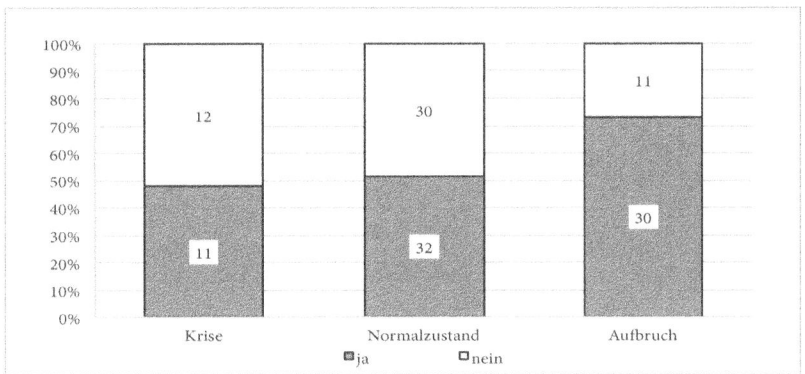

Abb. 22 Redaktionelle Zusammenarbeit und Wahrnehmung Stimmung im redaktionellen Arbeitsumfeld; absolute Zahlen auf je 100 %; N=126

Die Redakteure, die einen Aufbruch sehen, arbeiten relativ gesehen häufiger (zu rund 70 %) im integrierten Newsroom zusammen, als die beiden anderen Gruppen (je rund 50 %). Der Kontingenzkoeffizient (Nominal bezüglich Nominal) beträgt 0,211 auf einem Signifikanzniveau, das allerdings nur recht knapp nicht tolerabel ist (0,053). Hier könnte also bereits einer der Gründe für die unterschiedlichen Wahrnehmungen ausgemacht werden: Die Redaktionsorganisation hängt mit der

Wahrnehmung eines Aufbruchs zusammen. Das erscheint auch plausibel: Wird eine Redaktion sinnvoll umorganisiert, mag sich leichter eine Aufbruchsstimmung unter den Mitarbeitern verbreiten.

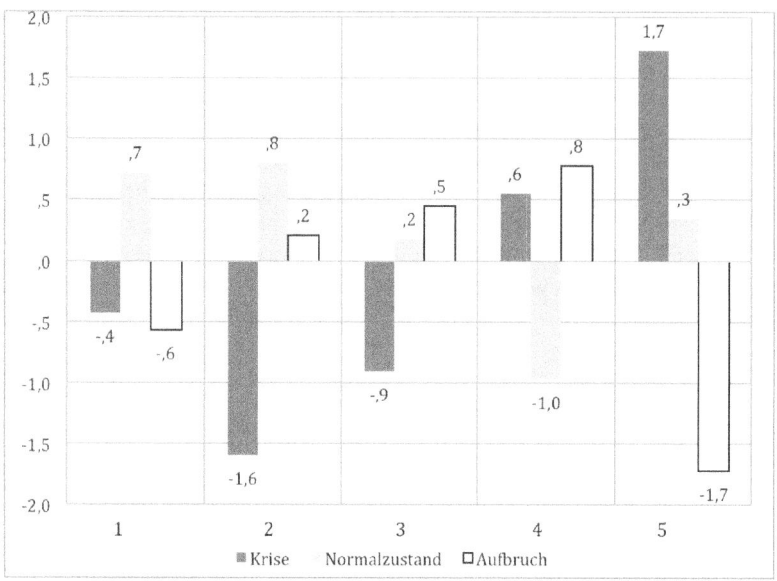

Abb. 23 Partizipation (Beteiligung der Leser an der Recherche) und Wahrnehmung der Stimmung im redaktionellen Arbeitsumfeld; 1 (sehr hoch) bis 5 (sehr niedrig); standardisierte Residuen; N=23, 62, 41

Weiter oben hatten wir die Beteiligungsformen für Leser und die Einschätzung der Redakteure analysiert. Wir möchten nun für einige Partizipationsformen prüfen, ob eine erweiterte Beteiligung mit der Wahrnehmung eines Aufbruchs einhergeht – was wir intuitiv erwarten würden. In der Tat zeigt die Analyse der standardisierten Residuen der Kreuztabelle aus Wahrnehmung der Situation und Beteiligung der Leser an der Recherche einige Auffälligkeiten: Bei den Redakteuren, die eine sehr niedrige Beteiligung der Leser an der Recherche angaben (5), sind die Krisen-Wahrnehmer überproportional vertreten. Und in der gleichen Gruppe sind Redakteure, die einen Aufbruch sehen unerwartet stärker inkludiert. Umgekehrt sind Krisenwahrnehmer unterproportional in der Gruppe vertreten, die eine höhere Leserbeteiligung bei der Recherche angeben.

Der Test der Mittelwertunterschiede (Anova, vgl. Tabelle 55) von Recherchebeteiligung für die drei abgefragten Wahrnehmungsformen Krise, Normalzustand, Aufbruch fällt denn auch auf dem Ein-Prozent-Niveau signifikant aus (0,014), d. h. die Unterschiede in den Mittelwerten sind schwerlich als zufällig zu interpretieren. Während die Krisen-Wahrnehmer nämlich die Recherchebeteiligung in ihrer Redaktion mit 4,1 Punkten nur mäßig hoch einschätzen, liegt der Mittelwert derjenigen, die einen Aufbruch sehen, bei 3,4 und damit deutlich höher (Skala von 1 sehr hoch bis 5 sehr niedrig), eine Differenz von immerhin 0,7 Punkten. Damit lässt sich festhalten: Redakteure, die eine Aufbruchsstimmung wahrnehmen, sehen eine deutlich stärkere Bereitschaft, Leser in die Recherche und die Publikation eines Themas einzubeziehen als solche, die eine krisenhafte Stimmung diagnostizieren.

Nun soll noch geprüft werden, wie die Wahrnehmung der Situation mit der Einschätzung von Wichtigkeit bestimmter neuer Anwendungen und Dienste verbunden ist. Auch hier wurden für jeden abgefragten Dienst Mittelwerttests auf Basis einfaktorieller Varianzanalysen durchgeführt. Insofern wurden die Unterschiede zwischen den drei Wahrnehmungszuständen (Aufbruch, Normalität und Krise) in Bezug auf die neuen Online-Dienste auf Signifikanz getestet (Tabelle 16).

Tabelle 16 Zusammenfassung Mittelwerttests: Dienste und Angebote nach Wahrnehmung der Stimmung im redaktionellen Arbeitsumfeld

Dienste und Angebote	F (df=2)	Sig. (zw. Gruppen)
Blogs	1,658	,195
Podcasts*	4,805	,010
Video/Bewegtbild**	8,777	,000
Twitter	,359	,699
Soziale Netze	,819	,443
Datenjournalismus, -visualisierung	,164	,849

Signifikante Unterschiede in der Beurteilung der Wichtigkeit bestimmter neuer Angebote in Bezug auf die Wahrnehmung der aktuellen Situation im Arbeitsumfeld errechneten sich für den Einsatz von Podcasts und Video/Bewegtbild. Diese audiovisuellen Anwendungen zeigen in Bezug auf die drei Situationszustände signifikante Mittelwertunterschiede. Redakteure mit einer positiven Wahrnehmung ihres derzeitigen Arbeitsumfeldes (= Aufbruch) halten Video/Bewegtbild für besonders wichtig. Redakteure mit einer eher negativen Wahrnehmung ihres

Arbeitsumfeldes (= Krise) sehen die Bedeutung von Video/Bewegtbild dagegen weniger wichtig. Alle anderen Anwendungen zeigen für den Mittelwertvergleich keine signifikanten Werte, obwohl auch für Blogs, Twitter, soziale Netze im allgemeinen und Datenjournalismus festzustellen ist, dass die Befürworter der Wichtigkeit dieser Anwendungen tendenziell eher einen Aufbruch wahrnehmen als eine Krise.

So zeigt die Analyse der standardisierten Residuen im Mittelwertvergleich für die Einschätzung der Relevanz sozialer Netzwerke eine deutliche Tendenz: Unter den Redakteuren, die soziale Netzwerke als sehr wichtig einstufen, finden sich unerwartet viele Befragte, die einen Aufbruch sehen und unerwartet wenige Krisen-Wahrnehmer. Am anderen Ende der Skala (unwichtig) ist die Tendenz allerdings nicht so eindeutig.

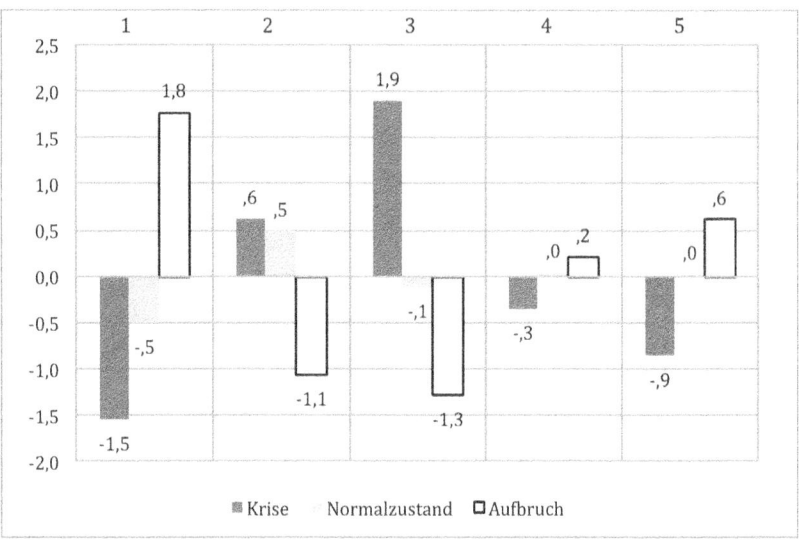

Abb. 24 Wichtigkeit sozialer Netzwerke nach: Wahrnehmung der Stimmung im
redaktionellen Arbeitsumfeld; 1 (sehr wichtig) bis 5 (unwichtig);
standardisierte Residuen; N=23, 62, 41

Insgesamt lässt sich zusammenfassen, dass unter den Redakteuren, die einen Aufbruch diagnostizieren, eher Kollegen zu finden sind, die für ihre Leser mehr Mitwirkungsmöglichkeiten erkennen und die neue Dienste und Anwendungen eher als wichtig erachten. Zudem haben sie die redaktionelle Umorganisation (Zusammenarbeit in integrierten Newsrooms) bereits vollzogen. Die ursprüngliche Vermutung, dass überwiegend junge Redakteure einen Aufbruch wahrnehmen, hat sich hingegen nicht bestätigt: Das Alter ist kein Prädiktor für die Erklärung der Wahrnehmung der Situation.

Abschließend soll nun noch die Weiterbildungspraxis in den Redaktionen analysiert werden. Die betrieblichen Weiterbildungschancen sind u. a. ein Indikator dafür, wie gut sich Redakteure auf Prozesse des Strukturwandels anpassen können. Von Interesse ist deshalb auch, ob Weiterbildung als Prädiktor für die Einschätzung von Mitwirkungsmöglichkeiten, neuen digitalen Diensten und situativer Wahrnehmung tauglich ist (vgl. Kapitel 2.7).

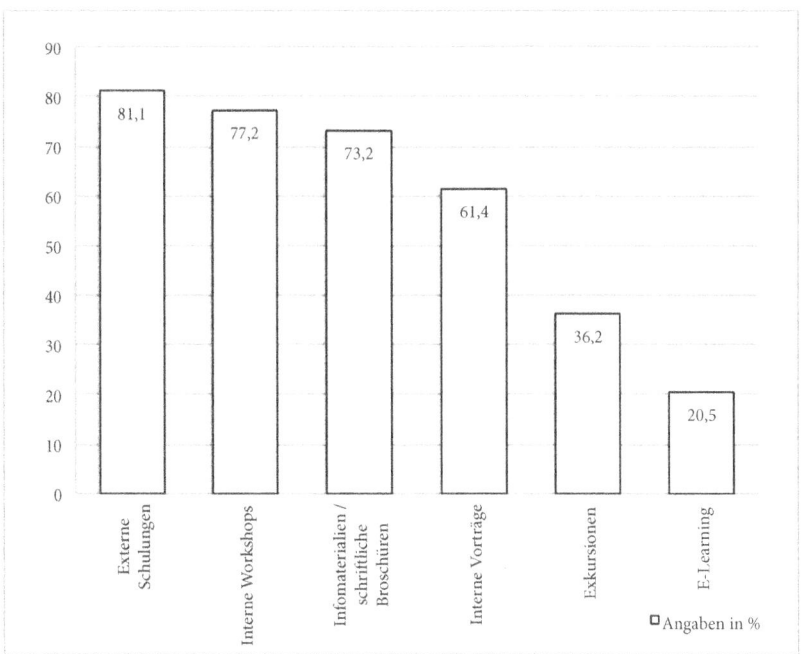

Abb. 25 Absolvierte Weiterbildungsangebote der Redakteure, je N=127

Der Weiterbildungsbedarf ist seitens der Redakteure offenbar erkannt worden. Trotz hoher Berufserfahrung der befragten Redakteure, legen sie auf Weiterbildungen wert. Von 126 Befragten haben fast zwei Drittel (82 Redakteure) in den vergangenen drei Jahren eine Weiterbildung absolviert. Auch an dieser Stelle sei noch einmal darauf hingewiesen, dass in der vorliegenden Studie nicht die Leitungsebene (Chef-redakteure, Abteilungsleiter) befragt wurde, sondern einfache Redakteure. Insofern spiegeln die Antworten die Weiterbildungspraxis in der Redaktion recht gut wider.

Lernbegünstigende Umgebungen sind offenbar in den meisten deutschen Zeitungsredaktionen grundsätzlich vorhanden und werden von der Mehrheit der redaktionellen Mitarbeiter auch genutzt. Insgesamt werden Weiterbildungen von den Redaktionen breit unterstützt. 64,6 Prozent und damit knapp zwei Drittel der Befragten gaben an, in den vergangenen drei Jahren Schulungen genutzt zu haben. Dabei liegen externe und interne Schulungen fast gleichauf. 81 Prozent der absol-vierten Schulungen waren externe Angebote und 77 Prozent interne Workshops. Auf dem dritten Platz rangiert schriftliches Informationsmaterial (73 %), das von den Redaktionen zu Schulungszwecken genutzt wird. An Vorträgen, die von und in den Medienunternehmen selbst angeboten werden, haben gut 60 Prozent der Befragten teilgenommen. Die direkte Erfahrung aus Exkursionen haben etwa ein Drittel der Befragten mitgenommen. Ein Fünftel der Befragten nutzt schließlich E-Learning. Das Angebot an Weiterbildungsmöglichkeiten ist mit denen in Abbil-dung 25 noch nicht erschöpft – ein weiteres Fünftel der Befragten kann auf weitere Weiterbildungsangebote zugreifen; diese sind im Anhang in Tabelle 59 aufgeführt. Unter den Ausbildungsinstitutionen, welche die befragten Redakteure zusätzlich besucht haben, wurden insbesondere genannt: Die Bundeszentrale für politische Bildung (an erster Stelle), die Akademie für Publizistik und der Bund Deutscher Zeitungsverleger (an zweiter Stelle), gefolgt von dem Dachverband World Associ-ation of Newspapers (WAN-IFRA). Aber auch diverse Fachhochschulen, Universi-täten und die Initiativen der Personalentwicklungsabteilung der Axel Springer SE wurden mehrfach für Weiterbildungen in Anspruch genommen. Weiterhin sind (regionale) Presseverbände und ihre Schulungseinrichtungen, wie das Bildungs-werk der Zeitungen ABZV vertreten. Insgesamt nehmen die Redakteure deutscher Tageszeitungsredaktionen ein breites Weiterbildungsangebot wahr – von einem Stillstand in Sachen betrieblicher Aus- und Weiterbildung kann also keine Rede sein.

Abschließend soll nun geprüft werden, welche Rolle der Faktor Weiterbildung im Redaktionsgefüge spielt: Kann betriebliche Weiterbildung als Erklärung für die Ausprägung anderer strukturell wichtiger Variablen herangezogen werden? Dabei geht es um Faktoren, die von den Befragten auf individueller Ebene geäußert wurden, die aber Hinweise auf die strukturelle Organisation der Redaktion, mithin die Mesoebene, geben. Naheliegend ist zunächst die Prüfung, ob Weiterbildung die Wahrnehmung neuer Anwendungen und Dienste im Internet erklären kann.

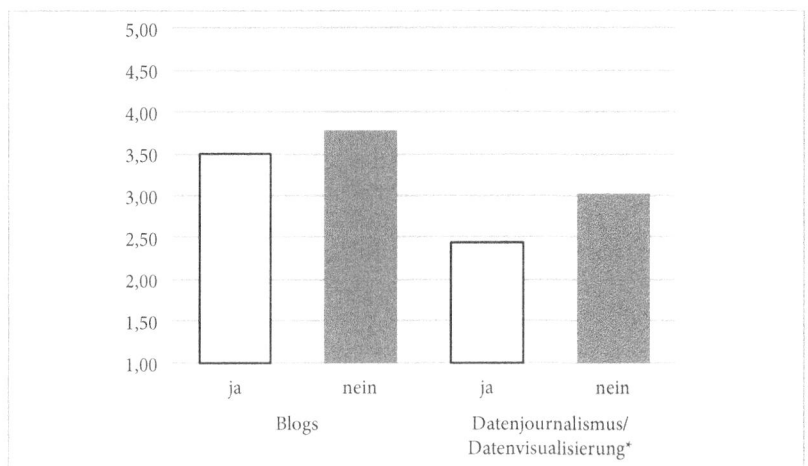

Abb. 26 Mittelwerte neue Dienste und Anwendungen im Internet nach Weiterbildung (ja/nein); 1 (sehr wichtig) bis 5 (unwichtig)

Intuitiv liegt die Schlussfolgerung nahe,, dass Weiterbildung die Relevanzeinschätzung neuer Dienste eher befördert, also neue Anwendungen von Redakteuren eher als wichtiger erachtet werden, die sich aktiv fortbilden. Da Fortbildungen oftmals die Anwendung neuer Werkzeuge zum Gegenstand haben, könnte ein Lerneffekt erwartet werden. Das ist allerdings nicht durchgehend der Fall. Das Bild ist differenzierter. Lediglich zwei Anwendungen zeigen für die Gruppe der Weitergebildeten niedrigere Mittelwerte (also eine höhere Relevanzeinschätzung): Blogs und Datenjournalismus. Für soziale Medien, einschließlich Twitter, und auch für Bewegtbildangebote, einschließlich Podcasts, lagen die die mittleren Relevanzeinschätzungen für die Gruppe der Weitergebildeten niedriger (vgl. Tabelle 57).

Konzentriert man sich auf die signifikanten Mittelwertunterschiede, bleibt lediglich der Datenjournalismus übrig. Hier kann zufallsfest gesagt werden, dass Redakteure, die sich weitergebildet haben, die Relevanz dieses neuen Journalismusfeldes deutlich höher einschätzen im Vergleich zu denjenigen, die in den vergangenen drei Jahren keine Fortbildung unternahmen. Datenjournalismus gehört zu den relativ neuen Darstellungsformen und Angebots-Plattformen für

Journalisten in Zeitungsredaktionen, die im Regelfall auch die Nachrichten-Website des betreffenden Zeitungshauses beliefern. Insgesamt kann also nicht davon ausgegangen werden, dass es einen eindeutigen Zusammenhang zwischen Weiterbildungsmaßnahmen und der Akzeptanz sowie dem praktischen Beherrschen einer neuen und ergänzenden handwerklichen Tätigkeit gibt. Die Befunde (vgl. Tabelle 57, Anhang) können deshalb so gelesen werden, dass Weiterbildung nicht zwangsläufig dazu führt, dass eine Neuerung als relevanter erachtet wird als vor der Schulungsmaßnahme.

Möglicherweise führt Fortbildung auch dazu, dass Neuerungen als weniger relevant eingestuft werden, besonders dann, wenn sich Redakteure von der relativen Nutzlosigkeit einer Anwendung überzeugt haben. Letztlich kann zum genauen Zusammenhang hier aber keine Aussage getroffen werden, weil nicht klar ist, welche genauen Inhalte und Fertigkeiten mit den abgefragten Weiterbildungen vermittelt wurden – diesen Faktor zu erheben, wäre einer weiterführenden Studie vorbehalten. Klar ist jedoch, dass Weiterbildung als eindeutiger Prädiktor für die Erklärung von Relevanzeinschätzungen neuer Anwendungen eher nicht geeignet ist.

Im nun folgenden, letzten Abschnitt 4.6 des Kapitels sollen nun alle bisher betrachteten Variablen noch einmal zu einem Überblick zusammengeführt werden, um klassifizierende Unterschiede zu erhalten. Dabei wechseln wir von der individuellen Befragtenebene auf die die Ebene der Redaktionen – insofern liegt hier ein nicht unwesentlicher Abstraktionsgrad vor, der zum Ziel hat, eine neuartige Typologie auf den unterschiedlichen Befragtenebenen zu entwerfen. Wir fassen die Befunde daher in einer Clusteranalyse zusammen, die wir mit der Gesamtzahl der Variablen durchgeführt haben.

4.6   Hierarchische Clusteranalyse: eine Redaktionstypologie

Die Clusteranalyse gehört zu den so genannten strukturen-entdeckenden Verfahren. Das sind solche, „deren Ziel in der Entdeckung von Zusammenhängen zwischen Variablen oder zwischen Objekten liegt" (Backhaus et al. 2011: 14). Eine Clusteranalyse ist also dazu geeignet, Untersuchungsobjekte zu Gruppen zusammenzufassen, „die im Hinblick auf die betrachteten Eigenschaften oder Merkmale als möglichst homogen zu bezeichnen sind" (dies.: 397). Die Clusteranalyse bietet uns deshalb die Möglichkeit, vom befragten Individuum aus eine Abstrahierung auf redaktioneller Ebene durchzuführen, welche Ähnlichkeiten bzw. Unterschiede zwischen den redaktionellen Einheiten bestehen und entlang welcher Merkmale diese sich einteilen lassen. Untersuchungseinheiten sind in diesem Analyseschritt die einzelnen Redaktionen. Diese werden von drei, zwei oder einem Redakteur repräsentiert.

Nun könnte es als problematisch erachtet werden, Reaktionen aus Redakteuren nachzubilden.[36] Zwar wurden die Redakteure auf Redaktionsebene zufällig ausgewählt, dennoch sollte bei einer Aggregation von Redakteuren eine gewisse Homogenität der Antworten auf Redaktionsebene zu erwarten sein. Um dies zu testen, wurden die Varianzen der Variablen, die in die Clusteranalyse eingingen[37], auf Redaktionsebene berechnet. M. a. W. wurde geprüft, wie stark die Antworten der Redakteure auseinanderklafften, die jeweils zu einer Redaktion zusammengefasst wurde. Die Erwartung, dass Personen (Redakteure), welche die gleiche Organisation (Redaktion) vertreten, ähnliche Anworten geben sollten, wurde überwiegend bestätigt. Tabelle 17 vergleicht die Antwortverteilungen aller Befragten mit der Verteilung der Antworten der Befragten, wenn sie nach Redaktionen geordnet wurden. Dabei wurden die Antworten der Befragten analysiert, die zu dritt oder zu zweit jeweils eine Redaktion vertreten. Niedrigere Varianzwerte der durchschnittlichen redaktionsinternen Varianz (rechte Spalten) im Vergleich zur Gesamtvarianz (linke Spalte) bedeuten, dass es in der Tat redaktionsinterne Gleichheitsmuster gibt. Die Antworten der Redakteure, die eine Redaktion vertreten, fielen in diesen Fällen überwiegend durchschnittlich homogener aus. Insofern wirkt der Redaktionsidentifizierer dann ordnend, da er zusammenbringt, was ähnlich oder gar gleich ist.

Da nicht bei allen auf diese Weise analysierten Variablen die durchschnittliche Varianz unter der Gesamtvarianz lag, untersuchten wir die Datensets jeweils auf Ausreißer. Dabei zeigte sich, dass nur wenige Redaktionen jeweils die durchschnittliche Varianz anhoben, da die Antworten dort redaktionsintern stark unterschiedlich ausgefallen waren. Bei den weitaus meisten Redaktionen fielen die Antworten jedoch gleichgerichtet aus.

---

36 Die Redaktionen wurden nicht direkt erfasst, weil eine Bestandsaufnahme aller Redaktionen forschungsökonomisch nicht zu rechtfertigen gewesen wäre und das Untersuchungsdesign überfordert hätte.

37 Getestet wurden diejenigen Variablen, die mindestens auf Ordinalskalenniveau gemessen wurden. Indexvariablen, die später erst als jeweiliger Redaktionsdurchschnitt gebildet worden waren (wie bspw. die Berufsorientierung: Information & Vermittlung, Service & Unterhaltung oder Kritik, Kontrolle & Engagement) konnten nicht getestet werden.

Tabelle 17   Varianzvergleich je Variable: über alle Befragte und Durchschnitte der
redaktionsinternen Varianzen

Variable / Ausprägungen /Gesamtvarianz über alle Befragte (N=127)	Durchschnittliche redaktionsinterne Varianz	
	3 Befragte je Red. /n=19	2 Befragte je Red. /n=15
Bedeutung Tageszeitung in 10 Jahren / 1-3 /0,4	0,386	0,36
Bedeutung Journalismus in 10 Jahren / 1-3 / 0,29	0,29	0,20
Bedrohung durch Laien? / 1-2 / 0,139	0,122	0,10
Sorge um die Finanzierung des Verlags / 1-5 / 1,24	1,5	0,86
Krise-Normalität-Aufbruch? /1-3 / 0,49	0,50	0,30
Leserdistanz /1-5/ 0,51	0,56	0,66
Mitwirkung an der Recherche /1-5/ 0,89	0,87	0,63
Mitwirkung bei Erstell. v. Texten/1-5/ 0,85	0,89	0,76
Mitwirkung beim Redigieren/1-5/ 0,51	0,56	0,8
Neue Anwend. – Blogs/1-5/ 1,21	1,36	0,66
Neue Anwend. – Podcasts/1-5/ 1,03	1,22	0,63
Neue Anwend. – Bewegtbild/1-5 / 1,27	1,10	0,9
Neue Anwend. – Twitter/1-5 / 1,39	1,44	1
Neue Anwend. – Soziale Netzwerke/1-5/ 1,16	1,45	1,06

Tabelle 18 zeigt, dass i. d. R. nur wenige Redaktionen stark inhomogene Antworten lieferten und dadurch die Varianz in die Höhe treiben. Ein Beispiel: Auf die Frage nach der Lesermitwirkung bei der Korrektur von Texten (Redigieren) antworteten die beiden Befragten der Redaktion mit der Nummer 22 völlig entgegengesetzt. Wird diese eine Redaktion aus dem Set entfernt, sinkt die durchschnittliche Varianz der verbliebenen 14 Redaktionen beträchtlich (rechte Spalte, 4. Zeile).

Die einzige Frage, bei der sich die Redaktionen mit drei Befragten relativ uneinig waren, war die nach der Wichtigkeit Sozialer Netzwerke. Hier waren fünf Redaktionen zu verzeichnen, die sich in Bezug auf diese Frage ziemlich uneinig waren. Bei den meisten Variablen zeigten die weitaus meisten Redaktionen ein homogenes Antwortverhalten, d. h. die Redakteure waren sich einig, was die Einschätzung auf redaktionsbezogene Fragen anging.

Tabelle 18 Inhomogene Redaktionen – Anzahl der Ausreißer mit hoher Varianz;
Varianz bei Entfernung der inhomogenen Redaktionen

Variable / Ausprägungen /Gesamtvarianz über alle Befragte (N=127)	3 Befragte je Red. /n=19		2 Befragte je Red. /n=15	
	Aus-reißer	Varianz ohne A.	Aus-reißer	Varianz ohne A.
Sorge um die Finanzierung des Verlags / 1-5 / 1,24	3	1,06	0	x
Leserdistanz /1-5/ 0,51	3	0,41	2	0,26
Mitwirkung bei Erstell. v. Texten/1-5/ 0,85	1	0,77	0	x
Mitwirkung beim Redigieren/1-5/ 0,51	1	0,35	1	0,28
Neue Anwend. – Blogs/1-5/ 1,21	2	1,03	0	x
Neue Anwend. – Podcasts/1-5/ 1,03	2	0,88	0	x
Neue Anwend. – Twitter/1-5 / 1,39	1	1,3	0	x
Neue Anwend. – Soziale Netzwerke/1-5/ 1,16	5	0.9	0	x

Die strukturen-entdeckende Clusteranalyse soll v. a. Informationen darüber liefern,
ob unsere Erwartung zutrifft, dass einige Gruppen von Redaktionen innovations-
bereiter als andere sind. Die Ausprägung der Innovationsbereitschaft wird dabei
entlang spezifischer Variablen der Mikro-, Meso- und Makroebene interpretiert.
Demnach gewinnen wir Anhaltpunkte darüber, welchen Variablen für den dritten
Analyseschritt besondere Aufmerksamkeit geschenkt werden muss. Im Idealfall
werden durch die Analyse Strukturen der Innovationsbereitschaft sichtbar.

Clusteranalysen unterscheiden sich erstens durch die Wahl des Distanzmaßes,
mit dem die Ähnlichkeit bzw. Unähnlichkeit im Modell bestimmt wird und zweitens
durch die Wahl des Gruppierungsverfahrens (Backhaus et al. 2011: 397). Wir haben
mit der Ward Methode (dies.: 422) gerechnet. Dieses hierarchisch agglomerative
Clusterverfahren wird häufig in der Praxis genutzt (dies.: 426) und zeichnet sich
dadurch aus, dass Objekte zusammengefasst werden, die ein vorgegebenes Hetero-
genitätsmaß am wenigsten vergrößern (ebd.). Anders gesagt soll die Varianz der
Gruppenmerkmale möglichst nicht vergrößert werden, wenn neue Gruppenmit-
glieder hinzugefügt werden. Die Streuung innerhalb der Gruppen wird demnach
minimiert. Als Proximitätsmaß wurde hier die quadrierte Euklidische Distanz
genutzt. Die Ward Methode ist dazu geeignet, in etwa gleich große Gruppen zu
bilden (dies.: 431).

Wird eine Clusteranalyse ausgeführt, stellt sich die Frage, welche Lösung bezogen
auf die Zahl der errechneten Cluster letztlich als sinnvoll herangezogen wird. Als
Hilfsmittel zur Bestimmung der Clusterzahl kann ein Gütekriterium berechnet
werden: der Test von Mojena (Backhaus et al. 2011: 439). Demnach zeigen Werte

zwischen 1,8 und 2,7 sinnvolle Lösungen an. Der Wert für unsere 3-Clusterlösung betrug 2,29, lag also etwa in der Mitte der gültigen Spanne. Für jedes Cluster wurden für die Modellvariablen Mittelwerte errechnet und die Mittelwertunterschiede zwischen den Clustern getestet. Der Test wurde mittels einer einfaktoriellen Varianzanalyse (Anova) über alle Cluster gerechnet (siehe Tabelle 49, Anhang).

Auf diese Weise konnten wir auf Redaktionsebene eine *Typologie* ermitteln, die Hinweise auf unterschiedliche dominante Charakteristika innerhalb von Redaktionen geben und Schlüsse auf die Veränderungsbereitschaft und das Innovationspotenzial zulassen (siehe Tabelle 19):

- *Innovative Optimisten* (35 Redaktionen) weisen eine leicht jüngere Belegschaft auf sowie die höchste Affinität zu innovativen Diensten und Anwendungen im Internet wie Blogs, Bewegtbildangeboten und sozialen Netzwerken. Die Mitwirkung des Publikums an redaktionellen Leistungen dieser Redaktionen fällt ebenfalls am höchsten aus, entsprechend wird die Leserdistanz am niedrigsten eingeschätzt. Die Weiterbildungspraxis ist in dieser Gruppe deutlich ausgeprägter als in den beiden anderen, d. h. es stehen mehr Weiterbildungsoptionen zur Verfügung und werden auch genutzt. Im Hinblick auf das berufliche Selbstverständnis weist diese Gruppe über alle Bereiche hinweg höhere Werte auf, es ist hier also funktional breit angelegt. Gleichzeitig glauben diese Redaktionen an die Zukunft der Zeitung, aber auch des Journalismus – sie deuten die derzeitige Stimmung in ihrem redaktionellen Arbeitsumfeld als Aufbruch, eine Krise spüren sie indes keine.
- *Distanzierte Skeptiker* (22 Redaktionen) sind mittelalt und üben eine deutliche Zurückhaltung gegenüber innovativen Diensten wie Blogs, Bewegtbild und sozialen Netzwerken. Gleichzeitig fallen deren Einschätzungen einer redaktionellen Mitarbeit des Publikums bei Recherchen, Textproduktion oder im Redigat niedriger aus als bei Gruppe 1, den *Innovativen Optimisten*. Gleiches gilt für die Weiterbildungspraxis. Die betreffenden Redaktionen schätzen zudem die Entfernung der eigenen Redaktion zu ihren Leser weiter ein als dies bei den anderen Gruppen der Fall ist. Diese Redaktionen sind außerdem skeptischer, was die zukünftige Bedeutung ihres Mediums und des Journalismus anbelangt: Die Einschätzungen liegen niedriger als in Gruppe 1 und Gruppe 3. Dazu passt auch, dass sich die *Distanzierten Skeptiker* näher an der Krise verorten als am Aufbruch.
- *Desillusionierte Pragmatiker* (13 Redaktionen) sind zunächst dadurch charakterisiert, dass sie den höchsten Altersdurchschnitt aufweisen, und zwar im Mittel älter als 52 Jahre sind. Sie schätzen die Bedeutung der Tageszeitung in Zukunft am geringsten ein, glauben aber an die künftige Bedeutung des Journalismus.

Diese ältere Gruppe glaubt nicht mehr so richtig an die Tageszeitung, meint jedoch, dass ihr Beruf künftig nach wie vor von Bedeutung sein wird. Diese Gruppe sieht ihr Arbeitsumfeld daher pragmatisch weder im Krisen- noch im Aufbruchsmodus – nämlich im Normalzustand. Dabei werden auch einige innovative Dienste als wichtig eingestuft, andere wiederum nicht. Die Weiterbildungsoptionen sind hier von allen am schwächsten ausgeprägt: Es handelt sich bei diesen Redaktionen um ältere, eher pragmatisch denkende, jedoch abgeklärte Profis.

Tabelle 19 Dreier-Typologie auf Redaktionsebene

Cluster 1 Innovative Optimisten	Cluster 2 Distanzierte Skeptiker	Cluster 3 Desillusionierte Pragmatiker
35 Redaktionen	*22 Redaktionen*	*13 Redaktionen*
Jüngere Belegschaft, stärkere Glauben an Zukunft der Zeitung, Aufbruch statt Krise, ausgeprägteres berufl. Selbstverständnis, hohe Zustimmung zur Bedeutung innovativer Dienste, einschl. Mitwirkung der Leser an redaktionellen Leistungen deutlich höher, Leserdistanz niedriger, Weiterbildungspraxis deutlich ausgeprägter, mehr Weiterbildungsoptionen	Mittelalte Belegschaft, skeptischer, was die zukünftige Bedeutung der Zeitung und des Journalismus insgesamt anbelangt, Krise statt Aufbruch, Skepsis gegenüber innovativen Diensten, Einschätzungen der redaktionellen Mitarbeit bei der Recherche, bei Texten und im Redigat niedriger, hohe Leserdistanz, Weiterbildungspraxis niedriger	Älteste Belegschaft, glaubt nicht richtig an die Zukunft der Tageszeitung, meint aber, dass Journalismus künftig nach wie vor wichtig sein wird, sieht Normalzustand: weder Krise noch Aufbruch, einige innovative Dienste werden als wichtig eingestuft, andere nicht, Weiterbildungsoptionen schwach

Nachdem zuvor alle erhobenen Variablen zur Klassifizierung auf Redaktionsebene zusammengeführt und interpretiert sowie auf Basis einer Clusteranalyse in eine Typologie überführt wurden, die einer Ausdifferenzierung der Innovationshemmnisse bzw. der Innovationsbereitschaft in den befragten Redaktionen dient, leistet das folgende Kapitel 5 eine Ergebniszusammenfassung und eine Einordnung der Ergebnisse in den Forschungskontext. Auf dieser Grundlage formulieren wir Handlungsempfehlungen an die Praxis und ziehen ein abschließendes Fazit der Untersuchung.

Fazit: Zusammenfassende Ergebnisse und Handlungsempfehlungen 5

Die Untersuchungsergebnisse repräsentieren ein aktuelles Stimmungsbild der Lage in Redaktionen von deutschen Tageszeitungen.. Die Studie legt Muster, Mechanismen und Wirkungszusammenhänge des digitalen Strukturwandels offen, der von gravierenden technologisch-ökonomischen Umwälzungen geprägt und angetrieben wird. Unser wissenschaftlicher Anspruch war es, die globalen Auswirkungen des Medienwandel möglichst konkret in Beziehung zu setzen mit der Arbeitszufriedenheit, der sozialen Verantwortung, dem journalistischen Rollenselbstbild und den Wertevorstellungen sowie dem Innovationspotenzial und der Innovationsbereitschaft der Akteure in den Redaktionen, einschließlich der Identifizierung von Lösungswegen für die Berufspraxis. Im Folgenden werden die Ergebnisse entlang der fünf genannten Schwerpunkte punktuell zusammengefasst, diese in den Forschungskontext eingeordnet und im Anschluss daran Handlungsoptionen für die Redaktionsarbeit und das Verlagsgeschäft formuliert.

5.1 Soziodemografie und Ergebnisüberblick

An der Studie beteiligten sich insgesamt 126 Redakteure, überwiegend Mitarbeiter lokaler und regionaler Tageszeitungsredaktionen mit einer soliden Berufserfahrung – nur etwa ein Sechstel der Befragten (15 %) arbeitete überregional. Die Befragung hat ergaben, dass das berufliche Selbstverständnis dieser überwiegend männlichen Befragten mit einem Durchschnittsalter von 46 Jahren dem eines Informationsvermittlers und Realitätserklärers, aber auch dem des Kontrolleurs und Kritikers entspricht. Darüber hinaus werden insbesondere Serviceleistungen (,Hilfe' und ,neue Trends') ebenfalls als wichtige journalistische Aufgaben und ,Werte' in den Zeitungsredaktionen erachtet.

Mit Blick auf die Ergebnisse der Befragung wird deutlich, dass bei den globalen Zukunftserwartungen auf der *Gesellschaftsebene* (Makroebene) zunächst klar zwischen der Zukunft der gedruckten Zeitung und der Zukunft des Journalismus differenziert werden muss: Für die Zeitung wird in zehn Jahren eher ein gesellschaftlicher *Bedeutungsverlust* angenommen, als für die journalistische Profession insgesamt.

Auf der *Redaktions- bzw. Organisationsebene* (Mesoebene) identifizieren sich die befragten Redakteure im Großen und Ganzen mit ihrem Verlag und ihrer eigenen Tätigkeit. Dies drückt sich vor allem in der hohen *Arbeitszufriedenheit* aus, insbesondere an der Zustimmung zu den Aussagen, sich dem Unternehmen verbunden zu fühlen und auch in drei Jahren noch für den betreffenden Verlag arbeiten zu wollen, gefolgt von dem Statement „voll und ganz" hinter dem Arbeitnehmer zu stehen. Der *Sorgenstand* in punkto Arbeitsplatzsicherheit und Finanzierung der Zeitung neigt sich dagegen deutlich der Beunruhigung zu.

Digitale Anwendungen und Dienste ermöglichen auf der *Individual- bzw. Partizipationsebene* (Mikroebene) neue Formen der Leserbeteiligung. Insgesamt zeigt sich jedoch, dass die Partizipation von Lesern noch gar nicht real in den Redaktionen angekommen ist bzw. dort regelmäßig praktiziert wird. Allenfalls die Recherche nimmt in Bezug auf die *Leserbeteiligung* bei redaktionellen Leistungen *(Mitwirkungs-Parameter)* eine wichtige Funktion ein – sie erzielte in der Einschätzung den höchsten Wert. Insgesamt wird die Mitwirkung des Lesers bei den einzelnen redaktionellen Routinen – Textproduktion, Redigat, Redaktionskonferenzen – jedoch als eher gering eingeschätzt.

Im Folgenden kommen wir auf unsere untersuchungsleitenden Annahmen zurück und formulieren im Anschluss der Ergebniszusammenfassungen in den fünf Schwerpunkten der Befragung Handlungsempfehlungen für Redaktionen und Verlagsmanagement.

5.2   Was der Medienwandel auslöst

Die durch den digitalen Strukturwandel angestoßenen Veränderungen in Tageszeitungsredaktionen werden von den Redakteuren tendenziell kritisch betrachtet: In unserer untersuchungsleitenden *ersten Annahme* gingen wir davon aus, dass die Debatten um die ökonomischen Implikationen ein Problembewusstsein in Tageszeitungsredaktionen hervorrufen, das die Bewertung der zukünftigen Entwicklung des eigenen Metiers ambivalent ausfallen lassen dürfte. Diese Annahme wird durch die Befragungsergebnisse untermauert, da viele Redakteure unterscheiden, und zwar einerseits zwischen einem optimistischen Ausblick auf die Zukunft des Journalismus als Profession und Handwerk und andererseits den Entwicklungsmöglichkeiten der Tageszeitung, deren künftige Bedeutung als marginal eingeschätzt wird. Diese Ambivalenz des eigenen Arbeitsfeldes scheint nicht das berufliche Selbstbewusstsein zu untergraben: Der Journalismus verteidigt nach Auffassung der Befragten auch in pluralistischen Öffentlichkeiten mit einer wachsenden Zahl publizierender Akteure seine Relevanz und muss sich nicht vor Nutzern fürchten, die im digitalen Raum selbst zu Ko-Berichterstattern werden.

- Der Blick auf die eigenen Zukunftsaussichten ist also differenziert bis ambivalent: Obwohl die Einschätzungen der befragten Redakteure zur Zukunft des Journalismus und der (eigenen) Tageszeitung in direkter Verbindung miteinander stehen, überwiegt die Ansicht, dass zwar der eigene Beruf, nicht aber das eigene Medium Tageszeitung zukunftsfähig respektive überlebensfähig ist. Beide dominanten Branchen-Narrative – die Krise der Tageszeitung und der Aufbruch der eigenen Profession – schlagen sich somit in den Antworten der Befragten unmittelbar nieder: Einerseits ist die Wahrnehmung krisenhafter Symptome und die damit einhergehende Erzählung eines drohenden Abschwungs besonders im Bereich der Tageszeitungen dominant. Andererseits lässt die Befragung die Entwicklungspotenziale und den Chancenreichtum als Auswirkungen eines Aufbruchs-Narrativs für den Journalismus insgesamt erkennen.
- Die Bedeutung des professionellen Journalismus wird für den Zeithorizont der nächsten zehn Jahre als gleichbedeutend eingeschätzt bzw. wird seine gesellschaftliche Relevanz nach Einschätzung der Befragten eher noch gewinnen. Dagegen verliert die Tageszeitung – so die Prognose von über 40 % der befragten Redakteure – im gleichen Zeitraum an Bedeutung. Dabei glauben diejenigen, die den Journalismus als zunehmend wichtiger betrachten oder zumindest meinen, dass sein Status stabil bleibt, in der Mehrzahl an einen Bedeutungsschwund der gedruckten Presse: Auch wenn dem Zeitungsmedium vor dem Hintergrund der akuten wirtschaftlichen Schwierigkeiten langfristig keine stabile Zukunft vorhergesagt wird, schreibt doch eine Mehrheit der Befragten dem Journalismus eine wachsende Bedeutung für die Gesellschaft zu.
- Die Befragungsergebnisse legen nahe, dass die Erwartung eines Bedeutungsverlustes für die Zeitung damit zusammenhängt, dass die publizistischen Aktivitäten von Amateuren bzw. Nicht-Journalisten im Internet weiter zunehmen werden und den professionellen Journalismus unter Druck setzen. Zwar sieht die große Mehrheit der befragten Redakteure (über 80 %) die journalistische Profession durch die Beteiligung von Laien im Internet nicht bedroht; publizierende Bürger werden von den Journalisten zwar zur Kenntnis genommen, aber nicht mehrheit-

lich als tatsächliche Bedrohung für den eigenen Berufsstand empfunden. Doch sind unter denjenigen Befragten, welche die zukünftigte Rolle der gedruckten Tageszeitung kritisch bewerten, überproportional viele Redakteure, die in Laien eine Bedrohung für den Journalismus erkennen.

- Umgekehrt gilt: Diejenigen Redakteure, die in publizistisch aktiven Nutzern keine Bedrohung, sondern möglicherweise sogar eine Bereicherung sehen, glauben an eine Behauptung oder gar Relevanzzunahme des Journalismus für die Gesellschaft. Eine offene, positive Grundhaltung seitens der Zeitungsredakteure in Anbetracht steigender publizistischer Nutzeraktivität im Internet zeugt also zugleich von starker Überzeugung gegenüber der eigenen beruflichen Relevanz. Darin drückt sich auch eine insgesamt optimistischere Sicht auf die Gestaltungsmöglichkeiten und Zukunftsaussichten des eigenen Handlungsrahmens aus.

- Der Optimismus unter Zeitungsredakteuren in Bezug auf die Erhaltung des Mediums Tageszeitung gründet auf Alter und Berufserfahrung: Redakteure mit nur zwei bis fünf Jahren Berufserfahrung glauben zu etwa gleichen Teilen an eine gleichbleibende Bedeutung, an einen Zuwachs oder an einen Bedeutungsverlust der Zeitung. Unter den Befragten mit längerer Berufserfahrung ist wie vermutet eine durchgehend pessimistischere Perspektive zu erkennen: Berufserfahrene Redakteure scheinen den Bedeutungswandel des eigenen Berufs intensiver zu reflektieren als die weniger erfahrenen. Sie messen dem Beruf des Tageszeitungsredakteurs aktuell offenbar weniger Attraktivität zu – zum Beispiel in Bezug auf Bezahlung und gesellschaftlichen Status – als ihre berufsunerfahreneren Kollegen.

Handlungsempfehlung

Die erwartete schrumpfende Bedeutung der Tageszeitung scheint sowohl von den Innovationsbemühungen als auch von konkreten Arbeitsbedingungen der Redakteure losgelöst: Der Niedergang der Zeitung gilt unter den Befragten als ein wahrscheinliches Szenario. Zeitungsverlage sollten ihre publizistischen Online-Aktivitäten kontinuierlich ausbauen, ihr journalistisches Markenumfeld stärken und ihre Hauptgeschäftsfelder nach Möglichkeit in digitale Wirtschaftssegmente verlagern.

So kritisch die Zukunftsaussichten des Mediums Zeitung als journalistisches Produkt in Bezug darauf gesehen werden, sich im weiterhin zunehmenden Wettbewerb um Aufmerksamkeit und monetäre Wertschätzung der Nutzer gegenüber anderen Medienangeboten durchzusetzen, verspricht insbesondere eine integrierte Angebotsstruktur Aussichten auf nachhaltigen wirtschaftlichen Erfolg.

Deshalb ist davon auszugehen, dass auch ein geglückter Konsolidierungspro-
zess nicht dauerhaft in der nötigen Breite und im erforderlichen (personellen)
Umfang die Existenz von Zeitungsverlagen absichern können wird, solange das
Kerngeschäft und die redaktionellen Prozessmechanismen langfristig auf die
gedruckte Tageszeitung als distinktes (und einziges) Produkt setzen.

5.3   Wo Innovationen ansetzen

Der Pressesektor gehört durch sein jahrzehntelang stabiles Geschäftsmodell aus
Zeitungsvertrieb und Anzeigenvermarktung traditionell nicht zu den Vorreitern im
medialen Innovationsgeschehen. Obgleich insbesondere der digitale Wandel bereits
zahlreiche Veränderungen angestoßen hat, die auch Auswirkungen auf die Redaktionsorganisation und konkrete journalistische Arbeitsroutinen zeitigten, gingen
wir in unserer *zweiten Annahme* davon aus, dass die fortlaufenden Erneuerungsbe-
mühungen in Zeitungsredaktionen stark unter dem Einfluss von Attentismus und
Beharrungsmomenten stehen. Dies wird durch die Befragungsergebnisse tendenziell
bestätigt: Zwar wird die Notwendigkeit erkannt, Innovationen nicht nur mit der
Entwicklung neuer Vermarktungsformen, sondern vor allem im redaktionellen
Bereich durchzusetzen. Die reale Zustandsbeschreibung durch die Befragten fällt
jedoch differenzierter aus. Trotz der sichtbaren Experimentierfreude mit sozialen
Netzwerken hat einer der zentralen Innovationsbereiche der journalistischen Praxis
– der Ausbau und die strukturelle Verstetigung der Partizipationsmöglichkeiten
für Nutzer – für die Mehrheit der Zeitungsredakteure offenbar keinerlei Priorität.

- Die Einordnung von Ereignissen über den Tag hinaus, vor allem mit Hintergrund und Analyse, aber auch mit Meinung und Kommentar wird nach Ansicht
der Befragten in Zukunft eine der wichtigsten Kernkompetenz von Zeitungen
(bleiben). Gleichzeitig hat die Relevanz der Interaktivität und Multimedialität
journalistischer Inhalte erkennbar zugenommen. Folgt man dem Stimmungsbild,
wird tagesaktuelle Politik hingegen als eigenständiger Nachrichtenschwerpunkt
an Bedeutung verlieren. Es zeigt sich, dass gedruckte Zeitungen nicht mehr
zwingend als ein Medium angesehen werden müssen, das hochaktuelle Inhalte publiziert, sondern als eines, mit dem – nach wie vor – reflektierende und
einordnende Inhalte transportiert wird können: Die Tageszeitung einschließlich ihrer Online-Aktivitäten werden daher weiterhin als eine Vermittlerin
von Nachrichteninhalten betrachtet, die zwar unverzichtbar ist, sich aber der

allgemeinen Entwicklung anpassen und qualitative Alleinstellungsmerkmale herausbilden muss.

- Die Befragten halten Innovationen sowohl in der Geschäftsführung als auch in der Redaktion und Redaktionsorganisation für deutlich angezeigt. Das größte Innovationspotenzial wird jedoch mit 87 % bei den journalistischen Darstellungsformen gesehen bzw. werden dort Innovationen für nötig erachtet, also in einem Bereich, wo die Redakteure selbst am meisten Handlungsspielraum haben. Ein differenzierteres Bild ergibt sich, wenn die Frage nach der Innovationsfreudigkeit mit dem Alter der Befragten korreliert: Vor allem jüngere sowie Redakteure mittleren Alters glauben, dass sich auch die Geschäftsführung der Verlage erneuern bzw. modernisieren muss. Während Redakteure Handlungsspielräume in ihrem angestammten Bereich erweitern oder neu aushandeln müssen, um Innovationen handwerklich umzusetzen, sind es vor allem die Chefredaktionen, die organisatorisches Lernen ermöglichen und programmatisches Innovations- und Kreativitätsmanagement fördern sollten.

- Mehr als zwei Drittel der Redakteure sehen in sozialen Netzwerken ein wichtiges oder sogar sehr wichtiges Instrument für ihre redaktionelle Arbeit. Ebenso werden der Datenjournalismus bzw. die visuelle Aufbereitung von Daten als wichtig erachtet, während Blogs und vor allem Podcasts aktuell nur eine untergeordnete Rolle spielen. So zeichnet sich eine klare Präferenzbildung in der redaktionellen Nutzung innovativer Technologien, Instrumente und Plattformen ab. Bürgerbeteiligung manifestiert sich für Journalisten in sozialen Netzwerken also am stärksten – und zwar über alle Altersstufen der Befragten hinweg: Für alle Redakteure liegt die Präferenz auf kommunikativ ausgerichteten Diensten und Anwendungen wie Facebook, wozu deren ungebrochene Popularität bei den Nutzern beiträgt. Auch die Methoden des Datenjournalismus werden von Redakteuren jeden Alters als wichtig eingeschätzt, ebenso wie Videos/Bewegtbild. Es ist davon auszugehen, dass zumindest einige Redaktionen mit Nachdruck versuchen, den Vorlieben der Nutzer stärker mit dialogischen Formen und Formaten entgegenzukommen.

- Die Zusammenarbeit zwischen Print und Online ist längst Realität in deutschen Zeitungshäusern – zumindest sind die strukturellen Voraussetzungen dafür geschaffen worden. Die Redaktionen nutzen dabei jedoch unterschiedliche Möglichkeiten, um Print an den Online-Bereich anzukoppeln. So müssen vier Fünftel aller Redakteure inzwischen mehrere Publikationsplattformen crossmedial bedienen können. In 60 Prozent der Fälle bildet der integrierte Newsroom das Herzstück einer Redaktion, das Online und Print verzahnt. Bei knapp der Hälfte der Befragten liegt der Grund für die Zusammenarbeit in der Verbindung oder Abschaffung von Ressorts. Und ein Fünftel der Redakteure arbeitet in zusammengelegten Print-Redaktionen, in denen zwei oder mehr Zeitungen produziert werden müssen.

- Die Adaption einer innovativen Arbeitspraxis scheint so gut wie keinen Einfluss auf die Einschätzung der Bedeutung der Tageszeitung und des Journalismus der Zukunft zu haben: Dem Print-Medium wird weder von klassischen noch von crossmedial arbeitenden Redakteuren in den nächsten zehn Jahren eine große Bedeutung bescheinigt. Gleiches gilt für Redakteure in zusammengelegten Redaktionen: Auch wenn oder vielmehr: Gerade weil in einer Redaktion zwei oder mehr Zeitungen gleichzeitig produziert werden, wird die Tageszeitung nicht als zukunftsweisendes Medium betrachtet. Stattdessen glaubt mehr als die Hälfte dieser Redakteure an deren zurückgehende Bedeutung. Es zeigt sich außerdem, dass Redakteure die Zusammenlegung von Redaktionen als Folge der Zeitungskrise und nicht als aussichtsreiche organisatorische Innovation wahrnehmen und diese strukturellen Veränderungen als eher nachteilig für die Gesamtsituation ihrer Zeitung empfinden.
- Eine der wichtigsten Funktionen für Zeitungsmacher ist die erweiterte Schnittstelle zum Leser: Partizipation ist das zentrale Kennzeichen einer vernetzten Redaktion, die Öffnung redaktioneller Prozesse hin zum Nutzer muss daher als Kernbereich für Innovationen gedacht werden, bei dem Inklusion und Dialogisierung unmittelbare Auswirkungen auf journalistische Arbeitsweisen haben können. Dabei schneidet hier die Recherche am besten ab, sie liegt bei den Formen der Beteiligungen vorne, wohl auch deshalb, weil sich allmählich Formen des redaktionellen Crowdsourcings zu etablieren beginnen. Am geringsten ist die Beteiligung bei Korrekturvorgängen (z. B. von Artikeln), die offenbar kaum genutzt werden. Dagegen ist die Nähe zum Leser für Zeitungsredakteure generell bedeutsam, aber nicht existenziell: Etwa ein Drittel der Redakteure glaubt an eine geringe Distanz ihrer Redaktion zu den Rezipienten. Dies könnte vor allem damit zusammenhängen, dass besonders regionale und lokale Tageszeitungen durch ihren geographischen Bezugsraum die Nähe des Lesers stärker suchen (müssen) als die meisten anderen Medien.
- De facto sind der Offenheit von Zeitungsredakteuren gegenüber der Einbindung ihrer Leser jedoch Grenzen gesetzt: Während eine Beteiligung des Lesers an Recherchen für sinnvoll und wichtig erachtet wird, wird eine weitergehende Partizipation lediglich von einer redaktionellen Minderheit artikuliert. Von einer systematischen Einbeziehung des Publikums in redaktionelle Arbeitsprozesse kann auf Basis der Befragung daher nicht die Rede sein, dafür sind echte Partizipationsbemühungen seitens der Befragten einfach zu schwach ausgeprägt. Die Redaktionskulturen in den Zeitungshäusern sind offenbar noch immer von einer über Jahrzehnte bewusst praktizierten Distanz zur Leserschaft geprägt,

vor allem von einer Einbahnstrassenkommunikation von Journalist in Richtung
Leser. Dabei könnte gerade die persönliche Bereitschaft, sich der Kompetenz
der Nutzer zu bedienen, ein gewichtiger Faktor zur Qualitätsteigerung journalistischer Arbeits- und Kreativprozesse sein.

Handlungsempfehlung

Innovation sollte speziell in einer Branche, deren Geschäftsmodell sich über eine
verhältnismäßig lange Dauer als außerordentlich stabil und effektiv erwiesen hat
und nun durch verschiedene exogene Faktoren unter Druck gerät, nicht zum
Selbstzweck werden. Vielmehr erfordern die Transformation von Medientech-
nologie, Mediennutzung und Medienwirtschaft auch in unternehmensinterner
Perspektive eine gewissen FLexibilität sämtlicher Abteilungen, um die Bindung
an die Nutzer an das eigene Medienangebot zu stabilisieren, zu modernisieren
und entsprechend zu vermarkten. Als wichtigstes Innovationsziel haben wir
deshalb die redaktionelle Annäherung an den Nutzer ausgemacht.

Hierfür müssen auch Redaktionsstrukturen organisatorisch den Realitäten ange-
passt werden: Zusammenlegungen von Redaktionen sind offenbar keine Lösung,
um das Angebotsspektrum leistungsfähiger zu machen; vielmehr müssen sich
Redaktionen flexibel und agil halten, im Zweifelsfall eher noch ihre Kompetenzen ausbauen, um auf Change Prozesse ad hoc einleiten zu können. So gilt es,
sowohl die Veränderungsbereitschaft bei den Redakteuren selbst zu fördern als
auch den Dialog mit dem Nutzer technisch-personell in den Redaktionsalltag
zu integrieren.

Dies setzt mit Blick auf die unumgängliche Verzahnung zwischen Print und
Online journalistische Konzepte voraus, die weit über reine Kommentarfunk-
tionen und Leserbriefe 2.0 hinausgehen. Experimente wie die offene Redaktion,
die dem Nutzer in unterschiedlichen Formen Zugang gewährt und seine Beiträg
gewertschätzt, verändern langfristig nicht nur redaktionelle Mentalitäten, sondern
auch die Wertschätzung gegenüber dem Journalismus insgesamt: Ein Beruf, der
sich offen und zugänglich zeigt, sich dynamisch entwickelt und dennoch nicht
beliebig wird, muss es zu seiner Aufgabe machen, kreative Ideen im Arbeitsalltag
aufzuspüren und diese direkt umzusetzen. Dabei helfen Kooperationen mit Aus-
und Weiterbildungseinrichtungen, die sogenannte Medialabs betreiben und sich
als Kooperationspartner der Verlage verstehen, indem deren Teilnehmer bei der
Umsetzung innovativer Projekte behilflich sind.

5.4 Wie Zeitungsjournalismus zukünftig finanziert wird

Zeitungsredakteure sind durch die organisationale Struktur von Presseverlagen allenfalls strategisch mit deren Geschäft befasst. Einbezogen werden sie häufig erst dann, wenn es um die Frage geht, welche Themen in welcher Aufmachung in der Berichterstattung berücksichtigt werden sollten, um die Kaufkraft des Publikums zu stimulieren. Die Aufgabenaufteilung zwischen den verschiedenen Abteilungen eines klassischen Zeitungshauses (u. a. Geschäftsführung, Vertrieb, Anzeigenmarketing, Druck/Technik, Redaktion) weist den Redakteuren bislang zudem klare Kompetenzen in der Erstellung der Inhalte zu, nicht aber in deren operativer Vermarktung und dem Verkauf. Aus dem ökomonischen Druck, der seit einigen Jahren vielen Zeitungsverlagen zunehmend Probleme bereitet, resultiert jedoch eine zusehends andere Geistehaltung, auf deren Basis unsere *dritte Annahme* basiert: Die aktuellen Veränderungen der Geschäftsstrategien der Verlagshäuser werden von den Zeitungsredakteuren nicht nur aufmerksamer verfolgt; sie beginnen sich schlicht für Finanzierungsmodelle zu interessieren und sehen auch verstärkt ihre eigenen unternehmerischen Kompetenzen bei der Entwicklung journalistischer Vermarktungskonzepte gefragt. Diese Annahme wird durch die Befragungsergebnisse zweifelsfrei bestätigt – mit der zusätzlichen Begründung, dass die journalistische Souveränität der Redaktionen gegenüber mutmaßlichen Übergriffen der Verlage verteidigt werden muss.

- Redaktionelle, geschweige denn verlegerische Finanzierungsfragen gehören nicht zu den angestammten Aufgaben der meisten Redakteure. Dennoch haben zahlreiche Insolvenzen oder Umstrukturierungen von Zeitungshäusern dazu geführt, dass sich die Redakteure in deutschen Zeitungshäusern zunehmend mit Finanzierungsfragen befassen und bisweilen auch große bis sehr große Angst aufgrund der finanziellen Zustände ihres Zeitungshauses haben. Tatsächlich sorgen sich 40 Prozent der Befragten um die finanzielle Situation ihres Unternehmens; nur etwa ein Viertel gibt sich vollkommen sorglos. Dabei ist der Sorgenstand abhängig vom Alter der Redakteure: Wer 39 Jahre alt oder jünger ist, macht sich tendenziell größere Sorgen um die Verlagsfinanzierung. Die höhere Sensibilisierung für die wirtschaftlichen Strukturprobleme unter Jüngeren ist vor dem Hintergrund der teils prekären Arbeitsverhältnisse von Berufsanfängern in der Pressebranche – insbesondere in tariflich ungebundenen Online-Redaktionen – durchaus erklärbar. Dennoch gründet das verbreitete Problembewusstsein unter Journalisten auch auf den persönlichen Erfahrungen mit der wirtschaftlichen Situation des eigenen Zeitungshauses und der individuellen Arbeitssituation und nicht allein auf einer allgemeinn, diffusen Angst um den Berufsstand als solchen.

• Redakteure fühlen sich offenbar mitverantwortlich und ökonomisch kompetent genug, um die Verlagsleitung in Finanzierungsfragen zu beraten: Etwa Dreiviertel der Befragten möchte in die Entwicklung von Finanzierungsmodellen und -strategien eingebunden werden. Dies deckt sich mit der steigenden Notwendigkeit unternehmerischen Denkens und Handelns für Journalisten, aber auch mit der wachsenden Verantwortung für den geschäftlichen Erfolg und die Rentabilität der eigenen journalistischen Angebote.

• Die Redakteure haben das Bedürfnis, sich selbst ein Bild über die Finanzierungsprobleme der Zeitungen zu machen und erwarten, dass im digitalen Zeitalter über alle Hierarchien hinweg zusammengearbeitet wird. Die Gründe für das zunehmende Interesse an Finanzierungsfragen sehen die Redakteure dabei in ihrem redaktionellen Können und journalistischen Fachwissen: Sie sind in der Regel diejenigen, die ihre Angebote am besten kennen, besser als die Geschäftsführung oder die Verlagsleitung allemal. In ihrem erkennbaren Willen zur Beteiligung an der Finanzierungsstrategie geht es ihnen aber natürlich vor allem um die Sicherung des Arbeitsplatzes und der eigenen Existenz – sie betrachten sich als Betroffene, die sich selbst helfen wollen. Die Beteiligung an solchen Entscheidungen würde die Motivation der Redakteure fördern, im Gegenzug würden sie ihre Kreativität stärker auf die Finanzierung des Angebots richten. Ein weiterer Grund, an finanziellen Entscheidungen mitbeteiligt sein zu wollen, ist in der Überwachung der redaktionellen Unabhängigkeit und damit auch der Glaubwürdigkeit des publizistischen Angebots zu sehen.

Handlungsempfehlung

Die mehrheitlichen Erwartung des journalistischen Personals, in die Gestaltung der zukünftigen wirtschaftlichen Basis ihres Unternehmens einbezogen zu werden, mag insbesondere das Verlagsmanagement überraschen. Doch das steigende Interesse an verlegerischen Geschäftsstrategien in den Redaktionen liegt keinesfalls an einer mangelnden Akzeptanz der eigenen Aufgabe oder an einem Misstrauen gegenüber der Arbeit gegenüber der Unternehmensleitung. Im Gegenteil möchte ein Großteil der Zeitungsredakteure konstruktiv und aktiv Einfluss auf die Geschicke ihres Verlagshauses nehmen, auch im eigenen Interesse: Arbeitsplatz und eigene Karriere stehen möglicherweise auf dem Spiel.

Redaktionen bringen in dieses Engagement einiges ein: Niemand kennt die Stärken und Schwächen des eigenen Produktes so gut wie die Redakteure. Es liegt deshalb nahe, Redaktionen in die Weiterentwicklung von Vermarktung und Vertrieb einzubeziehen oder diese sogar finanziell zu beteiligen, auch wegen der wachsenden Bedeutung von Nutzererlösen. Verlagsgeschäftsführer sollten deshalb in ihrer Konsolidierungsstrategie weiterhin darauf achten, in die Infrastruktur und in das Know-how ihrer Redaktionen zu investieren, denn dort findet sich möglicherweise das bisher fehlende Geschäftsmodell, mindestens aber zukunftsweisende Ideen für die nutzerfreundliche und digitalaffine Aufbereitung journalistischer Angebote.

Dazu braucht es vertrauensbildende Maßnahmen durch die Geschäftsführung: Crossmediale Publikationskonzepte lassen sich nicht gegen den Willen der Redaktion aufzwängen, sondern müssen von ihr selbst ausgehen. Dazu braucht es Mittel und Wege, um die Redaktion – auch über flache Hierarchien und Maßnahmen des Teambuildings – strategisch und operativ in die Unternehmensentwicklung einzubeziehen.

5.5 Welche Rollen Zeitungsredakteure ausfüllen

Die weitreichende publizistische Emanzipation der Bürger durch das Internet und die digitalen Medientechnologien haben die vormals exklusive Rolle des Journalismus und speziell der Zeitung als führende öffentliche Informationsvermittler zumindest unter quantitativen Gesichtspunkten aufgebrochen. Es ist daher eine naheliegende Vermutung, dass sich auch das Rollenselbstbild und die soziale Verantwortung von Zeitungsredakteuren wandeln. Offen ist, inwieweit die Aktivität von Bürgern, die über das Netz an öffentlichen Debatten teilnehmen oder diese vorantreiben, von Journalisten in ihren tagtäglichen Arbeitsprozessen überhaupt für relevant erachtet wird, und ob sie einen Einfluss auf das berufliche Selbstverständnis und die Ansichten der Redakteure hat. Wir gingen in unserer *vierten Annahme* davon aus, dass es in den Redaktionen nicht folgenlos bleibt, wenn Publikumsinteressen online artikuliert und damit klarer als jemals zuvor sichtbar werden. Wir vermuteten, dass für Redakteure angesichts dieser Trends bestimmte journalistische Aufgaben wichtiger geworden sind, die sich an dem orientieren, was von den Nutzern besonders goutiert oder nachgefragt wird. Diese Annahme konnte durch die Befragungsergebnisse nicht belegt werden, zumal sich die Befragten deutlich für klassische normative Funktionen wie die Kritik an

Missständen und die Kontrolle von Politik und Wirtschaft aussprechen, weniger jedoch für die Bedienung von Publikumsinteressen (was durchaus auch auf die soziale Erwünschtheit der Antworten zurückgeführt werden kann). Gleichwohl wird auch neuen journalistischen Berufsbildern, die stärker auf kuratierende und moderierende Funktionen ausgerichtet sind, eine wachsende Bedeutung attestiert.

• Das Rollenselbstbild der Redakteure entspricht den allseits verbreiteten Erwartungen an Tageszeitungsredakteure: Fast alle Befragten identifizieren sich mit den basalen journalistischen Aufgaben, insbesondere der präzisen und schnellen Vermittlung komplexer Sachverhalte, Service und Unterhaltung sowie Meinung und Kommentar: Etwa Dreiviertel priorisieren eine schnelle Informationsvermittlung und halten die Aktualität für wichtig. Über Dreiviertel wollen außerdem ihre Ansichten vermitteln – was auf einen missionarischen Eifer beim Rollenselbstbild schließen lässt. Gut zwei Drittel der Befragten möchten die Leser unterhalten und zur Entspannung beitragen. Lediglich 43 Prozent sehen die Aufgabe des Journalismus darin, Nachrichten für ein breites Publikum zu vermitteln. Das bedeutet, dass das Interesse des Publikums für mehr als die Hälfte der befragten Redakteure keine Rolle spielt. Die spezifischen Eigenschaften des Mediums und der Redaktionsorganisation spiegeln sich damit auch im beruflichen Selbstverständnis wider.
• Das redaktionelle Selbstverständnis, als Kontrollinstanz der Gesellschaft zu fungieren, erzielte in unserer Studie große Zustimmung: Bei der Funktion des Journalismus für die Gesellschaft steht nach Meinung der Befragten die Kritik an Missständen an erster Stelle; fast 100 Prozent stimmen dieser Aufgabe zu, aus der eine große gesellschaftliche Verantwortung für den Beruf spricht. Dieses Plädoyer für einen kritischen Recherchejournalismus überrascht nicht, tragen doch gerade Zeitungen nach wie vor dazu bei, soziale Missstände aufzudecken. Obwohl bei Zeitungsredakteuren diese Kritikfunktion sehr ausgeprägt ist, überrascht aber die Einhelligkeit, mit der sich Redakteure für diese Kontrolle von Politik, Wirtschaft und Gesellschaft aussprechen. Im Vergleich dazu ist die Konzentration auf ein breites Publikum als journalistische Kernaufgabe kaum ausgeprägt. Bedenkt man, dass die Fragen der Studie zum Großteil von Redakteuren von Regionalzeitungen beantwortet wurden, ist ein Wert von lediglich etwas mehr als 40 Prozent Zustimmung zu dieser Aussage jedoch plausibel, da Regionaljournalismus die jeweilige örtliche Leserschaft vor Augen hat und sich weniger einer (überregionalen) Masse verpflichtet sieht.
• Mehr als 90 Prozent der Zeitungsredakteure wollen neue Trends aufzeigen. Dreiviertel der Befragten sehen sich offenbar in der Rolle, sich für andere einzusetzen. Ebenso viele sehen eine Funktion des Journalismus darin, als Sprachrohr

„normalen Leuten" zur Chance zu verhelfen, ihre Meinung zu äußern – auch dies ein Indikator dafür, dass die soziale Verantwortung der Redakteure sehr ausgeprägt ist. Eine Beeinflussung der politischen Tagesordnung halten dagegen knapp 60 Prozent für eine zeitgemäße Aufgabe von Journalisten. Im Umkehrschluss haben offenbar 40 Prozent der Redakteure kein Interesse (mehr) an einer Einmischung in die politische Agenda. Ein neues Rollenselbstverständnis der Redakteure, bei dem die Kritik- und Kontrollfunktion sowie die anwaltschaftliche Funktion für benachteiligte Mitglieder der Gesellschaft im Vordergrund stehen, hängt offenbar auch damit zusammen, dass Leser neuerdings in Recherchen und Publikationsprozesse einbezogen werden. Laien werden dabei in der Regel als Bereicherung empfunden, zumindest wünschen sich die Befürworter der Informations- und Vermittlungsfunktion eine stärkere Mitwirkung der Bürger bei der Recherche, auch wenn dies real erst selten praktiziert wird.

- Insgesamt geht ein journalistisches Rollenselbstverständnis, das die Belange der Bevölkerung und unterprivilegierter sozialer Schichten berücksichtigt und damit ein sozial verantwortliches Handeln in den Mittelpunkt der journalistischen Arbeit stellt, mit einer optimistischeren Beurteilung der Leserpartizipation im redaktionellen Alltag einher. Auch bei einem Rollenselbstbild, das Journalisten mit einer Vermittlungs- und Einordnungsleistung ins Zentrum der Befragung rückt, wird die Distanz zwischen Leser und Journalist geringer und die Potenziale von Interaktion und Austausch zwischen Redaktion und Publikum höher eingeschätzt.

- Einordnung, Bewertung und Kommentierung von Inhalten ist den Journalisten als Tätigkeit für die Zukunft ihre Berufs präsent: Zwei Drittel der Befragten sehen in der klassischen Mediatoren-/ Moderatorenrolle einen wichtigen Anforderungsbereich für Journalisten; weit über die Hälfte betrachtet Bloggen und Kuratieren als ihre künftigen journalistischen Arbeitsschwerpunkte. Die Leser bei der Recherche stärker einzubeziehen, ist in den Redaktionen die eigentlich akzeptierte Form einer operativ-faktischen Beteiligung. Wird dies redaktionell bereits praktiziert, bleibt es Aufgabe der Journalisten, die Inhalte nachzurecherchieren und vor dem Hintergrund ihrer Berufserfahrung einzuordnen. Rund die Hälfte sieht die redaktionelle Zukunftaufgabe im Community-Management, dessen Voraussetzung es ist, dass Journalisten es verstehen, sich selbst in diese Communities einzubringen.

Handlungsempfehlung

Die Studie hat ein stabiles berufliches Selbstverständnis unter Zeitungsredakteuren ermittelt. Die abgefragten normativen Funktionszuschreibungen finden allesamt verhältnismäßig breiten Zuspruch, wohingegen ein bemerkenswerter Konsens in Bezug auf die klassische Kontrollfunktion des Journalismus (‚Vierte Gewalt') und die Kritik an gesellschaftlichen Missständen festzustellen ist. Das daraus entwickelte Selbstverständnis folgt der berufsethischen Tradition der sozialen Verantwortung von Journalisten, schließt jedoch neue komplementäre Tätigkeitsfelder nicht aus: Community-Manager, Forumsmoderator, Kurator, Social-Media-Redakteur – all die digitalen Berufsprofile werden in einer zukunftsfähigen Zeitungsredaktion als relevant erachtet.

Besonders Spezialisten für partizipative Angebote helfen dabei, die Kooperationsbereitschaft im eigenen Haus in actu zu verbessern. Die Aufstockung des Personaltableaus mit Social-Media-Redakteuren ist deshalb zwingend angezeigt, wenn die Anforderungen an einen nahbaren und gesellschaftlich relevanten Journalismus in der Mitte der Gesellschaft eingelöst werden sollen. Zwar versprechen dadurch unterstützte innovative Umsatzalternativen wie Crowdfunding oder Micro-Payment kaum Aussicht auf nennenswerte Erlöse; es wird aber ein viel wichtigerer Effekt erzielt: eine qualitativ hochwertige Leserbindung, die sich letztlich „bezahlt macht".

Der Aspekt der sozialen Verantwortung ist dabei mitgedacht: Eine sich im Sinne der Demokratie engagierende Zeitungsredaktion scheint ihre elementaren Hauptfunktionen demnach weiterhin in der Einordnung, Bewertung und Kommentierung von Geschehnissen zu sehen und hält sich somit weiterhin für unverzichtbar im gesellschaftlichen Gesamtgefüge. Für Verlage bedeutet dies zweierlei: Zum einen kann sie sich dem Umstand bewusst sein, dass sie verantwortungsvolle und loyale Mitarbeiter beschäftigt, die für die redaktionelle Unabhängigkeit des journalistischen Angebots einstehen – komme, was wolle. Zum anderen müssen sie sich überlegen, wie sie dieses Selbstverständnis aufrechterhalten können und ihre Belegschaft nicht durch unnötige Restrukturierungen verunsichern oder demotivieren.

5.6 Wie zufrieden Zeitungsredakteure sind

Die Förderung der individuellen Entwicklung bildet die Voraussetzung für eine von den Mitarbeitern mitgetragene und vorangetriebene Unternehmensentwicklung sowie eine hohe Arbeitszufriedenheit. Organisationales Lernen ist angewiesen auf eine verlässliche Weiterbildungsinfrastruktur, die jeden Einzelnen motiviert, im Organisationskontext neue Herausforderungen zu übernehmen und alternative Formen und Konzepte im jeweiligen Aufgabenbereich mitzugestalten. Der hohe Innovationsdruck, der im Pressesektor festzustellen ist, hat vor dem Hintergrund der angespannten wirtschaftlichen Lage vieler traditioneller Presseverlage zu einer *fünften Annahme* geführt: Die Arbeitszufriedenheit dürfte tendenziell gering ausfallen und Weiterbildungsangebote werden aus Zeitnot und hoher Arbeitsbelastung nur unregelmäßig wahrgenommen. Die Befragungsergebnisse stützen diese Annahme nicht. Vielmehr ist die Arbeitszufriedenheit und die Verbundenheit mit dem eigenen Unternehmen trotz zum Teil widriger Umstände erstaunlich hoch. Auch Weiterbildungsmaßnahmen werden in den meisten Redaktionen regelmäßig wahrgenommen, allerdings eher punktuell und sporadisch.

- Individuelle Arbeitsbelastung, die Zufriedenheit am Arbeitsplatz und die Weiterbildungspraxis in den Redaktionen sind zentrale Variablen zur Vermessung der redaktionellen Wirklichkeit. Vier Fünftel der befragten Redakteure zeigen sich gegenüber ihrem Medienunternehmen loyal und mit der Arbeitssituation in der jeweiligen Redaktion zufrieden. Da die Befragten im Durchschnitt 46 Jahre alt sind, verwundert diese Bereitschaft nicht – auch für Journalisten wird die Jobsuche mit zunehmendem Alter schwieriger. Die Mehrheit fühlt sich von dem Medienunternehmen, für das sie arbeiten, geschätzt. Beim jeweiligen Arbeitgeber herrschen offenbar gute Bedingungen vor, Leistung zu erbringen und sich für die Weiterentwicklung des Unternehmens einzusetzen. Die in Untersuchungen festgestellte große Zufriedenheit der Journalisten scheint dabei wenig mit den sich verschlechternden Bedingungen des Journalistenberufs im Einklang zu stehen: Während einerseits die Arbeitsbelastung steigt und die Entlohnung sinkt, werden die Zufriedenheitswerte der Mitarbeiter immer besser. Auch andere Studien zeigen hohe Zufriedenheitswerte von Zeitungsredakteuren, obwohl diese schon lange vom digitalen Strukturwandel betroffen sind.
- Die gefühlte Verbundenheit mit dem eigenen Unternehmen ist in allen Altersschichten der Redakteure mehrheitlich stark ausgeprägt. Unzufriedenheit gibt es alleinig bei den unter 49-Jährigen. Dass es insbesondere ein verhältnismäßig geringer Anteil jüngerer Redakteure ist, der unzufrieden mit seiner Arbeitssituation ist, deutet auf die ambivalente Aussicht der beruflichen Zukunft der Tageszeitung

hin und darauf, dass jüngere Redaktionsmitarbeiter in der Regel zu schlechteren Konditionen beschäftigt werden – insbesondere niedrigere Löhnen und höhere Arbeitszeiten. Zudem lastet auf ihnen die Erwartung, den Übergang von der Ära Print in die digitale Moderne im eigenen Zeitungshaus in wesentlichem Maße operativ voranzutreiben. Auch wenn die beruflichen Bedingungen heutzutage nicht (mehr) so gut sein mögen wie bei den älteren Kollegen, identifizieren sich gerade auch Jüngere emotional mit ihrer Redakteursarbeit.

- Fast ein Drittel der Redakteure erkennt für ihr Metier eine Aufbruchsstimmung, während knapp ein Fünftel eine Krisenstimmung in seinem unmittelbaren Arbeitsumfeld spürt. Nahezu die Hälfte der Befragten empfindet allerdings alles als normal. Dieses Empfinden ist über alle Altersgruppen hinweg gleich bzw. gibt es keine signifikanten Unterschiede in den Alterskohorten, d. h. auch die intuitive Vermutung, dass Jüngere eher einen Aufbruch und die Älteren eine Krise wahrnehmen, trifft nicht zu. Tatsächlich zeigt sich aber ein Zusammenhang zwischen der Sorge zur finanziellen Situation des eigenen Verlages und der Einschätzung der Stimmung, und zwar insbesondere bei den Befragten, die sich sehr große Sorgen machen: Überproportional viele Befragte unter ihnen nehmen eine Krise wahr. Die Krisenwahrnehmung ist also untrennbar mit der finanzielle Sorge um den Verlag verbunden, während ein Aufbruchsgefühl mit der Redaktionsorganisation in Verbindung gebracht werden kann: Wird eine Redaktion reorganisiert, verbreitet sich unter Mitarbeitern leichter eine Aufbruchsstimmung. Ferner signalisieren Redakteure, die eher einen Aufbruch in ihrem Umfeld spüren, eine stärkere Bereitschaft, Leser in die Recherche und den Publikationsprozess einzubeziehen als solche, die eine Krisenstimmung im Journalismus erleben.
- Die Chancen auf betriebliche Weiterbildung sind eine Voraussetzung dafür, dass sich Redakteure auf Prozesse des digitalen Strukturwandels einlassen. Dieser Weiterbildungsbedarf wurde in den Redaktionen erkannt, insgesamt werden Weiterbildungen breit unterstützt und genutzt: Trotz hoher Berufserfahrung haben fast zwei Drittel der 126 Befragten in den vergangenen drei Jahren eine Weiterbildung absolviert. Die Antworten zeigen dabei die tatsächliche Weiterbildungspraxis in der Redaktion, da in der vorliegenden Studie nicht die Leitungsebene (Chefredakteure, Abteilungsleiter) befragt wurde, sondern einfache Redakteure. 64,6 Prozent der Befragten gaben an, in den vergangenen drei Jahren Schulungen genutzt zu haben, wobei externe und interne Schulungen fast gleichauf liegen. 81 Prozent der absolvierten Schulungen waren externe, 77 Prozent interne Workshops. Auf Platz drei rangiert schriftliches Informationsmaterial (73 %), das von den Redaktionen zu Schulungszwecken eingesetzt wird. Unter den Ausbildungsinstitutionen wurden u. a. genannt: Bundeszentrale für

politische Bildung, Bundesverband Deutscher Zeitungsverleger, World Associa-
tion of Newspapers, Akademie für Publizistik. Ferner wurden Fachhochschulen,
Universitäten, aber auch die Personalentwicklungsabteilung der Axel Springer
SE bereits mehrfach als Weiterbildungseinrichtungen in Anspruch genommen
– von einem Stillstand oder Rückgang in Sachen betrieblicher Aus- und Weiterbildung kann also keine Rede sein.

Handlungsempfehlung

Es passiert viel in deutschen Zeitungsverlagen: Die Arbeitszufriedenheit ist gut,
Angebote zur inner- und außerbetrieblichen Weiterbildung werden angeboten – und von den Redakteuren dankbar angenommen. Das Potenzial für die
Umsetzung von Innovationsstrategien ist also denkbar hoch. Gleichwohl wird
dieser Eindruck gerade im letztgenannten Befragungsschwerpunkt teilweise
geschmälert. Noch gibt es nicht zu unterschätzende psychologische, aber auch
strukturelle Hemmungen, welche die Stimmung in den Redaktionen eintrüben:
Zum einen sind dies die Sorgen um die Zukunft des persönlichen Arbeitsumfeldes,
zum anderen der Nachholbedarf bei der Implementierung eines kontinuierlichen
Change Managements unter aktiver Einbindung der Reaktion.

Die Zeichen für die Einführung von innovationsfördernden Strukturen stehen
jedoch günstig: Integrierte Newsrooms haben sich in der Mehrheit durchgesetzt,
nie war die kumulierte Zahl der Nutzer von Zeitungen und ihren Websites höher,
noch haben sich trotz einer drohenden Prekarisierung der Arbeitsverhältnisse für
Nachwuchsjournalisten bislang Lethargie und Frustration in einem bedenklichen
Ausmaß breit gemacht. Die Mehrheit der Befragten ist konstruktiv auf den Erhalt
des jeweiligen Angebots und deren Marken ausgerichtet und bildet sich weiter.

Eine breite Unterstützung bei der Umsetzung von Neuerungen ist also anzunehmen, solange die redaktionelle Belegschaft davon überzeugt werden kann, dass
sie ihre Aufgaben durch innovative Maßnahmen besser erfüllen kann als zuvor.
Hieran zeigt sich, dass organisationales Lernen nur dann bleibende Effekte hat,
wenn organisationale Rahmung und Belegschaft kongenial zusammengedacht
werden. Dies setzt einen noch intensiveren, aufgeschlosseneren und versierteren
Dialog zwischen Geschäftsleitung und Redaktion voraus, als er vielerorts üblich ist.

Insgesamt zeugen die Ergebnisse unserer Studie von einer Berufsgruppe, die sich
der Schwierigkeiten und Herausforderungen ihrer aktuellen Situation durchaus
bewusst ist und mit einem gestärkten Optimismus die Herausforderungen meistern
will, die sich ihr aus dem digitalen Strukturwandel stellen. Den Zeitungsmachern
von heute ist – in ihrer Unterschiedlichkeit – gemeinsam, dass sie den Aufbruch in

die digitalen Moderne nicht als vorübergehende Phase abtun, sondern sich diesem Epochenwechsel eingedenk ihres beruflichen Selbstverständnisses anpassen, indem sie bisherige Routinen hinterfragen und neue Tätigkeiten für sich entdecken. Dabei benötigen sie die Unterstützung der Verlagsleitungen, die sie aktiv in Prozesse der Restrukturierung und Erschließung benachbarter Geschäftsfelder einbinden sollte, vielleicht sogar muss. Die Existenz der Zeitung wird davon abhängen, ob und inwiefern Verlagsgeschäftsführungen und Redaktionsmitglieder künftig an einem Strang ziehen. Um die Gunst der Zeitungsleser – ob offline oder online – bleibt zu kämpfen; denn auch wenn das Interesse an verlässlichem Qualitätsjournalismus unverändert hoch sein mag, sind auch die Zeitungsmacher längst auf verschiedenen Plattformen und in verschiedenen Kanälen unterwegs, die eine engere, auch publizistische Verzahnung erfordern. Das ist bei weitem nicht nur eine technische Angelegenheit, sondern erfordert behutsame Vorwärts-. mitunter auch Seitwärtsbewegungen, die letztlich für die Qualität – und den Erfolg – journalistischer Inhalte und Produkte aussschlaggebend sind.

Literatur

Aamidor, Abe/Kuypers, Jim A./Wiesinger, Susan (Hg.) (2013): Media Smackdown. Deconstructing the News and the Future of Journalism. New York: Peter Lang.

Allan, Stuart/Thorsen, Einar (Hg.) (2009): Citizen Journalism. Global Perspectives. New York: Peter Lang.

Altmeppen, Klaus-Dieter (2000): Zeitungsverlage und Zeitungen: Strategien der Modernisierung. In: Jarren, Otfried/Kopper, Gerd G./Toepser-Ziegert, Gabriele (Hg.): Zeitung – Medium mit Vergangenheit und Zukunft. Eine Bestandsaufnahme. Festschrift aus Anlass des 60. Geburtstags von Hans Bohrmann. München: Saur, S. 179-192.

Altmeppen, Klaus-Dieter (2007): Das Organisationsdispositiv des Journalismus. In: Altmeppen, Klaus-Dieter/Hanitzsch, Thomas/Schlüter, Carsten (Hg.): Journalismustheorie: Next Generation. Wiesbaden, S. 281-302.

Andersen, Michael (2009): Four crowdsourcing lessons from the Guardian's (spectacular) expenses-scandal experiment. In: Niemanlab.org, 23.06.2009, http://www.niemanlab.org/2009/06/four-crowdsourcing-lessons-from-the-guardians-spectacular-expenses-scandal-experiment/.

Anderson, C.W. (2013): Rebuilding the News. Metropolitan Journalism in the Digital Age. Philadelphia: Temple University Press.

Anderson, C.W./Bell, Emily/Shirky, Clay (2012): Post-Industrial Journalism: Adapting to the Present. New York: Columbia Journalism School/Tow Center for Digital Journalism: http://towcenter.org/wp-content/uploads/2012/11/TOWCenter-Post_Industrial_Journalism.pdf (vom 04.03.2014).

Anderson, Chris (2009): Free. Kostenlos. Geschäftsmodelle für die Herausforderungen des Internets. Frankfurt a.M: Campus.

Anderson, Peter J. (2014): Bonus Chapter: Why mainstream news still matters and why new business models must be found. Bonus Chapter. In: Anderson, Peter J./Ogola, George/Williams, Michael (Hg.) (2014): The Future of Quality News Journalism. A Cross-Continental Analysis. New York/London: Routledge, http://clok.uclan.ac.uk/7824.

Antonacopoulou, Elena P./Sheaffer, Zachary (2014): Learning in Crisis: Rethinking the Relationship Between Organizational Learning and Crisis Management. In: Journal of Management Inquiry 23(2014), Nr. 1, S. 5-21.

Apollonio, Thomas (2007): Cross Media Strategien für den deutschsprachigen Tageszeitungslesermarkt. Wien: Facultas.

Argyris, Chris/Schön, Donald A. (2006): Die Lernende Organisation. Grundlagen, Methode, Praxis. Dritte Auflage. Stuttgart: Klett-Cotta.

Arnold, Klaus (2009): Qualitätsjournalismus. Die Zeitung und ihr Publikum. Konstanz: UVK.

Arnold, Markus/Dressel, Gert/Viehöver, Willy (Hg.) (2012): Erzählungen im Öffentlichen. Über die Wirkung narrativer Diskurse. Wiesbaden: Springer VS.

ASNE (2013): Newsroom census, http://asne.org/content.asp?pl=15&sl=121&contentid=121.

Atton, Chris (2003): What is 'alternative' journalism? In: Journalism 4(2003), Nr. 3, S. 267-272.

Backhaus, Klaus/ Erichson, Bernd/ Plinke, Wulff / Weiber, Rolf (2011): Multivariate Analysemethoden. Eine anwendungsorientierte Einführung. Berlin, Heidelberg: Springer.

Backhaus, Klaus; Bernd Erichson; Rolf Weiber (2011): Fortgeschrittene Multivariate Analysemethoden. Eine anwendungsorientierte Einführung. Berlin, Heidelberg: Springer.

Bandilla, Wolfgang/Kaczmirek, Lars/Blohm, Michael/Neubarth, Wolfgang (2009): Coverage- und Nonresponse-Effekte bei Online-Bevölkerungsumfragen. In: Jackob, Nikolaus/ Schoen, Harald/Zerback, Thomas (Hg.): Sozialforschung im Internet. Methodologie und Praxis der Online-Befragung. Wiesbaden: VS Verlag, S. 129-144.

Barry, David/Elmes, Michael (1997): Strategy Retold: Toward a Narrative View of Strategic Discourse. In: The Academy of Management Review 22(1997), Nr. 2, S. 429-452.

Bauman, Zygmunt (2000): Liquid Modernity. Cambridge: Polity Press.

Baumann, Birgit (2013): „Es war ein Fehler, im Internet alles gratis anzubieten". Interview mit Mathias Döpfner. In: Der Standard, 19.10.2013, S. 54.

BDZV (2009): Zeitungsverleger wollen keine staatlichen Hilfen, aber neue Rahmenbedingungen. Pressemitteilung,09.07.2009,http://www.bdzv.de/aktuell/pressemitteilungen/artikel/detail/ zeitungsverleger_wollen_keine_staatlichen_hilfen_aber_neue_rahmenbedingungen/.

Beck, Klaus (2010): Soziologie der Online-Kommunikation. In: Schweiger, Wolfgang/Beck, Klaus (Hg.): Handbuch Online-Kommunikation. Wiesbaden: Springer VS, S. 16-35.

Beck, Klaus/Reineck, Dennis/Schubert, Christiane (2010): Journalistische Qualität in der Wirtschaftskrise. Konstanz: UVK.

Becker, Alexander (2013): „Aus der News-Maschinerie ausbrechen". Zeit Wissen-Chefredakteur Andreas Lebert im Interview. In: Meedia, 20.12.2013, http://meedia.de/print/ muessen-aus-der-news-maschinerie-ausbrechen/2013/12/20.html.

Becker, Alexander (2014): Die neue Social-Media-Strategie der Zeit. In: Meedia, 24.01.2014, http://meedia.de/print/die-neue-social-media-strategie-der-zeit/2014/01/24.html.

Behmer, Markus (2012): Krise! Welche Krise? Von der Notwendigkeit des Fortbestehens der ‚Qualitätsmarke' Printjournalismus. In: Springer, Nina/Raabe, Johannes/Haas, Hannes/ Eichhorn, Wolfgang (Hg.): Medien und Journalismus im 21. Jahrhundert. Herausforderungen für Kommunikationswissenschaft, Journalistenausbildung und Medienpraxis. Konstanz: UVK, S. 217-234.

Behrmann, Detlef (2010): Lernen in der Organisation – Rekonstruktionen zum Verhältnis von individuellem und organisationalem Lernen. In: Heidsiek, Charlotte/Petersen, Jendrik (Hg.): Organisationslernen im 21. Jahrhundert. Festschrift für Harald Geißler. Frankfurt am Main, S. 93-103.

Bendig, Björn (2013): Online-Studie: Innere Pressefreiheit. Ergebnisse der Studie „Gefahren für die Innere Pressefreiheit 2013" (Grundauswertung), http://pressefreiheit-in-deutschland.de/online-studie-innere-pressefreiheit-2/.

Bennett, Oliver (2001): Cultural Pessimism: Narratives of Decline in the Contemporary World. Edinburgh: Edinburgh University Press.

Bennett, Oliver (2011): Cultures of Optimism. In: Cultural Sociology 5(2011), Nr. 2, S. 301-320.

Berger, Peter L./Luckmann , Thomas (2003): Die gesellschaftliche Konstruktion von Wirklichkeit. Eine Theorie der Wissenssoziologie. Frankfurt/M. [Orig. 1966], S. 166f.

Bethge, Philip/Brauck, Markus/Müller, Martin U./Rosenbach, Marcel/Schmundt, Hilmar/Schulz, Thomas/Tietz, Janko (2011): Die fanatischen Vier. In: Der Spiegel 49/2011, S. 70-81.

Bicher, Norbert/Pieper, Alfons (Hg) (2013): Zeitung unter Druck. Plädoyer für ein Kulturgut. Berlin: Friedrich Ebert Stiftung.

Billerbeck, Jens D. (2013): Zeitungen suchen ihre Zukunft im Digitalen. In: vdi nachrichten, 18.10.2013, S. 6.

Bilton, Chris (2007): Management and Creativity. From Creative Industries to Creative Management. Malden, MA u. a.: Blackwell.

BKM (2009): Medien- und Kommunikationsbericht der Bundesregierung 2008. 17. Dezember 2008, http://www.bundesregierung.de/Content/DE/_Anlagen/BKM/2009-01-12-medienbericht-teil1-barrierefrei.pdf?__blob=publicationFile.

Blaine, Mark (2013): The Digital Reporter's Notebook. Reporting with Online Media. London/New York: Routledge.

Blau, Wolfang (2013): Media Transformation: What Your Future CEO Needs to Know. Rede anlässlich der Graduation Ceremony des Master's Programme „International Media Innovation Management" (IMIM), forum für journalismus und medien wien, 2. Oktober 2013, http://www.youtube.com/watch?v=rLA1WXTH4QA.

Blau, Wolfgang (2010): Dem Journalismus geht es erstaunlich gut. In: Weichert, Stephan/Kramp, Leif/Jakobs, Hans-Jürgen (Hg.): Wozu noch Journalismus? Wie das Internet einen Beruf verändert. Göttingen: Vandenhoeck & Ruprecht, S. 137-145.

Blöbaum, Bernd/Kutscha, Annika/Bonk, Sophie/Karthaus, Anne (2011): Immer mehr und immer schneller – Journalistische Handlungen in innovativen Redaktionsstrukturen. In: Wolling, Jens/Will, Andreas/Schumann, Christina (Hg.) (2011): Medieninnovationen. Wie Medienentwicklungen die Kommunikation in der Gesellschaft verändern. Konstanz: UVK, S. 43-60.

Blum, Claudia/ Blum, Joachim (2001): Vom Textmedium zum Multimedium. Deutsche Tageszeitungen im Wandel. In: Bucher, Hans-Jürgen/Püschel, Ulrich (Hg.): Die Zeitung zwischen Print und Digitalisierung. Wiesbaden: Westdeutscher Verlag, S. 19-43.

Bogost, Ian/Ferrari, Simon/Schweizer, Bobby (2011): Newsgames. An introduction. In: Meikle, Graham/Redden, Guy (Hg.) (2011): News Online. Tranformations and Continuities. Basingstoke/New York: Palgrave, S. 84-98.

Bösch, Frank (2005): Die Zeitungsredaktion. In: Geisthövel, Alexa/Knoch, Habbo (Hg.) (2005): Orte der Moderne. Erfahrungswelten des 19. und 20. Jahrhunderts. Frankfurt/New York: Campus, S. 71-80.

Boudes, Thierry/Laroche, Hervé (2009): Taking off the Heat: Narrative Sensemaking in Post-crisis Inquiry Reports. In: Organization Studies 30(2009), Nr. 4, S. 377-396.

Bowman, Shayne/Willis, Chris (2003): We media: How audiences are shaping the future of news and information. The Media Center at the American Press Institute, Thinking Paper, http://www.hypergene.net/wemedia/download/we_media.pdf.

Braun-Thürmann, Holger/John, René (2010): Innovation: Realisierung und Indikator des sozialen Wandels. In: Howaldt, Jürgen/Jacobsen, Heike (Hg.) (2010): Soziale Innovation. Auf dem Weg zu einem postindustriellen Innovationsparadigma. Wiesbaden: Springer VS, S. 53-69.

Brock, George (2013): Out of Print. Newspapers, Journalism and the Business of News in the Digital Age. London/Philadelphia/New Delhi: KoganPage.

Brosda, Carsten (2008): Diskursiver Journalismus. Journalistisches Handeln zwischen kommunikativer Vernunft und mediensystemischem Zwang. Wiesbaden: Springer VS.

Bruner, Jerome (1990): Acts of Meaning. Cambridge, Massachusetts: Harvard University Press.

Bruns, Axel (2008): The Active Audience: Transforming Journalism from Gatekeeping to Gatewachting. In: Paterson, Chris/Domingo, David (Hg.): Making Online News: The Ethnography of New Media Production. New York: Peter Lang, S. 171-184.

Bruns, Axel (2011): Citizen Journalism and Everyday Life. A Case Study of Germany's My-Heimat.De. In: Franklin, Bob/Carlson, Matt (Hg.): Journalists, Sources, and Credibility. New Perspectives. New York/London: Routledge, S. 182-194.

Bucher, Hans-Jürgen (2003): Journalistische Qualität und Theorien des Journalismus. In: Bucher, Hans-Jürgen/Altmeppen, Klaus-Dieter (Hg.): Qualität im Journalismus. Grundlagen – Dimensionen – Praxismodelle. Wiesbaden: Westdeutscher Verlag, S. 11-34.

Buckow, Isabelle (2011): Freie Journalisten und ihre berufliche Identität. Eine Umfrage unter den Mitgliedern des Journalistenverbandes Freischreiber, Wiesbaden: VS Research.

Bull, Andy (2013): Brand Journalism. London/New York: Routledge.

Buschow, Christopher/Dürrenberg, Catherina/Winter, Carsten (2011): Change Management in Tageszeitungsredaktionen. In: Wolling, Jens/Will, Andreas/Schumann, Christina (Hg.) (2011): Medieninnovationen. Wie Medienentwicklungen die Kommunikation in der Gesellschaft verändert. Konstanz: UVK, S. 195-210.

Charity, Arthur (1995): Doing Public Journalism. New York/London: Guilford Press.

Charles, Alec/Stewart, Gavin (Hg.) (2011): The End of Journalism. News in the Twenty-First Century. Oxford u. a.: Peter Lang.

Chavez, Manuel (2010): Changing the journalism paradigm: How community participation helps newspapers. In: Grassroots editor, Winter 2010, S. 20-24.

Christensen, Clayton (1997): The Innovator's Dilemma. When New Technologies Cause Great Firms to Fail. Boston: Harvard Business School Press.

Clasen, Nicolas (2013): Der digitale Tsunami. Das Innovator's Dilemma der traditionellen Medienunternehmen oder wie Google, Amazon, Apple & Co. den Medienmarkt auf den Kopf stellen. Leipzig: Amazon Distribution.

Clement, Reiner/Schreiber, Dirk (2013): Internet-Ökonomie. Grundlagen und Fallbeispiele der vernetzten Wirtschaft. 2. Auflage. Wiesbaden: Springer Gabler.

Conboy, Martin/Steel, John (2009): The Future of Newspapers: Historical Perspectives. In: Franklin, Bob (Hg.) (2009): The Future of Newspapers. London/New York: Routledge, S. 21-32.

Czarniawska, Barbara (1998): A Narrative Approach to Organizational Studies. Thousand Oaks/London/New Delhi: Sage.

Da Silva, Marisa Torres (2012): Newsroom Practices and Letters-to-the-Editor. An analysis of selection criteria. In: Journalism Practice 6(2012), Nr. 2, S. 250-263.

Davies, Nick (2009): Flat Earch News. London: Vintage.

De Rycker, Antoon/Mohd Don, Zuraidah (2013): Discourse in Crisis, Crisis in Discourse. In: De Rycker, Antoon/Mohd Don, Zuraidah (Hg.): Discourse and Crisis. Critical Perspectives. Amsterdam/Philadelphia: John Benjamins, S. 3-66.

Deutscher Bundestag (2011): Zukunft des Qualitätsjournalismus. Protokoll Nr. 17/31, Ausschuss für Kultur und Medien, 31. Sitzung, 23.02.2011, http://www.bundestag.de/bundestag/ausschuesse17/a22/oeffentliche_Sitzungen/31_journalismus/protokoll.pdf.

Deutscher Bundestag (2013): Zukunft der Presse. Protokoll Nr. 17/80, Ausschuss für Kultur und Medien, 80. Sitzung, 20.02.2013, http://www.bundestag.de/bundestag/ausschuesse17/a22/ oeffentliche_Sitzungen/80_Zukunft_der_Presse/protokoll.pdf.

Deuze, Mark (2006): Liquid Journalism. Working Paper, March 2006, https://scholarworks.iu.edu/ dspace/bitstream/handle/2022/3202/Deuze%20Liquid%20Journalism%202006.pdf?-sequence=1.

Deuze, Mark (2008): The Changing Context of News Work: Liquid Journalism and Monitorial Citizenship. In: International Journal of Communication 2(2008), S. 848-865.

Deuze, Mark/Fortunati, Leopoldina (2011): Journalism without Journalists: On the Power Shift from Journalists to Employers and Audiences. In: Meikle, Graham/Redden, Guy (Hg.) (2011): News Online. Tranformations and Continuities. Basingstoke/New York: Palgrave, S. 164-177.

Die Zeit (2012): Wie guter Journalismus überleben kann. Haltung statt Kleinmut. In: Die Zeit, 22. November 2012, S. 26.

Domingo, David/Quandt, Thorsten/Heinonen, Ari/Paulussen, Steve/Singer, Jane B./Vujnovic, Marina (2009): Participatory Journalism Practices in the Media and Beyond: An International Comparative Study of Initiatives in Online Newspapers. In: Franklin, Bob (Hg.) (2009): The Future of Newspapers. London/New York: Routledge, S. 203-218.

Donsbach, Wolfgang (2002): Journalist. In: Noelle-Neumann, E.; W. Schulz; J. Wilke (Hg.): Fischer Lexikon. Publizistik/Massenkommunikation. Frankfurt a. M. [Fischer Verlag], S. 78-125

Donsbach, Wolfgang/Rentsch, Mathias/Schielicke, Anna-Maria/Degen, Sandra (2009): Entzauberung eines Berufs. Was die Deutschen vom Journalismus erwarten und wie sie enttäuscht werden. Konstanz: UVK.

Downie, Jr., Leonard/Schudson, Michael (2009): The Reconstruction of American Journalism. New York: Columbia University, Graduate School of Journalism, http://www.journalism. columbia.edu/system/documents/1/original/Reconstruction_of_Journalism.pdf.

Editor & Publisher (2003): Circulation Disorder. In: Editor & Publisher 136(2003), Nr. 40, S. 10.

Eilders, Christiane (2011): Zivilgesellschaftliche Beteiligung im Medienbereich. In: Kleinsteuber, Hans/Nehls, Sabine (Hg.): Media Governance in Europa. Regulierung – Partizipation – Mitbestimmung. Wiesbaden: Springer VS, S. 159-181.

Eimeren, Birgit van /Frees, Beate (2013): Rasanter Anstieg des Internetkonsums – Onliner fast drei Stunden täglich im Netz. Ergebnisse der ARD/ZDF-Onlinestudie 2013. In: Media Perspektiven 7-8/2013, S. 358-372.

Elias, Norbert (2009): Was ist Soziologie? 11. Auflage. Weinheim: Juventa.

Engesser, Sven (2008): Partizipativer Journalismus: Eine Begriffsanalyse. In: Zerfaß, Ansgar/ Welker, Martin/Schmidt, Jan (Hg.): Kommunikation, Partizipation und Wirkungen im Social Web. Band 2: Anwendungsfelder: Wirtschaft, Politik, Publizistik. Köln, S. 47–71

Engesser, Sven (2013): Die Qualität des Partizipativen Journalismus im Web. Bausteine für ein integratives theoretisches Konzept und eine explanative empirische Analyse. Wiesbaden: Springer VS.

Esch, Nico (2008): Leserbeteiligung in Lokalredaktionen. Anspruch und Wirklichkeit. Leipzig, Diplomarbeit

Esser, Frank (1998): Editorial Structures and Work Principles in British and German Newsrooms. In: European Journal of Communication 13(1998), Nr. 3, S. 375-405.

Esser, Frank (2004): Journalismus vergleichen. In: Löffelholz, Martin (Hg.): Theorien des Journalismus. Ein diskursives Handbuch. Wiesbaden: VS Verlag, 2. Aufl., S. 151-180.

Esser, Frank/Brüggemann, Michael (2010): The Strategic Crisis of German Newspapers. In: Levy, David A.L./Nielsen, Rasmus Kleis (Hg.) (2010): The Changing Business of Journalism and its Implications for Democracy. Oxford: Reuters Institute for the Study of Journalism, S. 39-54.

Fabel, Martin/Benien, Michael (2005): „Newspaper Endgame" – Langfristige Szenarien für deutsche Zeitungsverlage im europäischen Kontext. In: M&A Review 10/2005, S. 434-438.

Fengler, Susanne/Kretzschmar, Sonja (Hg.) (2009): Innovationen für den Journalismus. Wiesbaden: Springer VS.

Fengler, Susanne/Ruß-Mohl, Stephan (2005): Der Journalist als „Homo oeconomicus". Konstanz: UVK.

Fink, Hans-Jürgen (2010): Zeitung hat Zukunft. Beim World Editors Forum im CCH überwiegt vorsichtiger Optimismus. Ein Patentrezept hat jedoch niemand. In: Hamburger Abendblatt, 08.10.2010, S. 14.

Flecken, Eva (2013): Online oder Offline? Ich verstehe die Frage nicht. In: VOCER, 7. Oktober 2013, http://www.vocer.org/de/artikel/do/detail/id/562/online-oder-offline-ich-verstehe-die-frage-nicht.html.

Forde, Susan (2011): Challenging the News. The Journalism of Alternative and Community Media. Basingstoke/New York: Palgrave.

Forster, Klaus (2006): Journalismus im Spannungsfeld zwischen Freiheit und Verantwortung. Das Konzept des „Public Journalism" und seine empirische Relevanz. Köln: Halem.

Fraas Claudia/Meier Stefan/Pentzold, Christian (2012): Online-Kommunikation. Grundlagen, Praxisfelder und Methoden. München: Oldenbourg.

Franklin, Bob (2012): The Future of Journalism. In: Journalism Studies 13(2012), Nr. 5-6, S. 663-681.

Friedland, Lewis A./Konieczna, Magda (2011): Finanzierung journalistischer Aktivitäten durch gemeinnützige Organisationen in den USA. Dortmund: Institut für Journalistik, http://www.wissenschaftsjournalismus.org/fileadmin/content_wj/Studie_Stiftungsfinanzierter_Journalismus_in_USA_final.pdf.

Friedrichsen, Mike (2002): Online-Engagement in Druck- und Medienunternehmen als Basis der strategischen Unternehmenspositionierung. In: Altobelli, Claudia Fantapié (Hg.): Print contra Online? Verlage im Internetzeitalter. München: Reinhard Fischer, S. 21-40.

Friedrichsen, Mike (2007): Strategische Relevanz der Online-Zeitung für Tageszeitungsverlage. In: Friedrichsen, Mike/Mühl-Benninghaus, Wolfgang/Schweiger, Wolfgang (Hg.): Neue Technik, neue Medien, neue Gesellschaft? Ökonomische Herausforderungen der Onlinekommunikation. München: Reinhard Fischer, S. 139-177.

Gant, Scott (2007): We're All Journalists Now. New York: Free Press.

Garvins, David A. (1993): Building a Learning Organization. In: Harvard Business Review, July-August 1993, S. 78-91.

Geiger, Daniel/Antonacopoulou, Elena (2009): Narratives and Organizational Dynamics. Exploring Blind Spots and Organizational Inertia. In: Journal of Applied Behavioral Science 45(2009), Nr. 3, S. 411-436.

Gergen, Kenneth J. (2009): An Invitation to Social Construction. Second Edition. Thousand Oaks/London/New Delhi: Sage.

Gillmor, Dan (2004): We the Media. Grassroots Journalism by the People, for the People. Sebastopol, CA: O'Reilly.

Gillmor, Dan (2013): Unternehmer werden den Journalismus retten (und Sie könnten einer von ihnen sein). In: Kramp, Leif/Novy, Leonard/Ballwieser, Dennis/Wenzlaff, Karsten

(Hg.) (2013): Journalismus in der digitalen Moderne. Einsichten – Ansichten – Aussichten. Wiesbaden: Springer VS, S. 185-199.

Glade, Peter/Lowrey, Wilson (2011): Reshaping the journalistic culture. In: Lowrey, Wilson/Glade, Peter (Hg.) (2011): Changing the News. The Forces Shaping Journalism in Uncertain Times. New York/London: Routledge, S. 22-42.

Goslich, Lorenz (1987): Zeitungs-Innovationen. München u. a.: K.G. Saur.

Gray, Jonathan/Chambers, Lucy/Bounegru, Liliana (2012): The Data Journalism Handbook. Sebastopol: O'Reilly.

Grueskin, Bill/Seave, Ava/Graves, Lucas (2011): The Story so Far. What We Know About the Business of Digital Journalism. New York: Tow Center for Digital Journalism, http://cjrarchive.org/img/posts/report/The_Story_So_Far.pdf.

Guckelberger, Annette (2011): Aktuelle Entwicklungen des parlamentarischen Petitionswesens. Online-Petitionen, Öffentliche Petitionen, Landesrecht. Baden-Baden: Nomos.

Habermas, Jürgen (1962): Strukturwandel der Öffentlichkeit. Untersuchungen zu einer Kategorie der bürgerlichen Gesellschaft. Neuwied: Luchterhand.

Habermas, Jürgen (1971): Vorbereitende Bemerkungen zu einer Theorie der kommunikativen Kompetenz. In: Habermas, Jürgen/Luhmann, Niklas: Theorie der Gesellschaft oder Sozialtechnologie. Frankfurt am Main: Suhrkamp, S. 101-141.

Haller, Michael (2012): Diagnose: Fehldiagnose! In: Spiegel Online, 18. August 2013, http://www.spiegel.de/kultur/gesellschaft/michael-haller-zur-zeitungsdebatte-a-917026.html.

Haller, Michael (2014): Brauchen wir Zeitungen? Zehn Gründe, warum die Zeitungen untergehen. Und zehn Vorschläge, wie dies verhindert werden kann. Köln: Halem.

Hamann, Götz (2007): Sparen, bis die Leser gehen? In: Die Zeit, 20.09.2007, http://www.zeit.de/2007/39/zukunft-der-zeitung.

Hanfeld, Michael (2014): Drei Größen in der digitalen Welt. Interview mit Mathias Döpfner. In: Frankfurter Allgemeine Zeitung, 23.01.2014, S. 31.

Harcup, Tony (2013): Alternative Journalism, Alternative Voices. London/New York: Routledge.

Hasebrink, Uwe/Domeyer, Hanna (2010): Zum Wandel von Informationsrepertoires in konvergierenden Medienumgebungen. In: Hartmann, Maren/Hepp, Andreas (Hg.): Die Mediatisierung der Alltagswelt. Wiesbaden: Springer VS, S. 49-64.

Hasebrink, Uwe/Domeyer, Hanna (2012): Media Repertoires as Patterns of Behaviour and as Meaningful Practices. A Multimethod Approach to Media Use in Converging Media Environments. In: Participations. Journal of Audience & Reception Studies 9(2012), Nr. 2, S. 757-779.

Hasebrink, Uwe/Schmidt, Jan-Hinrik (2013): Medienübergreifende Informationsrepertoires. Zur Rolle der Mediengattungen und einzelner Angebote für Information und Meinungsbildung. In: Media Perspektiven 1/2013, S. 2-12.

Hay, Colin (1996): Narrating Crisis. The discoursive construction of the 'Winter of Discontent'. In: Sociology 30(1996), Nr. 2, S. 253-277.

Heimeier, Katharina (2013): Eigentümerstrukturen deutscher Zeitungsverlage. Eine Betrachtung der Entwicklung und Organisation klassischer Familienverlage im Vergleich mit alternativen Eigentumsformen. Berlin/New York: De Gruyter.

Heinrich, Ansgard (2011): Network Journalism. Journalistic Practice in Interactive Spheres. New York/London: Routledge.

Heinrich, Jürgen/Lobigs, Frank (2006): Publizistisches Angebot auf Lokal- und Regionalzeitungsmärkten und das Pressekartellrecht in der Schweiz und Deutschland: Eine medienökonomische Analyse. In: Imhof, Kurt/Blum, Roger/Bonfadelli, Heinz/Jarren, Otfried (Hg.) (2006): Demokratie in der Mediengesellschaft. Wiesbaden: Springer VS, S. 193-227.

Hepp, Andreas/Hasebrink, Uwe (2013): Human interaction and communicative figurations. The transformation of mediatized cultures and societies. Communicative Figurations Working Paper No. 2, April 2013, http://www.kommunikative-figurationen.de/fileadmin/redak_kofi/Arbeitspapiere/CoFi_EWP_No-2_Hepp_Hasebrink.pdf.

Hepp, Andreas/Pfadenhauer, Michaela (2014): Mediatisierte Partizipation? Kleine Formen der Beteiligung jenseits von Medienlogik. In: Krotz, Friedrich/Despotovic, Cathrin/Kruse, Merle (Hg.): Mediatisierung sozialer Welten. Wiesbaden: VS, S. 235-262.

Hermida, Alfred (2011b): Mechanisms of Participation: How audience options shape the conversation. In: Singer, Jane B./Domingo, David/Heinonen, Ari/Hermida, Alfred/Paulussen, Steve/Quandt, Thorsten/Reich, Zvi/Vujnovic, Marina (Hg.) (2011): Participatory Journalism. Guarding Open Gates at Online Newspapers. Chichester: Wiley-Blackwell, S. 13-33.

Hermida, Alfred, (2011a): Fluid Spaces, Fluid Journalism: The role of the „active recipient" in participatory journalism. In: Singer, Jane B./Domingo, David/Heinonen, Ari/Hermida, Alfred/Paulussen, Steve/Quandt, Thorsten/Reich, Zvi/Vujnovic, Marina (Hg.) (2011): Participatory Journalism. Guarding Open Gates at Online Newspapers. Chichester: Wiley-Blackwell, S. 177-191.

Herndon, Keith L. (2012): The Decline of the Daily Newspaper. How an American Institution Lost the Online Revolution. New York u.a.: Peter Lang.

Himelboim, Itai/McCreery, Steve (2012): New technology, old practices: Examining news websites from a professional perspective. In: Covergence 18(2012), S. 427-444.

Hohlfeld, Ralf/Meier, Klaus/Neuberger, Christoph (Hg.) (2002): Innovationen im Journalismus. Forschung für die Praxis. Berlin: Lit.

Hohlfeldt, Ralf/Müller, Philipp/Richter, Annekathrin/Zacher, Franziska (Hg.): Crossmedia – Wer bleibt auf der Strecke? Beiträge aus Wissenschaft und Praxis. Berlin: Lit.

Hollifield, Ann (2011): Changing perception of organizations. In: Lowrey, Wilson/Glade, Peter (Hg.) (2011): Changing the News. The Forces Shaping Journalism in Uncertain Times. New York/London: Routledge, S. 193-212.

Howaldt, Jürgen/Jacobsen, Heike (Hg.) (2010): Soziale Innovation. Auf dem Weg zu einem postindustriellen Innovationsparadigma. Wiesbaden: Springer VS.

Howe, Jeff (2008): The Rise of Crowdsourcing. Why the Power of the Crowd Is Driving the Future of Business. London: Random House.

Hübner, Heinz (2002): Integratives Innovationsmanagement. Nachhaltigkeit als Herausforderung für ganzheitliche Erneuerungsprozesse. Berlin: Erich Schmidt.

Hummel, Roman (2012): Journalistische Nachrichtenproduktion unter Deprofessionalisierungsdruck. Reaktionen von Praxis und Wissenschaft. In: Springer, Nina/Raabe, Johannes/Haas, Hannes/Eichhorn, Wolfgang (Hg.): Medien und Journalismus im 21. Jahrhundert. Herausforderungen für Kommunikationswissenschaft, Journalistenausbildung und Medienpraxis. Konstanz: UVK, S. 201-2016.

Hutter, Andres (2009): Watchblogs: Medienkritik 2.0? Eine inhaltsanalytische Untersuchung journalistischer Qualität in medienkritischen Weblogs. Boizenburg: VWH.

IGEL (2010): IGEL – Initiative gegen das Leistungsschutzrecht geht online. In: Leistungs-schutzrecht.info, 13.12.2010, http://leistungsschutzrecht.info/news/2010-12-13/igel-in-itiative-gegen-ein-leistungsschutzrecht-geht-online.

Jarvis, Jeff (2009): Product v. process journalism: The myth of perfection v. beta culture. In: Buzzmachine, 7. Juni 2009, http://buzzmachine.com/2009/06/07/processjournalism/.

Jarvis, Jeff (2013): Maybe news is just more efficient. In: Buzzmachine, 6. Oktober 2013, http://buzzmachine.com/2013/10/06/maybe-news-is-just-more-efficient/.

Jenkins, Blair (2012): Better Journalism in the Digital Age. Dunfermline: Carnegie Trust, http://www.carnegieuktrust.org.uk/CMSPages/GetFile.aspx?guid=e0e6cbc2-31cc-4c99-bee3-cd6e69936f30.

Jenkins, Henry (Hg.) (2009): Confronting the Challenges of Participatory Culture. Media Education for the 21st Century. Cambridge, MA/London: MIT Press.

Jones, Janet/Salter, Lee (2012): Digital Journalism. London u. a.: Sage.

Jung, Hans (2010): Allgemeine Betriebswirtschaftslehre. 12., aktualisierte Auflage. München: Oldenbourg.

Junger, Richard (2011): An Alternative to 'Fortress Journalism'? Historical and Legal Prece-dents for Citizen Journalism and Crowdsourcing in the United States. In: Charles, Alec/Stewart, Gavin (Hg.) (2011): The End of Journalism. News in the Twenty-First Century. Oxford u. a.: Peter Lang, S. 73-86.

Kahl, Jonas (2013): Elektronische Presse und Bürgerjournalismus. Presserechtliche Rechte und Pflichten von Wortmedien im Internet. Baden-Baden: Nomos.

Kaltenbrunner, Andy/Meier, Klaus (2013): Convergent Journalism – Newsrooms, Routines, Job Profiles and Training. In: Diehl, Sandra/Karmasin, Matthias (Hg.) (2013): Media and Convergence Management. Berlin/Heidelberg: Springer, S. 285-298.

Kansky, Holger (2010): Vom Zeitungshaus zum Multiplattformunternehmen. In: Hohlfeldt, Ralf/Müller, Philipp/Richter, Annekathrin/Zacher, Franziska (Hg.): Crossmedia – Wer bleibt auf der Strecke? Beiträge aus Wissenschaft und Praxis. Berlin: Lit, S. 284-299.

Karkowsky, Stephan (2013): Traumhafte Renditen für Zeitungsverlage Medienökonom sieht Qualitätsjournalismus nicht in der Krise. Interview mit Frank Lobigs. In: Deutschlandradio Kultur, 21.05.2013, http://www.deutschlandradiokultur.de/traumhafte-renditen-fuer-zeitungsverlage.954.de.html?dram:article_id=247293.

Karnowski, Veronika (2011): Diffusionstheorien. Baden-Baden.Altmeppen Klaus-Dieter (2012): Einseitige Tauschgeschäfte: Kriterien der Beschränkung journalistischer Au-tonomie durch kommerziellen Druck. In: Jarren, Otfried/Künzler, Matthias/Puppis, Manuel (Hg.): Medienwandel oder Medienkrise? Folgen für Medienstrukturen und ihre Erforschung. Baden-Baden, S. 37-52.

Kensing, Kyle (2013): The Worst Jobs of 2013. In: Careercast, 23.04.2013, http://www.career-cast.com/jobs-rated/worst-jobs-2013.

King, Elliot (2010): Free for All. The Internet's Transformation of Journalism. Foreword by Jeff Jarvis. Evanston, Illinois: Northwestern University Press.

Kissler, Alexander (2012): Etwas weniger Besserwisserei, bitte! In: Cicero.de, 06.12.2012, http://www.cicero.de/salon/etwas-weniger-besserwisserei-bitte/52781.

Koch, Thomas (2012): Die Fehler der Zeitungen. In: Horizont.net, 11.07.2012, http://www.horizont.net/aktuell/medien/pages/protected/printall.php?id=108736.

Kolo, Castulus/Döbler, Thomas/Rademacher, Lars (Hg.) (2012): Wertschöpfung durch Medien im Wandel. Baden-Baden: Nomos.

Kolo, Castulus/Weichert, Stephan (2014): Germany. Evaluating Alternatives to Finance
   Quality Journalism. In: Murschetz, Paul/Karstens, Eric (Hg.): News in Transition – Go-
   vernment Subsidies to Newspapers in Europe and Abroad. Berlin/Heidelberg: Springer.
Kolodzy, Janet (2006): Convergence Journalism: Writing and Reporting Across the News
   Media. Lanham: Roman & Littlefield.
Kramp, Leif (2013): Profession am Scheideweg. Journalismus zwischen Aufbruch und Exis-
   tenzängsten. In: Kramp, Leif/Novy, Leonard/Ballwieser, Dennis/Wenzlaff, Karsten (Hg.)
   (2013): Journalismus in der digitalen Moderne. Einsichten – Ansichten – Aussichten.
   Wiesbaden: Springer VS, S. 33-62.
Kramp, Leif/Novy, Leonard/Ballwieser, Dennis/Wenzlaff, Karsten (2013): Journalismus in
   der digitalen Moderne: Einführung. In: Kramp, Leif/Novy, Leonard/Ballwieser, Dennis/
   Wenzlaff, Karsten (Hg.) (2013): Journalismus in der digitalen Moderne. Einsichten –
   Ansichten – Aussichten. Wiesbaden: Springer VS, S. 7-14.
Kramp, Leif/Weichert, Stephan (2012a): Bedingt innovativ. Wie Zeitungen auf die Medien-
   krise reagieren. In: epd medien Nr. 16 vom 20. April 2012, S. 5-9.
Kramp, Leif/Weichert, Stephan (2012b): Innovationsreport Journalismus. Ökonomische,
   medienpolitische und handwerkliche Faktoren im Wandel. Bonn: Friedrich-Ebert-Stiftung.
Krause, Anna-Mareike (2013): „Springer verabschiedet sich von Print". Interview mit
   Medienforscher Horst Röper. In: Tagesschau.de, 25.07.2013, http://www.tagesschau.de/
   wirtschaft/interview-roeper100.html
Krotz, Friedrich (2001): Die Mediatisierung des kommunikativen Handelns. Der Wandel von
   Alltag und sozialen Beziehungen, Kultur und Gesellschaft durch die Medien. Opladen:
   Westdeutscher Verlag.
Krotz, Friedrich (2007): Mediatisierung. Fallstudien zum Wandel von Kommunikation.
   Wiesbaden: VS Verlag für Sozialwissenschaften.
Krüger, Wilfried (2006): Excellence in Change. Wege zur strategischen Erneuerung. 3.
   Auflage, Wiesbaden: Gabler.
Lévi-Strauss, Claude (1963): Structural Anthropology. New York: Basic Books.
Lewis, Seth C. (2012): The Tension Between Professional Control and Open Participation.
   Journalism and Its Boundaries. In: Information, Communication & Society, 15(2012),
   Nr. 6, S. 836-866.
Lilienthal Volker/Schnedler, Thomas (2012): Gezwungen, sich zu verkaufen? Zur sozialen
   Lage von Journalistinnen und Journalisten. In: APuZ – Aus Politik und Zeitgeschichte
   29-31/2012, S. 15-21.
Lilienthal, Volker/Weichert, Stephan/Reineck, Dennis/Sehl, Annika/Worm, Silvia (2014,
   im Erscheinen): Digitaler Journalismus. Professionalisierung – Partizipation – Auto-
   matisierung. Berlin: Vistas.
Linington, Jess (2013): Interactive documentary and the future of journalism. In: i-Docs, 31. Juli
   2013, http://i-docs.org/2013/07/31/interactive-documentary-and-the-future-of-journalism/
Lischka, Konrad/ Reißmann, Ole (2013): Leistungsschutzrecht: Die wahren Probleme der
   Verlage. In: Spiegel Online, 22.02.2013, http://www.spiegel.de/netzwelt/netzpolitik/
   leistungsschutzrecht-google-erpressung-ist-kein-geschaeftsmodell-a-880779.html
Littger, Peter/Weichert, Stephan (2013): Public and private solutions for journalism's future
   business model In: The Media Briefing vom 13. März 2013: http://www.themediabriefing.
   com/article/2013-03-13/Public-private-solutions-journalisms-future-business-model
Livingstone, Sonia (2013) The participation paradigm in audience research. In: The Communication Review 16(2013), S. 21-30.

Lobigs, Frank (2013): Finanzierung des Journalismus. In: Meier, Klaus/Neuberger, Christoph (Hg.): Journalismusforschung. Stand und Perspektiven. Baden-Baden: Nomos, S. 53-74.

Lobigs, Frank (2014): Die Zukunft der Finanzierung von Qualitätsjournalismus. Expertise im Auftrag der Berlin-Brandenburgischen Akademie der Wissenschaften, der Deutschen Akademie der Technikwissenschaften sowie der Nationalen Akademie der Wissenschaften Leopoldina. In: Weingart, Peter/Schulz, Patricia (Hg.): Wissen – Nachricht – Sensation. Zur Kommunikation zwischen Wissenschaft, Öffentlichkeit und Medien. Weilerswist: Velbrück, S. 144-220.

Löffelholz, Martin (2004): Einführung in die Journalismustheorie. In: Löffelholz, Martin (Hg.): Theorien des Journalismus. Ein diskursives Handbuch. Wiesbaden: VS Verlag, 2. Aufl., S. 17-64.

Loosen, Wiebke (2013): Publikumsbeteiligung im Journalismus. In: Meier, Klaus/Neuberger, Christoph (Hg.): Journalismusforschung. Stand und Perspektiven. Baden-Baden: Nomos, S. 147-163.

Loosen, Wiebke/Schmidt, Jan-Hinrik (2012): (Re-) Discovering the Audience. The relationship between journalism and audience in networked digital media. In: Information, Communication & Society 15(2012), Nr. 6, S. 867-887.

Lowrey, Wilson/Glade, Peter (2011): Connective Journalism. In: Lowrey, Wilson/Glade, Peter (Hg.) (2011): Changing the News. The Forces Shaping Journalism in Uncertain Times. New York/London: Routledge, S. 270-286.

Lülfs, Regina (2013): Nachhaltigkeit und organisationales Lernen. Eine transdisziplinäre Analyse. Wiesbaden: Springer Gabler.

Lünenborg, Margarethe (2012): Qualität in der Krise? In: APuZ – Aus Politik und Zeitgeschichte 29-31/2012, S. 3-8.

Madigan, Charles M. (Hg.) (2007): The Collapse of the Great American Newspaper. Chicago: Ivan R. Dee.

Mahmoodi, Oranus (2013): DJV fordert klare Renditezahlen von Verlagen. In: Pressetext Nachrichtenagentur, 04.07.2013, http://www.pressetext.com/news/20130704003.

Malik, Maja (2005): Heterogenität und Repräsentativität. Zur Konzeption von Grundgesamtheit und Stichprobe der Studie „Journalismus in Deutschland II". In: Gehrau, V.; B. Fretwurst; B. Krause et. al. (Hg.): Auswahlverfahren in der Kommunikationswissenschaft. Köln: Halem Verlag, S. 183-202

Mast, Claudia (2012): Strategien für die Zukunft. Umfrage unter den Chefredakteuren deutscher Tageszeitungen. Online: https://media.uni-hohenheim.de/fileadmin/einrichtungen/media/PDF/Chefredakteur2012/ChR_Bericht_2012_StrategienFuerDieZukunft.pdf (vom 04.03.2014)

Mast, Claudia 2009: Wirtschaftskrise – Zeitungskrise? Umfrage unter den Chefredakteuren deutscher Tageszeitungen. Online: https://media.uni-hohenheim.de/fileadmin/einrichtungen/media/PDF/Chefredakteur2012/ChR_Bericht_2009_WirtschaftskriseZeitungskrise.pdf (vom 04.03.2014)

Markoff, John (1994): A Magazine Seeks to Push the On-Line Envelope. In: New York Times, 31. Oktober 1994, S. 6.

Martin, Shannon E./Hansen, Kathleen A. (1998): Newspapers of Record in a Digital Age. From Hot Type to Hot Link. Wesport, Connecticut/London: Praeger.

McChesney, Robert W. (2011): The Crisis of Journalism and the Internet. In: Meikle, Graham/Redden, Guy (Hg.): News Online. Tranformations and Continuities. Basingstoke/New York: Palgrave, S. 53-68.

Meckel, Miriam (1999): Redaktionsmanagement. Ansätze aus Theorie und Praxis. Opladen/ Wiesbaden.

Meier, Klaus (2007a): Newsroom – die Redaktion im digitalen Journalismus. In: Medien-wirtschaft 4(2007), Nr. 3, S. 46-48.

Meier, Klaus (2007b): Innovations in Central European Newsrooms. In: Journalism Practice 1(2007), Nr. 1, S. 4-19.

Meier, Klaus (2009): Germany: Newsroom Innovations and Newsroom Convergence. In: Fioretti, Natascha/Russ-Mohl, Stephan (Hg.): Merging Media, Converging Newsrooms. Lugano: Università Della Svizzera Italiana, S. 37-49.

Meier, Klaus (2012): Unter Strom: Der Newsroom. In: Bundeszentrale für politische Bildung, Dossier Lokaljournalismus, 18.06.2012, http://www.bpb.de/gesellschaft/medien/151607/ unter-strom-der-newsroom.

Meier, Klaus (2013): Wird es bald keine gedruckten Tageszeitungen mehr geben? In: Deutsche Gesellschaft für Publizistik- und Kommunikationswissenschaft e. V. (Hg.) (2013): 50 Fragen. 50 Antworten. 50 Jahre DGPuK. Eichstätt/Hamburg: DGPuK, S. 16-17.

Meyer, Kathrin (2005): Crossmediale Kooperation von Print- und Online-Redaktionen bei Tageszeitungen in Deutschland. München: Herbert Utz.

Meyer, Philip (2004): The Vanishing Newspaper. Saving Journalism in the Information Age. Columbia, Missouri: University of Missouri Press, S. 6.

Miller, Ron (2008): The New Journalism: It's Participatory Time. In: Ectontentmag, July/ August 2008, S. 30-34.

Mlitz, Andrea (2008): Dialogorientierter Journalismus. Leserbriefe in der Tagespresse. Konstanz: UVK.

Moldaschl, Manfred (2010): Depistomologie des Organisationslernens. Beiträge zur Wis-senschaft des Scheiterns. In: Heidsiek, Charlotte/Petersen, Jendrik (Hg.): Organisations-lernen im 21. Jahrhundert. Festschrift für Harald Geißler. Frankfurt am Main, S. 81-92.

Morozov, Evgeny (2012): A Robot Stole My Pulitzer! How automated journalism and loss of rea-ding privacy may hurt civil discourse. In: Slate, 19. März 2012, http://www.slate.com/articles/ technolgy/future_tense/2012/03/narrative_science_robot_journalists_customized_ news_and_the_danger_to_civil_discourse_.html.

Müller, Thorsten (2013): Habitualisierte Mobilnutzung – Smartphones und Tablets gehören zum Medienalltag. In: Media Perspektiven 9/2013, S. 410-422.

Muret, Theodor (1839): Frankreich. Das Innere eines Pariser Zeitungs-Bureaus. In: Magazin für die Literatur des Auslandes, 11.01.1839, S. 17-18.

Neuberger, Christoph (1994): Journalisten in der Statistik. Bestandsaufnahme der Statistiken von Ämtern, Verbänden und Versicherungen. In: Rundfunk und Fernsehen 42, S. 37-48

Neuberger, Christoph/Nuernbergk, Christian/Rischke, Melanie (Hg.) (2009): Journalismus im Internet. Profession – Partizipation – Technisierung. Wiesbaden: Springer VS.

Neuberger, Christoph (2009): Internet, Journalismus und Öffentlichkeit. In: Neuberger, Christoph/Nuernbergk, Christian/Rischke, Melanie (Hg.): Journalismus im Internet. Profession – Partizipation – Technisierung. Wiesbaden: Springer VS, S. 19-106.

Neuberger, Christoph (2011): Strukturwandel 2.0. Zur Veränderung der politischen Kom-munikation durch das Internet. In: Tendenz 2/2011, S. 12-15.

Neuberger, Christoph (2012): Bürgerjournalismus als Lösung? : Empirische Ergebnisse zu den journalistischen Leistungen von Laienkommunikatoren. In: In: Jarren, Otfried/ Künzler, Matthias/Puppis, Manuel (Hg.): Medienwandel oder Medienkrise? Folgen für Medienstrukturen und ihre Erforschung. Baden-Baden, S. 53-76.

Neuberger, Christoph (2012): Journalismus im Internet aus Nutzersicht. In: Media Perspektiven 1/2012, S. 40-55.

Neuberger, Christoph (2013a): Onlinemedien als Institutionen. In: Künzler, Matthias/ Oehmer, Franziska/Puppis, Manuel/Wassmer, Christian (Hg.): Medien als Institutionen und Organisationen. Institutionalistische Ansätze in der Publizistik- und Kommunikationswissenschaft. Baden-Baden: Nomos, S. 97-116.

Neuberger, Christoph/Quandt, Thorsten (2010): Internet-Journalismus: Vom traditionellen Gatekeeping zum partizipativen Journalismus? In: Schweiger, Wolfgang/Beck, Klaus (Hg.): Handbuch Online-Kommunikation. Wiesbaden: Springer VS, S. 59-79.

Neverla, Irene (Hg.) (1998): Das Netz-Medium. Kommunikationswissenschaftliche Aspekte eines Mediums in Entwicklung. Opladen: Westdeutscher Verlag.

News aktuell GmbH/Faktenkontor GmbH (2010): Medientrend-Monitor 2010

Nielsen, Rasmus Kleis (2010): Participation through letters to the editor: Circulation, considerations, and genres in the letters institution. In: Journalism 11(2010), Nr. 1, S. 21-35.

Nielsen, Rasmus Kleis (2012): Ten Years That Shook the Media World. Big Questions and Big Trends in International Media Developments. Oxford: Reuters Institute for the Study of Journalism, https://reutersinstitute.politics.ox.ac.uk/fileadmin/documents/Publications/Working_Papers/Nielsen_-_Ten_Years_that_Shook_the_Media.pdf.

Nip, Joyce Y.M. (2006): Exploring the Second Phase of Public Journalism. In: Journalism Studies 7(2006), Nr. 2, S. 212-236.

Noelle-Neumann, Elisabeth (1971): Der Leser – Das unbekannte Wesen. In: ZV + ZV 36(1971), Nr. 2, S. 1500-1503.

Noelle-Neumann, Elisabeth (1986): Die Antwort der Zeitung auf das Fernsehen. Konstanz: UVK.

Novy, Leonard (2013): Vorwärts (n)immer. Normalität, Normativität und Krise des Journalismus. In: Kramp, Leif/Novy, Leonard/Ballwieser, Dennis/Wenzlaff, Karsten (Hg.) (2013): Journalismus in der digitalen Moderne. Einsichten – Ansichten – Aussichten. Wiesbaden: Springer VS, S. 17-32.

O'Donovan, Caroline (2013): Intercontinental collaboration: How 86 journalists in 46 countries can work on a single investigation. In: Niemanlab, 3. April 2013, http://www.niemanlab.org/2013/04/intercontinental-collaboration-how-86-journalists-in-46-countries-can-work-on-a-single-investigation/.

Obermaier, Magdalena/Springer, Nina/Popp, Susanne (2012): Ins Netz gegangen. Was das online-affine Publikum vom Journalismus erwartet. In: Springer, Nina/Raabe, Johannes/ Haas, Hannes/Eichhorn, Wolfgang (Hg.): Medien und Journalismus im 21. Jahrhundert. Herausforderungen für Kommunikationswissenschaft, Journalistenausbildung und Medienpraxis. Konstanz: UVK, S. 549-572.

Olson, Emily (2013): The Open Newsroom. In: Kramp, Leif/Novy, Leonard/Ballwieser, Dennis/Wenzlaff, Karsten (Hg.) (2013): Journalismus in der digitalen Moderne. Einsichten – Ansichten – Aussichten. Wiesbaden: Springer VS, S. 117-124.

Ortner, Christian (2013): Sind Journalisten doch besser als ihr Ruf? In: St. Galler Tagblatt, 7. April 2013, S. 2.

Ortolani, Alex (2014): One Newsroom, Many Possibilities: How the Merging of Digital and Print Journalism in American Newsrooms is Shaping the Future of U.S. Media. In: Anderson, Peter J./Ogola, George/Williams, Michael (Hg.) (2014): The Future of Quality News Journalism. A Cross-Continental Analysis. New York/London: Routledge, S. 127-142.

Ott, Friederike (2014): Gründerzeit. In: Journalist 1/2014, S. 16-23.

Paulussen, Steve/Geens, Davy/Vandenbrande, Kristel (2011): Forstering a Culture of Collaboration: Organizational Challenges of Newsroom Innovation. In: Domingo, David/
Paterson, Chris (Hg.) (2011): Making Online News. Volume 2. Newsroom Ethnographies
in the Second Decade of Internet Journalism. New York: Peter Lang, S. 3-14.

Paulussen, Steve/Heinonen, Ari/Domingo, David/Quandt, Thorsten (2007). Doing It To-
gether: Citizen Partcipation in the Professional News Making Process. In: Observatorio
(OBS*) Journal, 1(2007), Nr. 3, S. 131-154.

Paulussen. Steve (2011): Inside the Newsroom. Journalists' Motivations and Organizational
Structures. In: Singer, Jane B./Domingo, David/Heinonen, Ari/Hermida, Alfred/Paulussen,
Steve/Quandt, Thorsten/Reich, Zvi/Vujnovic, Marina (Hg.) (2011): Participatory Journa-
lism. Guarding Open Gates at Online Newspapers. Chichester: Wiley-Blackwell, S. 59-75.

Pavlik, John (2001): Journalism and New Media. New York/Chichester: Columbia University Press.

Peil, Corinna/Röser, Jutta (2012): Using the Domestication Approach for the Analysis of
Diffusion and Participation Processes of New Media. In: Bilandzic, Helena/Patriarche,
Geoffroy/Traudt, Paul J. (Hg.) (2012): The Social Use of Media. Cultural and Social
Scientific Perspectives on Audience Research. Bristol/Chicago, IL: Intellect, S. 221-240.

Peters, Chris/Broersma, Marcel (Hg.) (2013): Rethinking Journalism. Trust and Participation
in a Transformed News Landscape. London/New York: Routledge.

Pew Research Center (2013): The State of the News Media 2013. Online: http://stateofthe-
media.org/ (vom 04.03.2014)

Phillips, Angela (2012): Faster and shallower: homogenisation, cannibalisation and the death
of reporting. In: Lee-Wright, Peter/Phillips, Angela/Witschge, Tamara (2012): Changing
Journalism. New York/London: Routledge, S. 81-98.

Plöchinger, Stefan (2013): Innovation | Journalismus | INNOVATION. In: Kramp, Leif/Novy,
Leonard/Ballwieser, Dennis/Wenzlaff, Karsten (Hg.) (2013): Journalismus in der digitalen
Moderne. Einsichten – Ansichten – Aussichten. Wiesbaden: Springer VS, S. 161-172.

Pöttker, Horst (2010): Jorunalisten in der Mediengesellschaft. Daten zu Innovationsbereitschaft
und professionellem Autonomiebewusstsein von DJV-Mitgliedern. In: Bartelt-Kircher,
Gabriele/Bohrmann, Hans/Haas, Hannes/Jarren Ofried/Pöttker, Horst/Weischenberg,
Siegfried (Hg.) (2010): Krise der Printmedien: Eine Krise des Journalismus? Berlin/New
York: Walter de Gruyter, S. 82-114.

Project for Excellence in Journalism (2013): State of the News Media 2013. An Annual Report
on American Journalism, http://stateofthemedia.org/.

Prott, Jürgen (1984): Die Elektronik entzaubert den Journalismus. Technik dominiert den
Arbeitsalltag von Zeitungsredakteuren. In: Media Perspektiven 2/1984, S. 114-119.

Pühringer, Karin (2007): Journalisten – Kapital und Herausforderung im Zeitungsunternehmen. Implementierung von Personalentwicklungsinstrumenten und deren Wirkung
auf redaktionelles Wissensmanagement, Mitarbeitermotivation und Personalfluktuation.
Berlin: Lit.

Puppis, Manuel/Künzler, Matthias/Jarren, Otfried (2012): Medienwandel oder Medienkrise? In: Jarren, Otfried/Künzler, Matthias/Puppis, Manuel (Hg.) (2012): Medienwandel
oder Medienkrise? Folgen für Medienstrukturen und ihre Erforschung. Baden-Baden:
Nomos, S. 11-24.

Quandt, Thorsten (2005): Journalisten im Netz. Wiesbaden: VS Verlag

Quandt, Thorsten (2008): Neues Medium, alter Journalismus? Eine vergleichende Inhalts-
analyse tagesaktueller Print- und Online-Nachrichtenangebote. In: Quandt, Thorsten/

Schweiger, Wolfgang (Hg.): Journalismus online – Partizipation oder Profession? Wiesbaden: Springer VS, S. 131-156.

Quandt, Thorsten (2008b): Old and New Routines in German Online Newsrooms. In: Paterson, Chris/Domingo, David (Hg.): Making Online News: The Ethnography of New Media Production. New York: Peter Lang, S. 77-97.

Quandt, Thorsten (2011): Understanding a New Phenonomen: The Significance of Participatory Journalism. In: Singer, Jane B./Domingo, David/Heinonen, Ari/Hermida, Alfred/Paulussen, Steve/Quandt, Thorsten/Reich, Zvi/Vujnovic, Marina (Hg.) (2011): Participatory Journalism. Guarding Open Gates at Online Newspapers. Chichester: Wiley-Blackwell, S. 155-176.

Randazzo, Gary (2011): Disruptive vs. Sustaining Innovations. In: Editor & Publisher, September 2011, S. 58.

Rathgeb, Jürg (1995): Zeitungsrenovationen 1978-1993. Zürich: Seminar für Publizistikwissenschaft der Universität Zürich.

Reich, Zvi (2013): The Impact of Technology on News Reporting: A Longitudinal Perspective. In: Journalism & Mass Communication Quarterly 90(2013), Nr. 3, S. 417-434.

Reich, Zvi (2013): The Impact of Technology on News Reporting: A Longitudinal Perspective. In: Journalism & Mass Communication Quarterly 90(2013), Nr. 3, S. 417-434.

Reiter, Markus/Waas, Eva-Maria (2009): Der Relaunch. Zeitung – Zeitschrift – Internet. Konstanz: UVK.

Reitze, Helmut/Ridder, Christa-Maria (Hg.) (2011): Massenkommunikation VIII. Eine Langzeitstudie zur Mediennutzung und Medienbewertung 1964-2010. Baden-Baden: Nomos.

Reus, Gunter (2009): Die Glaubwürdigkeit des Subjekts. Eine Befragung von Chefredakteuren zur Rolle der Persönlichkeit im Journalismus. In W. Duchkowitsch, F. Hausjell, H. Pöttker,& B. Semrad (Hg.), Journalistische Persönlichkeit. Fall und Aufstieg eines Phänomens). Köln: Halem. S. 266-287

Rieger, Felicitas (2013): Ein Leistungsschutzrecht für Presseverleger. Baden-Baden: Nomos.

Robinson, Sue (2011) „Journalism as Process‴. The Organizational Implications of Participatory Online News. In: Journalism & Communication Monographs 13(2011), S. 137-210.

Roether, Diemut (2003): Abnabelungsprozess. In: epd medien, 17. Mai 2003, S. 7-11.

Rohrbeck, Felix/Kunze, Anne (Hg.) (2010): Journalismus nach der Krise. Aufbruch oder Ausverkauf? Köln: Herbert von Halem.

Röper, Horst (2012): Zeitungsmarkt 2012: Konzentration erreicht Höchstwert. In: Media Perspektiven 5/2012, S. 268-285.

Rosen, Jay (1996): Getting the Connections Right. Public Journalism and the Troubles in the Press. New York: Twentieth Century Fund Press.

Rosen, Jay (2011): Why "Bloggers vs. Journalists" is Still With Us. In: Pressthink, 04.03.2011, http://pressthink.org/2011/03/monsters-of-the-newsroom-id-why-bloggers-vs-journalists-is-still-with-us/.

Rosenberry, Jack/St. John III, Burton (Hg.) (2010): Public Journalism 2.0. The Promise and Reality of a Citizen-Engaged Press. New York/London: Routledge.

Roston, Michael (2014): If a tweet worked once, send it again – and other lessons from The New York Times' social media desk. In: Niemanlab.org, 06.01.2014, http://www.niemanlab.org/2014/01/if-a-tweet-worked-once-send-it-again-and-other-lessons-from-the-new-york-times-social-media-desk/.ekt,

Ruß-Mohl, Stephan (1997): Das Internet und die Presse: „Es ist wie beim Fernsehen im Jahre 1951". Das Internet und die Auswirkungen aufs journalistische Metier. In: Neue Zürcher Zeitung, 14.02.1997, S. 61.

Ruß-Mohl, Stephan (2009): Kreative Zerstörung. Konstanz: UVK.

Ruusunoksa, Laura/Kunelius, Risto (2009): Mapping Professional Imagination: On the Potential of Professional Culture in the Newspapers of the Future. In: Franklin, Bob (Hg.): The Future of Newspapers. London/New York: Routledge, S. 33-49.

Ryfe, David M. (2012): Can Journalism Survice? An Inside Look At American Newsrooms. Cambridge/Malden: Polity.

Ryfe, David M. (2012): Can Journalism Survice? An Inside Look At American Newsrooms. Cambridge/Malden: Polity.

Saba, Jennifer (2010): Online Exodus. Can Newspapers Keep Digital Talent? In: Editor & Publisher 143(2010), Nr. 5, S. 34-35.

Saltzman, Joe (2013): Legacy newspapers will survive one way or another. In: Facebook. com, 29.12.2013, https://www.facebook.com/joe.saltzman.3/posts/10203033418137366.

Schäfer, K. Antonia (2012): Weit weit oben. In: Journalist 6/2012, S. 48-53.

Schäffter, Ortfried (2010): Organisation. In: Arnold, Rolf/Nolda, Sigrid/Nuissl, Ekkehard (Hg): Wörterbuch der Erwachsenenbildung. 2. Auflage. Bad Heilbrunn/Oberbayern, S. 227-229.

Schirrmacher, Frank (2011): Die Idee der Zeitung. Wie die digitale Welt den Journalismus revolutioniert. Tübingen: Institut für Medienwissenschaft.

Schmidt, Jan (2011): Das neue Netz. Merkmale, Praktiken und Folgen des Web 2.0. 2., überarbeitete Auflage. Konstanz: UVK.

Schnedler, Thomas (2008): Getrennte Welten? Journalismus und PR in Deutschland. Wiesbaden: Netzwerk Recherche.

Schnell, Marie (2008): Innovationen im deutschen Tageszeitungsmarkt. Eine Analyse des Wettbewerbsverhaltens überregionaler Tageszeitungen vor dem Hintergrund struktureller Marktveränderungen. Münster: Lit.

Schnibben, Cordt (2013a): Wenn nicht, warum? In: Spiegel Online, 10.09.2013, http://www.spiegel.de/static/zeitungsdebatte/.

Schnibben, Cordt (2013b): Die Zeitungsdebatte. In: Journalist.de, 04.09.2013, http://www.journalist.de/ratgeber/handwerk-beruf/menschen-und-meinungen/spiegel-reporter-cordt-schnibben-ueber-die-zeitungsdebatte.html.

Scholl, Armin (2004): Die Inklusion des Publikums – Theorien zur Analyse der Beziehungen von Journalismus und Publikum. In: Löffelholz, Martin (Hg.): Theorien des Journalismus. 2. Auflage. Wiesbaden: Springer VS, S. 517-536.

Scholl, Armin/Malik, Maja/Gehrau, Volker (2014): Journalistisches Publikumsbild und Publikumserwartungen. Eine Analyse des Zusammenhangs von journalistischen Vorstellungen über das Publikum und Erwartungen des Publikums an den Journalismus. In: Loosen, Wiebke/Dohle, Marco (Hg.): Journalismus und (sein) Publikum. Schnittstellen zwischen Journalismusforschung und Rezeptions- und Wirkungsforschung. Wiesbaden: Springer VS, S. 17-33.

Schönbauer, Tabea (2012): Stress im Journalismus. Arbeitsspezifische Stressbewältigungsstrategien von Tageszeitungsjournalisten. In: Springer, Nina/Raabe, Johannes/Haas, Hannes/Eichhorn, Wolfgang (Hg.): Medien und Journalismus im 21. Jahrhundert. Herausforderungen für Kommunikationswissenschaft, Journalistenausbildung und Medienpraxis. Konstanz: UVK, S. 257-280.

Schönhagen, Philomen/Kopp, Miriam (2007): ,Bürgerjournalismus' – Revolution des Journalismus? In: Zeitschrift für Politik 54(2007), Nr. 3, S. 296-323.

Schulz, Roland (1995): Personalmanagement bei der Bewältigung von Umbruchsituationen. In: Oberender, Peter (Hg.): Branchen im Umbruch. Berlin: Duncker & Humblot, S. 9-28.

Schulze, Gerhard (2011): Strukturwandel der Öffentlichkeit 2.0. Kunst und Publikum im digitalen Zeitalter. In: Kulturpolitische Mitteilungen Nr. 134, III/2011, S. 36-43.

Schweiger, Wolfgang (2007): Theorien der Mediennutzung. Eine Einführung. Wiesbaden: Springer VS.

Searls, Doc (2001): Post-Industrial Journalism. In: Doc Searls Weblog, 02.10.2001, doc. weblogs.com/2001/10/02.

Sehl, Annika (2013): Partizipativer Journalismus in Tageszeitungen. Eine empirische Analyse zur publizistischen Vielfalt im Lokalen. Baden-Baden: Nomos.

Seibt, Constantin (2013): Wie eine Zeitung sich neu erfinden kann: Der rollende Relaunch. In: Deadline, Tagesanzeiger, 13.12.2013, http://blog.tagesanzeiger.ch/deadline/index. php/33181/wie-eine-zeitung-sich-neu-erfinden-kann-der-rollende-relaunch/.

Senge, Peter M. (1990): The Fifth Discipline. The Age and Practice of the Learning Organization. New York: Doubleday/Currency.

Señor Juan (2009): Innovation. Präsentation auf der WAN-IFRA Jahreskonferenz 2009, http://de.slideshare.net/juansenor/wanifra-2009-innovation-media-consulting.

Shirky, Clay (2009): Newspapers and Thinking the Unthinkable, 13. März 2009, http://www. shirky.com/weblog/2009/03/newspapers-and-thinking-the-unthinkable/.

Silverstone, Roger/Haddon, Leslie (1996): Design and the domestication of information and communication technologies: Technical change and everyday life. In: Silverstone, Roger/ Mansell, Robin (Hg.) (1996): Communication by Design. The Politics of Information and Communication Technologies. Oxford: Oxford University Press, S. 44-74.

Simons, Anton (2011): Journalismus 2.0. Konstanz: UVK.

Singer, Jane B./Domingo, David/Heinonen, Ari/Hermida, Alfred/Paulussen, Steve/Quandt, Thorsten/Reich, Zvi/Vujnovic, Marina (Hg.) (2011): Participatory Journalism. Guarding Open Gates at Online Newspapers. Chichester: Wiley-Blackwell.

Sjurts, Insa (2011): Innovation. In: Sjurts, Insa (Hg.): Gabler Lexikon Medienwirtschaft. 2., aktualisierte und erweiterte Auflage. Wiesbaden: Gabler, S. 281-283.

Smith, Erica (2012): Paper Cuts, http://newspaperlayoffs.com/.

Spiegel Online (2013): 2020 – Die Zeitungsdebatte. August 2013, http://www.spiegel.de/thema/ 2020_die_zeitungsdebatte/.

Spielkamp, Matthias (2010): Über Brain Drain in Verlagen: „Journalisten nicht wie Bittsteller behandeln". In: Immateriblog.de, 05.06.2010, http://immateriblog.de/in-eigener-sache/ uber-brain-drain-in-verlagen-journalisten-nicht-wie-bittsteller-behandeln-2/.

Steensen, Steen (2011): Online Journalism and the Promise of New Technologies. In: Journalism Studies 12(2011), S. 311-327.

Storsul, Tanja/Krumsvik, Arne H. (2013): What is Media Innovation? In: Storsul, Tanja/ Krumsvik, Arne H. (Hg.): Media Innovations: A Multidisciplinary Study of Change. Göteborg: Nordicom, S. 13-26.

Sturgis, Ingrid (Hg.) (2012): Are Traditional Media Dead? Can Journalism Survive in the Digital World? New York/London/Amsterdam: IDEBATE Press.

Sturm, Simone (2013): Digitales Storytelling. Eine Einführung in neue Formen des Qualitätsjournalismus. Springer VS.

Süddeutsche Zeitung Magazin (2009): Wozu Zeitung? Heft 19/2009.

The New York Times (2014): Innovation. 24.03.2014. New York Times Company.

Thomä, Manuel (2014): Der Zerfall des Publikums. Nachrichtennutzung zwischen Zeitung und Internet. 2. Auflage. Wiesbaden: Springer VS.

Vehmeier, Anke (2013): Innovation im Lokaljournalismus braucht Exzellenz. Plädoyer für eine nachhaltige Personalentwicklung. In: Pöttker, Horst/Vehmeier, Anke (Hg.): Das verkannte Ressort. Wiesbaden: Springer VS, S. 76-87.

Vogel, Andreas (2014): Talfahrt der Tagespresse: Eine Ursachensuche. Der Auflagenrückgang der Regionalzeitungen. Bonn: Friedrich-Ebert-Stiftung.

Wasserbauer, Elisabeth (2012): Stark und schlau. Wie Weiterbildung Journalisten unterstützt. In: Springer, Nina/Raabe, Johannes/Haas, Hannes/Eichhorn, Wolfgang (Hg.): Medien und Journalismus im 21. Jahrhundert. Herausforderungen für Kommunikationswissenschaft, Journalistenausbildung und Medienpraxis. Konstanz: UVK, S. 433-446.

Watkins, J.W.N (1959): Historical Explanation in the Social Sciences. In: The British Journal for the Philosophy of Science 8(1959), Nr. 30, S. 104-117.

Wegner, Jochen (2013): „Wie das Netz den Journalismus nach vorne bringt". Eröffnungsvortrag bei der Tagung „Besser Online 2013" des Deutschen Journalistenverbands am 14. September 2013. http://www.besser-online.info/file/repository/Audio/Meistermann-halle%20-%20Er%C3%B6ffnung.mp3

Weichert, Stephan (2006): Die Krise als Medienereignis. Über den 11. September im deutschen Fernsehen. Köln: Herbert von Halem Verlag.

Weichert, Stephan (2011): Der neue Journalismus. In: Publizistik 56(2011), Nr. 4, S. 363-371.

Weichert, Stephan (2012): Zurück zur Leidenschaft! – Der neue Zeitungsjournalismus. In: Bundesverband Deutscher Zeitungsverleger (Hg.): Zeitungen 2012/13. Berlin, S. 293-306.

Weichert, Stephan (2013a): Der dritte Weg. Warum wir stiftungsfinanzierte Medien brauchen. In: Kramp, Leif/Novy, Leonard/Ballwieser, Dennis/Wenzlaff, Karsten (Hg.): Journalismus in der digitalen Moderne. Einsichten – Ansichten – Aussichten. Wiesbaden: VS Verlag für Sozialwissenschaften, S. 213-231.

Weichert, Stephan (2013b): Gegen Dauersubventionierung der Presse. Medienforscher Weichert über die Sicherung der Medienvielfalt. In: Meedia vom 22. Februar 2013: http://meedia.de/print/die-larmoyanz-der-zeitungsverleger/2013/02/22.html

Weichert, Stephan (2014). Demokratie als Shitstorm? Implikationen zur politischen Debattenkultur durch Social Media. In: Communicatio Socialis, 47(2), S. 203–213. Abgerufen am Juli 10, 2014 von http://ejournal.communicatio-socialis.de/index.php/cc/article/view/657

Weichert, Stephan/Kramp, Leif (2009): Das Verschwinden der Zeitung? Internationale Trends und medienpolitische Problemfelder. Wissenschaftliches Gutachten im Auftrag der Friedrich-Ebert-Stiftung. Berlin: Friedrich-Ebert-Stiftung. http://library.fes.de/pdf-files/stabsabteilung/06156.pdf

Weichert, Stephan/Kramp, Leif/Jakobs, Hans-Jürgen (Hg.) (2008): Wozu noch Zeitungen? Wie das Internet die Presse revolutioniert. Göttingen: Vandenhoeck & Ruprecht.

Weichert, Stephan/Kramp, Leif/Jakobs, Hans-Jürgen (Hg.) (2010): Wozu noch Journalismus? Wie das Internet einen Beruf verändert. Göttingen: Vandenhoeck & Ruprecht.

Weichert, Stephan/Kramp, Leif/von Streit, Alexander (Hg.) (2010): Digitale Mediapolis. Die neue Öffentlichkeit im Internet. Köln: Herbert von Halem.

Weichert, Stephan/Littger, Peter (2013): Alternative funding models and a lot more innovation necessary to keep journalism alive. In: The Media Briefing vom 12. März 2013: http://www.themediabriefing.com/article/2013-03-12/Alternative-funding-models-necessary-to-keep-journalism-alive

Weinert, Ansfried B. (1992): Lehrbuch der Organisationspsychologie. Menschliches Verhalten in Organisationen. Weinheim.

Weischenberg, Siegfried (1982): Journalismus in der Computergesellschaft. Informatisierung, Medientechnik und die Rolle der Berufskommunikation. München.

Weischenberg, Siegfried (1990): Das „Prinzip Echternach". Zur Einführung in das Thema „Journalismus und Kompetenz". In: Weischenberg, Siegfried (Hg.): Journalismus und Kompetenz. Qualifizierung und Rekrutierung für Medienberufe. Opladen: Westdeutscher Verlag, S. 11-41.

Weischenberg, Siegfried (2010): Das Jahrhundert des Journalismus ist vorbei. In: Bartelt-Kircher, Gabriele/Bohrmann, Hans/Haas, Hannes/Jarren Ofried/Pöttker, Horst/Weischenberg, Siegfried (Hg.) (2010): Krise der Printmedien: Eine Krise des Journalismus? Berlin/New York: Walter de Gruyter, S. 32-60.

Weischenberg, Siegfried (2011): Geleitwort. In: Buckow, Isabelle (2011): Freie Journalisten und ihre berufliche Identität. Eine Umfrage unter den Mitgliedern des Journalistenverbandes Freischreiber, Wiesbaden: VS Research, S. 5-6.

Weischenberg, Siegfried/Malik, Maja/Scholl, Armin (2006): Die Souffleure der Mediengesellschaft. Report über die Journalisten in Deutschland. Konstanz: UVK.

Welker, Martin (2009): Studie Journalismus 2009 – zum Status des deutschen Journalismus; Journalisten aus Sicht der deutschen Bundesbürger (der bayerischen Bürger) {Ergebnisband, Auswertung} / Martin Welker, Psychonomics , München, 2009. Online Ressource, elektronische Ressource des Deutschen Bundestages.

Welker, Martin (2013): Inklusions- und Partizipationsleistungen im Journalismus: theoretische Grundlinien und Heuristik aktueller Erscheinungsformen. In: kommunikation@ gesellschaft, www.kommunikation-gesellschaft.de, Jg. 14, Beitrag 1, http://nbn-resolving. de/urn:nbn:de:0168-ssoar-327804

Welker, Martin/Sattler, Sebastian (2007): Online-Befragung von Journalisten in Deutschland: ein Modell zur Abschätzung von Coverage- und Responsefehlern bei einer amorphen und dispersen Großgruppe, In: Welker, Martin/Wenzel, Olaf (Hrsg): Online-Forschung 2007: Grundlagen und Fallstudien, Köln: Halem Verlag, S. 333-369

Weyer, Johannes (2011): Soziale Netzwerke. Konzepte und Methoden der sozialwissenschaftlichen Netzwerkforschung. 2. Auflage. München: Oldenbourg.

Wiebusch, Johanna (2013): Leistungsschutzrecht für Presseverleger. Kritik an dessen Notwendigkeit und Entwicklung eines Tatbestandes. Frankfurt a. M.: Peter Lang.

Witschge, Tamara (2012): The 'tyranny' of technology. In: Lee-Wright, Peter/Phillips, Angela/Witschge, Tamara (Hg.) (2012): Changing Journalism. London/New York: Routledge, S. 99-114.

Wolf, Joachim (2012): Organisation, Management, Unternehmensführung: Theorien, Praxisbeispiele und Kritik. 5., vollständig überarbeitete und erweiterte Auflage. Wiesbaden: Gabler.

Zechlin, Hans-Jürgen (1995): Deutscher Maschinenbau – Konjunktur- oder Strukturkrise? In: Feuchtmeyer, Eberhard/Oberender, Peter (Hg.) (1995) Branchen im Umbruch. Berlin: Duncker & Humblot, S. 29-46.

Zerback, Thomas (2013): Publizistische Vielfalt. Demokratischer Nutzen und Einflussfaktoren. Konstanz: UVK.

Zourek, Heinz (2007): Innovationsanzeiger 2006. Deutschland weiter Spitze. In: Streich, Deryk/Wahl, Dorothee (Hg.): Innovationsfähigkeit in einer modernen Arbeitswelt.

Personalentwicklung – Organisationsentwicklung – Kompetenzentwicklung. Frankfurt am Main, S. 21-26.

Anhang

Tabelle 20 Bedeutung der Tageszeitung * Bedeutung des Journalismus; absolute Werte

Stellen Sie sich vor, Sie könnten 10 Jahre in die Zukunft schauen: Welche Bedeutung, gemessen am heutigen Status, wird in zehn Jahren die Tageszeitung haben? Wird sie aus Ihrer Sicht eher wichtiger, wird sie gleichbedeutend bleiben, oder wird sie von der Bedeutung her unwichtiger?
Und welche Bedeutung wird in zehn Jahren der Journalismus in der Gesellschaft haben? Wird er aus Ihrer Sicht eher wichtiger, wird sie gleichbedeutend bleiben, oder wird sie von der Bedeutung her unwichtiger?

In zehn Jahren …		Bedeutung des Journalismus			Gesamt (N)
		wichtiger	gleich	unwichtiger	
Bedeutung der	wichtiger	11	0	0	11
Tageszeitung	gleich	23	39	0	62
	unwichtiger	30	21	3	54
Gesamt (N)		64	60	3	127
Kendall-Tau-b	0,044	(0,622)			

Tabelle 21 Bedrohung durch Laienjournalismus

Laien äußern sich ja immer öfter mit eigenen Texten und Inhalten im Internet. Sehen Sie in diesen Angeboten eine Bedrohung für den professionellen Journalismus?

Aussagen zum Laienjournalismus: Bedrohung?	Häufigkeit	Anteile in %
eher ja	21	16,5
eher nein	106	83,5
Gesamt	127	100,0

Tabelle 22 Bedrohung durch Laien und Einschätzung der Zukunft der Zeitung

Laien äußern sich ja immer öfter mit eigenen Texten und Inhalten im Internet. Sehen Sie in diesen Angeboten eine Bedrohung für den professionellen Journalismus?

Welche Bedeutung gemessen am heutigen Status wird in 10 Jahren die Tageszeitung haben?

Laien äußern sich ja immer öfter. Bedrohung für den professionellen Journalismus?		N	Mittel-wert	Standard-abwei-chung	Standard-fehler Mittel-wert	T-Test	T-Test Sig.(2-seitig)
Welche Bedeutung wird in 10 Jahren die Tageszeitung haben?	eher ja	21	2,6190	,49761	,10859	Varianz-gleichheit angenommen	,026
	eher nein	106	2,2830	,64372	,06252	Varianz-gleichheit nicht ange-nommen	,011

Tabelle 23 Zukunftseinschätzung und wahrgenommene Laienbedrohung

Stellen Sie sich vor, Sie könnten 10 Jahre in die Zukunft schauen: Welche Bedeutung gemessen am heutigen Status wird in 10 Jahren die Tageszeitung haben?

Laien äußern sich ja immer öfter mit eigenen Texten und Inhalten im Internet. Sehen Sie in diesen Angeboten eine Bedrohung für den professionellen Journalismus?

			Sehen Sie in diesen Angeboten eine Bedrohung für den professionellen Journalismus?		Summe
			eher ja	eher nein	
Stellen Sie sich vor, Sie könnten 10 Jahre in die Zukunft schauen: Welche Bedeutung gemessen am heutigen Status wird in 10 Jahren die Tageszeitung haben?	wichtiger werden	Anzahl	0	11	11
		Erwartete Anzahl	1,8	9,2	11,0
		Standardresiduum	-1,3	,6	
	gleichbedeutend	Anzahl	8	54	62
		Erwartete Anzahl	10,3	51,7	62,0
		Standardresiduum	-,7	,3	
	unwichtiger werden	Anzahl	13	41	54
		Erwartete Anzahl	8,9	45,1	54,0
		Standardresiduum	1,4	-,6 ·	
Summe		Anzahl	21	106	127
		Erwartete Anzahl	21,0	106,0	127,0

Tabelle 24 Zukünftiger Relevanzzuwachs einzelner Bereiche für die Tageszeitung

Welcher der genannten Bereiche wird für die Tageszeitung in Zukunft wichtiger sein als heute?

Aussagen zur steigenden Relevanz	Häufigkeit	Anteile in %
Aktuelle Nachrichten im Politikressort		
Ja	15	11,8
Nein	112	88,2
Gesamt	127	100,0
Hintergrund & Analyse von Ereignissen		
Ja	122	96,1
Nein	5	3,9
Gesamt	127	100,0
Meinung und Kommentar		
Ja	106	83,5
Nein	21	16,5
Gesamt	127	100,0
Interaktivität und Multimedialität von journalistischen Inhalten		
Ja	114	89,8
Nein	13	10,2
Gesamt	127	100,0

Tabelle 25 Lokalisierung von Innovationen

In welchen der folgenden Bereiche ihrer Zeitung halten Sie Innovationen für besonders wichtig?

Aussagen zur Innovation	Häufigkeit	Anteile in %
Geschäftsführung des Verlages		
Ja	83	65,4
Nein	44	34,6
Gesamt	127	100,0
Redaktion und Redaktionsstruktur		
Ja	109	85,8
Nein	18	14,2
Gesamt	127	100,0
Darstellungsformen / Art der Präsentation einzelner Bereiche		
Ja	110	86,6
Nein	17	13,4
Gesamt	127	100,0

Tabelle 26 Lokalisierung von Innovationen nach Alter; absolute Werte

In welchen der folgenden Bereiche ihrer Zeitung halten sie Innovationen für besonders wichtig?

Bereich		bis 39	40 bis 49	50 und älter
Bei der Geschäftsführung des Verlages	ja	24	33	25
	nein	9	7	27
In der Redaktion und für deren Struktur	ja	27	34	47
	nein	6	6	5
Bei den Darstellungsformen, also der Art wie Stoffe präsentiert werden	ja	28	36	44
	nein	5	4	8

Tabelle 27 Wichtigkeit von Internet-Angeboten und -Diensten

Wie wichtig sind folgende Internet-Angebote und -Dienste für Ihre redaktionelle Arbeit?

Aussagen zur Relevanz	Häufigkeit	Anteile in %
Blogs		
1 = sehr wichtig	4	3,1
2	18	14,2
3	34	26,8
4	40	31,5
5 = unwichtig	31	24,4
Gesamt	127	100,0
Podcasts		
1 = sehr wichtig	2	1,6
2	9	7,1
3	29	23,0
4	40	31,7
5 = unwichtig	46	36,5
Gesamt	126	100,0
weiß nicht / keine Angabe	1	
Video/Bewegtbild		
1 = sehr wichtig	13	10,3
2	42	33,3
3	40	31,7
4	18	14,3
5 = unwichtig	13	10,3
Gesamt	126	100,0
weiß nicht / keine Angabe	1	

Aussagen zur Relevanz	Häufigkeit	Anteile in %
Twitter (Kurzmitteilungsdienste)		
1 = sehr wichtig	10	7,9
2	43	34,1
3	33	26,2
4	23	18,3
5 = unwichtig	17	13,5
Gesamt	126	100,0
weiß nicht / keine Angabe	1	
soziale Netzwerke (Facebook, Xing, Google+)		
1 = sehr wichtig	39	30,7
2	51	40,2
3	19	15,0
4	14	11,0
5 = unwichtig	4	3,1
Gesamt	127	100,0
Datenjournalismus/ Datenvisualisierung		
1 = sehr wichtig	14	15,7
2	30	33,7
3	28	31,5
4	9	10,1
5 = unwichtig	8	9,0
Gesamt	89	100,0
weiß nicht / keine Angabe	7	
bei PAPI nicht erhoben	31	
Gesamt	38	
Aussagen zur Relevanz	**Häufigkeit**	**Anteile in %**

Tabelle 28 Wichtigkeit von Internet-Angeboten und -Diensten

Dienst	Mittelwert	Standardfehler	N
Blogs	3,5698	0,12103	125
Podcasts	3,8953	0,11222	124
Video/ Bewegtbild	2,8023	0,12358	124
Twitter (Kurzmitteilungsdienste)	2,9651	0,12753	124
Soziale Netzwerke (Facebook, Xing, Google+)	2,2326	0,12342	125
Datenjournalismus/ Datenvisualisierung	2,6395	0,11918	87

Tabelle 29 Neue Dienste und Anwendungen: Einschätzung der Wichtigkeit; Mittelwerte nach Alter

	bis 39	40 bis 49	50 und älter	Gesamt
Blogs	3,61	3,60	3,54	3,58
Podcasts	4,15	3,88	3,75	3,90
Video/ Bewegtbild	2,79	2,98	2,65	2,79
Twitter (Kurzmitteilungsdienste)	2,91	3,00	2,85	2,91
Soziale Netzwerke (Facebook, Xing, Google+)	1,91	2,38	2,13	2,15
Datenjournalismus / Datenvisualisierung	1,73	2,00	1,73	1,82

Tabelle 30 Community Manager als neue journalistische Rolle nach:
Wichtigkeit von Sozialen Netzwerken: T-Test für die Mittelwertgleichheit

In welchen Be-reichen bzw. in welchen Rollen werden Zeitungs-journalisten künftig mehr gefordert sein? Community Manager		N	Mittelwert	Standard-abweichung	Standard-fehler Mittelwert	T-Test	
Soziale Netzwer-ke	nicht genannt	65	2,4769*	1,14711	0,14228	Varianzgleichheit angenommen	0,001
	genannt	61	1,8197*	0,90385	0,11573	Varianzgleichheit nicht angenom-men	0

* Sig. (2-seitig)

Tabelle 31 Moderator als neue journalistische Rolle nach: Wichtigkeit von Sozialen
Netzwerken: T-Test für die Mittelwertgleichheit

In welchen Bereichen bzw. in welchen Rollen werden Zeitungsjournalisten künftig mehr gefordert sein?		N	Mittel-wert	Standard-abweichung	Standard-fehler Mittelwert	T-Test	
Moderator							
Datenjournalis-mus/ Daten-visualisierung	nicht genannt	24	3,2917*	1,08264	,22099	Varianz-gleichheit angenommen	,001
	genannt	64	2,3906*	1,07817	,13477	Varianz-gleichheit nicht ange-nommen	,001
Kurator (Sammlung und Bewertung von Fremdinhalten)							
Datenjournalis-mus/ Daten-visualisierung	nicht genannt	38	3,0000*	1,13899	,18477	Varianz-gleichheit angenommen	,009
	genannt	50	2,3600*	1,08346	,15322	Varianz-gleichheit nicht ange-nommen	,009

In welchen Bereichen bzw. in welchen Rollen werden Zeitungsjournalisten künftig mehr gefordert sein?		N	Mittel-wert	Standard-abweichung	Standard-fehler Mittelwert	T-Test	
Blogger/ Kommentator							
Datenjournalis-mus/ Datenvi-sualisierung	nicht genannt	29	2,4483	1,18280	,21964	Varianzgleich-heit angenom-men	,283
	genannt	59	2,7288	1,12695	,14672	Varianzgleich-heit nicht angenommen	,293

Tabelle 32 Zusammenarbeit der Bereiche Print und Online

Bitte sagen Sie uns, wie in ihrer Redaktion die Bereiche Print und Online zusammenarbeiten?

Aussagen zur Zusammenarbeit	Häufigkeit	Anteile in %
Zusammenarbeit durch einen integrierten Newsroom		
Ja	74	58,3
Nein	53	41,7
Gesamt	127	100,0
Zusammenarbeit durch miteinander verbundene bzw. abgeschaffte Ressorts		
Ja	63	49,6
Nein	64	50,4
Gesamt	127	100,0
Zusammenarbeit durch crossmediales Publizieren (Bedienung mehrerer Plattformen)		
Ja	103	81,1
Nein	24	18,9
Gesamt	127	100,0
Zusammenarbeit durch zusammengelegte Redaktionen		
Ja	27	21,3
Nein	100	78,7
Gesamt	127	100,0

Tabelle 33 Integration Newsroom * Bedeutung des Journalismus

Und welche Bedeutung wird in 10 Jahren der Journalismus in der Gesellschaft haben?

Bitte sagen Sie uns, wie in ihrer Redaktion die Bereiche Print und Online zusammenarbeiten? Geschieht dies durch einen integrierten Newsroom?

		Geschieht die Zusammenarbeit der Bereiche Print und Online in der Redaktion durch einen integrierten Newsroom?		Gesamt (N)
		ja	nein	
Vermutungen zur Bedeutung des Journalismus in 10 Jahren	wichtiger	42	22	64
	gleichbedeutend	30	30	60
	unwichtiger	2	1	3
Gesamt (N)		74	53	127

Tabelle 34 Integration Newsroom * Bedeutung der Tageszeitung

Stellen Sie sich vor, Sie könnten 10 Jahre in die Zukunft schauen: Welche Bedeutung gemessen am heutigen Status wird in 10 Jahren die Tageszeitung haben?

Bitte sagen Sie uns, wie in ihrer Redaktion die Bereiche Print und Online zusammenarbeiten? Geschieht dies durch einen integrierten Newsroom?

		Geschieht die Zusammenarbeit der Bereiche Print und Online in der Redaktion durch einen integrierten Newsroom?		Gesamt (N)
		ja	nein	
Vermutungen zur Bedeutung des Journalismus in 10 Jahren	wichtiger	6	5	11
	gleichbedeutend	37	25	62
	unwichtiger	31	23	54
Gesamt (N)		74	53	127

Tabelle 35   Crossmediale Publikation * Bedeutung des Journalismus

Und welche Bedeutung wird in 10 Jahren der Journalismus in der Gesellschaft haben?

Bitte sagen Sie uns, wie in ihrer Redaktion die Bereiche Print und Online zusammenarbeiten?
Geschieht dies durch crossmediales Publizieren, also der Bedienung mehrerer Plattformen?

		Geschieht die Zusammenarbeit der Bereiche Print und Online in der Redaktion durch crossmediales Publizieren?		Gesamt (N)
		ja	nein	
Vermutungen zur Bedeutung des Journalismus in 10 Jahren	wichtiger	54	10	64
	gleichbedeutend	46	14	60
	unwichtiger	3	0	3
Gesamt (N)		103	24	127

Tabelle 36   Crossmediale Publikation * Bedeutung der Tageszeitung

Stellen Sie sich vor, Sie könnten 10 Jahre in die Zukunft schauen: Welche Bedeutung gemessen am heutigen Status wird in 10 Jahren die Tageszeitung haben?

Bitte sagen Sie uns, wie in ihrer Redaktion die Bereiche Print und Online zusammenarbeiten?
Geschieht dies durch crossmediales Publizieren, also der Bedienung mehrerer Plattformen?

		Geschieht die Zusammenarbeit der Bereiche Print und Online in der Redaktion durch crossmediales Publizieren?		Gesamt (N)
		ja	nein	
Vermutungen zur Bedeutung der Tageszeitung in 10 Jahren	wichtiger	8	3	11
	gleichbedeutend	49	13	62
	unwichtiger	46	8	54
Gesamt (N)		103	24	127

Tabelle 37   Zusammenlegung der Redaktionen * Bedeutung der Tageszeitung

Stellen Sie sich vor, Sie könnten 10 Jahre in die Zukunft schauen: Welche Bedeutung gemessen am heutigen Status wird in 10 Jahren die Tageszeitung haben?
Bitte sagen Sie uns, wie in ihrer Redaktion die Bereiche Print und Online zusammenarbeiten? Geschieht dies durch zusammengelegte Redaktionen, also bspw. wenn zwei oder mehr Zeitungen in einer einzigen Redaktion produziert werden.

		Geschieht die Zusammenarbeit der Bereiche Print und Online in der Redaktion durch zusammengelegte Redaktionen (Produktion von zwei oder mehr Zeitungen in einer Redaktion)?		Gesamt (N)
		ja	nein	
Vermutungen zur Bedeutung der Tageszeitung in 10 Jahren	wichtiger	1	10	11
	gleichbedeutend	11	51	62
	unwichtiger	15	39	54
Gesamt (N)		27	100	127

Tabelle 38   Leserbeteiligung an redaktionellen Inhalten

Wie hoch fällt Ihrer Einschätzung nach die Beteiligung Ihrer Leser an den redaktionellen Leistungen Ihres Hauses aus? Wenn Sie bitte einmal ganz global auf einer Skala von 1 ‚ganz nah' bis 5 ‚ganz weit weg' die Distanz des Lesers Ihrer Zeitung zur Redaktion einschätzen würden. Wo liegt diese Ihrer Meinung nach?

Aussagen zur Leserbeteiligung	Häufigkeit	Anteile in %
Recherche		
1 = sehr hoch	1	,8
2	14	11,0
3	42	33,1
4	46	36,2
5 = sehr niedrig	24	18,9
Gesamt	127	100,0
Erstellung		
1 = sehr hoch	2	1,6
2	2	1,6
3	28	22,0
4	40	31,5
5 = sehr niedrig	55	43,3
Gesamt	127	100,0

Aussagen zur Leserbeteiligung	Häufigkeit	Anteile in %
Korrektur		
1 = sehr hoch	2	1,6
2	1	,8
3	4	3,1
4	17	13,4
5 = sehr niedrig	103	82,4
Gesamt	127	100,0
Redaktionskonferenzen		
1 = sehr hoch	1	,8
2	4	3,1
3	10	7,9
4	25	19,7
5 = sehr niedrig	87	68,5
Gesamt	127	100,0

Aussagen zur Distanz	Häufigkeit	Anteile in %
1 = ganz nah	6	4,8
2	44	34,9
3	66	52,4
4	9	7,1
5 = ganz weit weg	1	,8
Gesamt	126	100,0

Tabelle 39   Beteiligung an der Recherche * Bedeutung der Tageszeitung / Bedeutung des Journalismus

Wie hoch fällt Ihrer Einschätzung nach die Beteiligung Ihrer Leser an den redaktionellen Leistungen Ihres Hauses aus? Mitwirkung an der Recherche

Welche Bedeutung gemessen am heutigen Status wird in 10 Jahren die Tageszeitung haben?

Und welche Bedeutung wird in 10 Jahren der Journalismus in der Gesellschaft haben?

Mitwirkung an der Recherche		N	Mittelwert	Standard-abweichung	Standardfehler Mittelwert
Welche Bedeutung gemessen am heutigen Status wird in 10 Jahren die Tageszeitung haben?	>= 3,60	70	2,4143	,62538	,07475
	< 3,60	57	2,2456	,63473	,08407
Und welche Bedeutung wird in 10 Jahren der Journalismus in der Gesellschaft haben?	>= 3,60	70	1,5429	,55653	,06652
	< 3,60	57	1,4912	,53861	,07134

Tabelle 40   Einbezug des Lesers: Relevante Recherche und Publikation

Stellen Sie sich vor, Sie recherchieren an einem wichtigen Thema und publizieren anschlie-ßend darüber: Würden Sie den Leser in die Recherche und in die Publikation des Themas mit einbeziehen?

Aussagen zum Einbezug	Häufigkeit	Anteile in %
1 = auf keinen Fall	12	9,8
2	21	17,1
3	49	39,8
4	31	25,2
5 = auf jeden Fall	10	8,1
Gesamt	123	100,0

N = 123; Mittelwert 3,04; Standardabweichung   1,07; Varianz   1,14

Tabelle 41 Mitwirkungsmöglichkeiten an redaktionellen Leistungen: Korrelationen

		Mitwirkung an der Recherche	Mitwirkung an Texten, also bei der Erstellung von Texten	Mitwirkung am Redigieren, also an der Korrektur von Texten	Mitwirkung an Redaktions- konferenzen	Würden Sie den Leser in die Recherche und in die Publikation des Themas mit einbeziehen?
Mitwirkung an der Recherche	Pearson-Korrelation	1	,490**	,214*	,287**	-,354**
	Sig. (2-seitig)		,000	,016	,001	,000
	N	127	127	127	127	123
Mitwirkung an Texten, also bei der Erstellung von Texten	Pearson-Korrelation	,490**	1	,519**	,353**	-,277**
	Sig. (2-seitig)	,000		,000	,000	,002
	N	127	127	127	127	123
Mitwirkung am Redigieren, also an der Korrektur von Texten	Pearson-Korrelation	,214*	,519**	1	,411**	-,056
	Sig. (2-seitig)	,016	,000		,000	,541
	N	127	127	127	127	123
Mitwirkung an Redaktionskonfe-renzen	Pearson-Korrelation	,287**	,353**	,411**	1	-,185*
	Sig. (2-seitig)	,001	,000	,000		,040
	N	127	127	127	127	123
Würden Sie den Leser in die Recherche und in die Publika-tion des Themas mit einbeziehen?	Pearson-Korrelation	-,354**	-,277**	-,056	-,185*	1
	Sig. (2-seitig)	,000	,002	,541	,040	
	N	123	123	123	123	123

**. Korrelation ist bei Niveau 0,01 signifikant (zweiseitig).

*. Korrelation ist bei Niveau 0,05 signifikant (zweiseitig).

Tabelle 42 Partizipation und journalistisches Selbstverständnis –
Mittelwertunterschiede

Index, normiert; 1 stark bis 0 schwach		Kritik und Kontrolle		Service und Unterhaltung		Information und Vermittlung	
Mitwirkung ... 1 (sehr hoch) bis 5 (sehr niedrig)		N	Mittelwert	N	Mittelwert	N	Mittelwert
... an der Recherche	>=0,5	111	3,56	118	3,62	119	3,57*
	< 0,5	16	4,00	9	3,56	8	4,25*
.... bei der Erstellung von Texten	>=0,5	111	4,09	118	4,17	119	4,10
	< 0,5	16	4,44	9	3,67	8	4,63
... am Redigieren	>=0,5	111	4,71	118	4,74	119	4,72
	< 0,5	16	4,75	9	4,44	8	4,63
... an Redaktionskonferenzen	>=0,5	111	4,50	118	4,49	119	4,54
	< 0,5	16	4,63	9	4,89	8	4,25
... Distanz des Lesers, 1 (ganz nah) bis 5 (weit weg)	>=0,5	110	2,62	117	2,65	118	2,63
	< 0,5	16	2,81	9	2,56	8	2,88

Tabelle 43 Sorge um Verlagsfinanzierung

Machen Sie sich als Redakteur Sorgen über die Finanzierung Ihrer Zeitung bzw. Ihres Verlags?

Aussagen zur Finanzierung	Häufigkeit	Anteile in %
1 = ich mache mir keine Sorgen	7	6,3
2	21	16,5
3	44	34,6
4	34	26,8
5 = ich mache mir sehr große Sorgen	20	15,7
Gesamt	127	100,0

Tabelle 44 Beteiligung der Redaktionen an neuen Finanzierungsstrategien

Sollten Redaktionen an der Entwicklung neuer Finanzierungsstrategien beteiligt werden?

Aussagen zur Finanzierung	Häufigkeit	Anteile in %
Ja	93	73,2
Nein	34	26,8
Gesamt	127	100,0

Tabelle 45 Sorge um Verlagsfinanzierung * Bedeutung des Journalismus

Und welche Bedeutung wird in 10 Jahren der Journalismus in der Gesellschaft haben?

Machen Sie sich als Redakteur Sorgen über die Finanzierung Ihrer Zeitung bzw. Ihres Verlags?

		Sorge um Verlagsfinanzierung					Gesamt (N)
		1=keine Sorgen	2	3	4	5=große Sorgen	
Vermutungen zur Bedeutung des Journalismus in 10 Jahren	wichtiger	3	11	20	18	12	64
	gleichbedeutend	5	10	22	15	8	60
	unwichtiger	0	0	2	1	0	3
Gesamt (N)		8	21	44	34	20	127

Chi-Quadrat nach Pearson: 7 Zellen haben eine erwartete Häufigkeit kleiner 5.

Kendall-Tau-b   -0,075 / n.s.

Tabelle 46 Alter und Sorgenstand zur Finanzierung

Dürfen wir Sie fragen wie alt Sie sind?

Machen Sie sich als Redakteur Sorgen über die Finanzierung Ihrer Zeitung bzw. Ihres Verlags?

Alter		N	Mittelwert	Standard-abweichung	Standard-fehler Mittelwert	Sig. (2-seitig)	
Sorgen über die Finanzierung	>= 40,00	92	3,1304	1,10162	,11485	Varianz-gleichheit angenom-men	,003
	< 40,00	33	3,7879	1,02340	,17815	Varianz-gleichheit nicht ange-nommen	,003

Tabelle 47   Einschätzung Zukunft * Sorgen Finanzierung: Korrelationen

Stellen Sie sich vor, Sie könnten 10 Jahre in die Zukunft schauen: Welche Bedeutung gemessen am heutigen Status wird in 10 Jahren die Tageszeitung haben?
Und welche Bedeutung wird in 10 Jahren der Journalismus in der Gesellschaft haben?
Machen Sie sich als Redakteur Sorgen über die Finanzierung Ihrer Zeitung bzw. Ihres Verlags?

		Bedeutung der Tageszeitung	Bedeutung des Journalismus	Sorgen über die Finanzierung
Welche Bedeutung wird in 10 Jahren die Tageszeitung haben?	Pearson-Korrelation	1	,107	,118
	Sig. (2-seitig)		,232	,187
	N	127	127	127
Und welche Bedeutung wird in 10 Jahren der Journalismus?	Pearson-Korrelation	,107	1	-,081
	Sig. (2-seitig)	,232		,364
	N	127	127	127
Sorgen über die Finanzierung	Pearson-Korrelation	,118	-,081	1
	Sig. (2-seitig)	,187	,364	
	N	127	127	127

Tabelle 48 Hauptaufgabe von Journalisten

Was sollten Journalisten Ihrer Meinung nach überwiegend tun?

Aussagen zur Tätigkeit	Häufigkeit	Anteile in %
Möglichst präzise Information des Publikums		
Ja	124	97,6
Nein	3	2,4
Gesamt	127	100,0
Abbildung und Vermittlung komplexer Sachverhalte		
Ja	126	99,2
Nein	1	,8
Gesamt	127	100,0
Möglichst schnelle Informationsvermittlung		
Ja	100	78,7
Nein	27	21,3
Gesamt	127	100,0
Exakte Abbildung der Realität		
Ja	107	84,3
Nein	20	15,7
Gesamt	127	100,0
Konzentration auf Nachrichten, die für ein breites Publikum interessant sind		
Ja	55	43,3
Nein	72	56,7
Gesamt	127	100,0
Dem Publikum Unterhaltung und Entspannung verschaffen		
Ja	88	69,3
Nein	39	30,7
Gesamt	127	100,0
Lebenshilfe bieten		
Ja	112	88,2
Nein	15	11,6
Gesamt	127	100,0
Präsentation eigener Ansichten		
Ja	98	77,2
Nein	29	22,8
Gesamt	127	100,0

Tabelle 49 Funktion von Journalismus in der Gesellschaft

Was ist die Funktion von Journalismus in der Gesellschaft? Welche gehören Ihrer Meinung nach dazu?

Aussagen zur Funktion	Häufigkeit	Anteile in %
Kritik an Missständen üben		
Ja	125	98,4
Nein	2	1,6
Gesamt	127	100,0
Normalen Leuten eine Chance geben, ihre Meinung zu artikulieren		
Ja	94	74,0
Nein	33	26,0
Gesamt	127	100,0
Einsatz für die Benachteiligten in der Gesellschaft		
Ja	95	74,8
Nein	32	25,2
Gesamt	127	100,0
Kontrolle von Politik, Wirtschaft und Gesellschaft		
Ja	120	94,5
Nein	7	5,5
Gesamt	127	100,0
Beeinflussung der politischen Tagesordnung / Themenplatzierung auf der politischen Agenda		
Ja	76	59,8
Nein	51	40,2
Gesamt	127	100,0
Aufzeigen neuer Trends		
Ja	116	91,3
Nein	11	8,7
Gesamt	127	100,0

Tabelle 50 Rollenselbstverständnis im Studienvergleich

Item	N	%	Weischenberg et al. 2005, %	Differenz
Möglichst präzise Information des Publikums	124	97,6	92	5,6
Abbildung und Vermittlung komplexer Sach-verhalte	126	99,2	84	15,2
Möglichst schnelle Informationsvermittlung	100	78,7	83	-4,3
Exakte Abbildung der Realität	107	84,3	80	4,3
Konzentration auf breites Publikum	55	43,3	66	-22,7
Kritik an Missständen üben	125	98,4	74	24,4
normalen Leuten eine Chance geben, ihre Meinung zu artikulieren	94	74	47	27
Einsatz für die Benachteiligten in der Gesell-schaft	95	74,8	40	34,8
Kontrolle von Politik, Wirtschaft und Gesell-schaft	120	94,5	35	59,5
Beeinflussung der politischen Tagesordnung / Themenplatzierung auf der politischen Agenda	76	59,8	24	35,8
Aufzeigen neuer Trends	116	91,3	37	54,3
Unterhaltung und Entspannung verschaffen	88	69,3	34	35,3
Lebenshilfe bieten	112	88,2	41	47,2
Präsentation eigener Ansichten	98	77,2	29	48,2

Tabelle 51   Anforderungsbereich zukünftiger Journalisten

In welchen Bereichen bzw. in welchen Rollen werden Zeitungsjournalisten künftig mehr gefordert sein?

Aussagen zum Anforderungsbereich	Häufigkeit	Anteile in %
Moderator		
nicht genannt	42	33,1
genannt	84	66,1
fehlend, keine Antwort	1	,8
Gesamt	127	100,0
Kurator (Sammlung und Bewertung von Fremdinhalten)		
nicht genannt	55	43,3
genannt	71	55,9
fehlend, keine Antwort	1	,8
Gesamt	127	100,0
Community Manager		
nicht genannt	65	51,2
genannt	61	48,0
fehlend, keine Antwort	1	,8
Gesamt	127	100,0
Blogger/ Kommentator		
nicht genannt	54	42,5
genannt	72	56,7
fehlend, keine Antwort	1	,8
Gesamt	127	100,0
Sonstiges		
nicht genannt	121	95,3
genannt	6	4,7
Gesamt	127	100,0

Tabelle 52 Persönliche Einschätzung des Arbeitsverhältnisses/der Mitarbeit

Bitte nennen Sie bei jedem Statement, wie stark dieses auf Sie zutrifft!

Persönliche Einschätzung	Häufigkeit	Anteile in %
Ich bin mit meiner derzeitigen Arbeitssituation zufrieden.		
1 = trifft überhaupt nicht zu	2	1,6
2	7	5,6
3	17	13,5
4	61	48,4
5 = trifft voll und ganz zu	39	31,0
Gesamt	126	100,0
Ich fühle mich meinem Unternehmen verbunden.		
1 = trifft überhaupt nicht zu	2	1,6
2	3	2,4
3	8	6,3
4	41	32,5
5 = trifft voll und ganz zu	72	57,1
Gesamt	126	100,0
Ich bin stolz, für mein Unternehmen zu arbeiten.		
1 = trifft überhaupt nicht zu	3	2,4
2	3	2,4
3	23	18,3
4	49	38,9
5 = trifft voll und ganz zu	48	38,1
Gesamt	126	100,0
Ich möchte auch in drei Jahren noch für mein derzeitiges Unternehmen arbeiten.		
1 = trifft überhaupt nicht zu	4	3,2
2	6	4,8
3	9	7,3
4	24	19,4
5 = trifft voll und ganz zu	81	65,3
Gesamt	124	100,0
Ich stehe voll und ganz hinter meinem Unternehmen.		
1 = trifft überhaupt nicht zu	1	,8
2	3	2,4
3	17	13,5
4	37	29,4
5 = trifft voll und ganz zu	68	54,0
Gesamt	126	100,0

Persönliche Einschätzung	Häufigkeit	Anteile in %
Mein Unternehmen schätzt mich als Mitarbeiter.		
1 = trifft überhaupt nicht zu	3	2,5
2	7	5,7
3	15	12,3
4	43	35,2
5 = trifft voll und ganz zu	54	44,3
Gesamt	122	100,0

Tabelle 53 Stimmung im Arbeitsumfeld

Wie nehmen Sie die derzeit aktuelle Stimmung in ihrem Arbeitsumfeld wahr? Welcher Zustand trifft die Situation am besten?

Aussagen zur Stimmung	Häufigkeit	Anteile in %
Krise	23	18,3
Normalzustand	62	49,2
Aufbruch	41	32,5
weiß nicht / keine Angabe	1	0,8
Gesamt	126	100,0

Tabelle 54 Wahrnehmung Situation * Sorgen Finanzierung; Anova

Unabhängige Variable: Wie nehmen Sie die derzeit aktuelle Stimmung in ihrem Arbeitsumfeld wahr? Welcher Zustand trifft die Situation am besten?
Abhängige Variable: Machen Sie sich als Redakteur Sorgen über die Finanzierung Ihrer Zeitung bzw. Ihres Verlags

	N	Mittelwert	Standardabweichung	Standardfehler	95% Konfidenzintervall für Mittelwert	
					Untergrenze	Obergrenze
Krise	23	3,9565	1,10693	,23081	3,4778	4,4352
Normalzustand	62	3,0484	,98226	,12475	2,7989	3,2978
Aufbruch	41	3,2683	1,18373	,18487	2,8947	3,6419
Gesamtsumme	126	3,2857	1,11612	,09943	3,0889	3,4825

	Quadratsumme	df	Mittel der Quadrate	F	Sig.
Zwischen Gruppen	13,854	2	6,927	6,006	,003
Innerhalb der Gruppen	141,860	123	1,153		
Gesamtsumme	155,714	125			

Mehrfachvergleiche

Abhängige Variable: Machen Sie sich als Redakteur Sorgen über die Finanzierung Ihrer Zeitung bzw. Ihres Verlags?

	(I) Wie nehmen Sie die derzeit aktuelle Stimmung in ihrem Arbeitsumfeld wahr? Welcher Zustand trifft die Situation am besten?	(J) Wie nehmen Sie die derzeit aktuelle Stimmung in ihrem Arbeitsumfeld wahr? Welcher Zustand trifft die Situation am besten?	Mittelwertdifferenz (I-J)	Standardfehler	Sig.	95% Konfidenzintervall	
						Untergrenze	Obergrenze
Bonferroni	Krise	Normalzustand	,90813*	,26220	,002	,2717	1,5445
		Aufbruch	,68823*	,27978	,046	,0092	1,3673
	Normalzustand	Krise	-,90813*	,26220	,002	-1,5445	-,2717
		Aufbruch	-,21991	,21618	,933	-,7446	,3048
	Aufbruch	Krise	-,68823*	,27978	,046	-1,3673	-,0092
		Normalzustand	,21991	,21618	,933	-,3048	,7446

* die Mittelwertdifferenz ist auf der Stufe 0.05 signifikant.

Tabelle 55 Wahrnehmung Situation * Beteiligung Recherche

Unabhängige Variable: Wie nehmen Sie die derzeit aktuelle Stimmung in ihrem Arbeitsumfeld wahr? Welcher Zustand trifft die Situation am besten?

Abhängige Variable: Wie hoch fällt Ihrer Einschätzung nach die Beteiligung Ihrer Leser an den redaktionellen Leistungen Ihres Hauses aus? Mitwirkung an der Recherche

	N	Mittelwert	Standard-abweichung	Standard-fehler	95 % Konfidenzintervall für Mittelwert	
					Untergrenze	Obergrenze
Krise	23	4,1304	,75705	,15786	3,8031	4,4578
Normal-zustand	62	3,5323	1,03572	,13154	3,2692	3,7953
Aufbruch	41	3,4634	,80925	,12638	3,2080	3,7188
Gesamt-summe	126	3,6190	,94536	,08422	3,4524	3,7857

	Quadratsumme	df	Mittel der Quadrate	F	Sig.
Zwischen Gruppen	7,475	2	3,737	4,410	,014
Innerhalb der Gruppen	104,239	123	,847		
Gesamtsumme	111,714	125			

Mehrfachvergleiche
Abhängige Variable: Wie hoch fällt Ihrer Einschätzung nach die Beteiligung Ihrer Leser an den redaktionellen Leistungen Ihres Hauses aus? Mitwirkung an der Recherche

	(I) Wie nehmen Sie die derzeit aktuelle Stimmung in ihrem Arbeitsumfeld wahr? Welcher Zustand trifft die Situation am besten?	(J) Wie nehmen Sie die derzeit aktuelle Stimmung in ihrem Arbeits-umfeld wahr? Welcher Zustand trifft die Situation am besten?	Mittelwert-differenz (I-J)	Standard-fehler	Sig.	95 % Konfiden-zintervall Unter-grenze	Ober-grenze
Bonferroni	Krise	Normalzustand	,59818*	,22476	,026	,0527	1,1437
		Aufbruch	,66702*	,23983	,019	,0849	1,2491
	Normalzustand	Krise	-,59818*	,22476	,026	-1,1437	-,0527
		Aufbruch	,06884	,18531	1,000	-,3809	,5186
	Aufbruch	Krise	-,66702*	,23983	,019	-1,2491	-,0849
		Normalzustand	-,06884	,18531	1,000	-,5186	,3809

*. die Mittelwertdifferenz ist auf der Stufe 0.05 signifikant.

Tabelle 56 Absolvierte Weiterbildungen

Haben Sie in den vergangenen drei Jahren eine Weiterbildung absolviert?

Aussagen zur Weiterbildung	Häufigkeit	Anteile in %
Ja	82	65,1
Nein	44	34,9
Gesamt	126	100,0

Tabelle 57 Weiterbildung und neue Dienste und Anwendungen

Haben Sie in den vergangenen drei Jahren eine Weiterbildung absolviert?
Wie wichtig sind folgende Internet-Angebote und -Dienste für Ihre redaktionelle Arbeit?

Internet-Angebote und -Dienste für Ihre redaktionelle Arbeit	Weiterbildung absolviert?	N	Mittelwert	Standardabweichung	Standardfehler Mittelwert	Sig. (2-seitig)
Blogs	ja	82	3,5000	1,04527	,11543	,187
	nein	44	3,7727	1,19813	,18063	,207
Podcasts	ja	82	3,9634	1,02373	,11305	,770
	nein	43	3,9070	1,01920	,15543	,770
Video/ Bewegtbild	ja	81	2,7160	1,10944	,12327	,261
	nein	44	2,9545	1,16048	,17495	,268
Twitter (Kurzmitteilungsdienste)	ja	81	2,9012	1,20005	,13334	,517
	nein	44	3,0455	1,16048	,17495	,514
Soziale Netzwerke (Facebook, Xing, Google+)	ja	82	2,0854	1,04470	,11537	,356
	nein	44	2,2727	1,14858	,17316	,371
Datenjournalismus/ Datenvisualisierung*	ja	59	2,4407	1,02168	,13301	,022
	nein	29	3,0345	1,29512	,24050	,036

Tabelle 58   Absolvierte Weiterbildungsangebote der Redakteure

Auf welche der folgenden Weiterbildungsangebote können Sie als Redakteur zurückgreifen?

Aussagen zur Weiterbildung	Häufigkeit	Anteile in %
Interne Workshops		
Ja	98	77,2
Nein	29	22,8
Gesamt	127	100,0
Exkursionen		
Ja	46	36,2
Nein	81	638
Gesamt	127	100,0
Infomaterialien / schriftliche Broschüren		
Ja	93	73,2
Nein	34	26,8
Gesamt	127	100,0
Interne Vorträge		
Ja	78	61,4
Nein	49	38,6
Gesamt	127	100,0
Externe Schulungen		
Ja	103	81,1
Nein	24	18,9
Gesamt	127	100,0
E-Learning		
Ja	26	20,5
Nein	101	79,5
Gesamt	127	100,0

Tabelle 59   Zusätzliche Weiterbildungsangebote

Können Sie als Redakteur noch auf weitere Weiterbildungsangebote zurückgreifen?

Aussagen zur Weiterbildung	Häufigkeit	Anteile in %
Ja, und zwar	24	18,9
nein	103	81,1
Gesamt	127	100,0

Tabelle 60   Institutionen der Weiterbildung

Haben Sie in den vergangenen drei Jahren eine Weiterbildung absolviert?

Nennungen	Häufigkeit
ABZV	2
Akademie der Bayer. Presse München; Akademie f. neue Medien Kulmbach	1
Akademie der Bayrischen Presse	2
Akademie für Führungskräfte	1
Akademie für Publizistik in Hamburg	4
Akademie für Publizistik, andere Verlage	1
Andreas Hermes Akademie in Bonn	1
BDZV	4
BDZV Neue Medien	1
Deutscher Presserat	2
Berlin Presse Seminar Führungstraining in Dreden	1
Betriebsinterne Seminare	1
Bildungsreise	2
Bildungsseminar Augsburg	1
Bildungswerk der hessischen Wirtschaft	1
bpb	6
Bundespresseamt	1
Bundeszentrale Bildung BDZV	1
Div. Kongresse, Inhouse Seminare, Softwareschulungen	1
div. va. BDZV/WAN-IFRA	3
Dresden	1
FH Aachen, BDZV	3
Friedrich-Ebert-Stiftung, München, interview Technik, 2 Fotoseminare im eigenen Haus	1
Führungsseminare	1
Hannover/Seminar „Qualitätsjournalismus" des Verlegerverbands	3
Hausintern	3
Hausintern mit externe Referenten	3

Nennungen	Häufigkeit
Ifra Seminare	5
Im Bereich Recht	3
In Dresden ABZV	1
In einem privaten Institut	1
Initiative Tageszeitung/IBB	3
Intern	3
Intern Technische Weiterbildung	1
Intern und Extern	5
Interne Weiterbildung	3
Internes Seminar	1
ITZ	2
ITZ / ABZV	2
keine	4
Keine Angabe	3
Kellogs Management	1
Kindermedienkonferenz der Bundeszentrale für politische Bildung; Lokales macht Schule (bpb)in Travemünde	2
Management Weiterbildung Bad Hermstein	1
Medienakademie	2
mehrere Veranstaltungen zum Thema Pflege, Seminare außer Haus	1
Personalentwicklung Axel Springer AG	3
Personalgespräche	1
Redaktion Intern und an der Volkshochschule	1
School of Media, Leipzig	2
Seminar Berlin	1
Seminar für Führungskräfte in Berlin, BDZV	3
Seminar in Blaubeuren	1
Seminar in Dortmund Universität	1
Sprachinstitut Frankfurt	3
Thema Führung extern	1
Überbetriebliche Ausbildungstädte	3
Universität	3
Verband deutsche Lokalismus. BPD. Interne Seminare	1
Gesamt	120

Tabelle 61 Gründe für die Beteiligung von Redaktionen an neuen
Finanzierungsstrategien

Warum sollten Redaktionen Ihrer Meinung nach bei neunen Finanzierungsstrategien beteiligt werden? (Auflistung der genannten Antworten)

Qualitätsstandards wahren / Lesernähe ausbauen / Recherche garantieren

Es geht um den Arbeitsplatz der Redakteure und der freien Mitarbeiter, Ausprägung redaktioneller Kostendisziplin

Alle Kreativität des Hauses ist gefragt. Und: Es betrifft jeden Einzelnen, schließlich geht es um unser Gehalt

aufgrund der Kenntnisse

Wahrung der redaktionelle Unabhängigkeit

damit Vorschläge mit einfließen können

Die Redaktion bringt inhaltliche Leistung mit

Die Struktur besteht schon

Erfordernis neuer, veränderter Vermarktungsformen und -strategien

Förderung der Redakteure

Es ist schon so

Es ist sinnvoll, wenn die Redaktionen beteiligt sind

Es steht Glaubwürdigkeit auf dem Spiel

Fingerspitzengefühl für unternehmerisches Denken

Größere Akzeptanz für Veränderungen

Gute Ideen zu diesem Thema haben häufig auch Redakteure. Man sollte sie nutzen.

Leser-Blatt-Bindung; mehr Einblick in Verlagsangelegenheiten

Man könnte auch Ideen mit einbringen

Neue Ideen

Red. Produkt + Contentmanagement

Redakteure haben gute Ideen und Visionen

Redakteure kennen ihr Produkt und ihre Kunden/Leser

Redaktionen sollten Unabhängig sein

Sachverstand über Wirkung von Medien/Nähe zum Leser

Sicherung von Arbeitsplätzen

sie liefern das Content = das wichtigste Angebot, das es für die Vermarktung gibt

Sie sind näher an den Leuten dran

Sie sollten beteiligt werden, weil die Redaktion durchaus einen journalistischen Beitrag leisten können, ohne dass eine Vermengung mit PR Inhalten vorkommt

Soweit es unmittelbar Folgen für den Workflow in der Redaktion oder Entscheidungsprozessen hat. Unabhängigkeit!

um bestmöglichste Konzepte zu erarbeiten

um das redaktionelle Potenzial zu nutzen

um die Kompetenz in der Redaktion zu nutzen

um die Probleme zu erkennen

um die redaktionelle Unabhängigkeit zu wahren

um die Unabhängigkeit zu wahren

um Unabhängigkeit und Transparenz zu gewähren

Umsetzung der Redakteure

Warum nicht? Ideen kann jeder einbringen.

wegen der Nähe zum Leser und der Erfahrung

weil auch eine Redaktion eine Verpflichtung hat. Sie sollten strategisch mitwirken.

weil dadurch auch die journalistische Arbeit tangiert wird (Glaubwürdigkeit...)

weil die Außenwirkung der Redaktionen sehr stark ist

Weil die Redakteure alltäglich mit der Zeitung/Technik/Leser/lokalen Struktur arbeiten

weil die Redaktion das liefert

weil die Redaktion ihre eigenen Produkte und Möglichkeiten kennt; weil die Redaktion neue
    Produkte umsetzen muss und sie deshalb mitgestalten sollte

weil die redaktionelle Arbeit daran hängt

weil die Redaktionen trotzdem die Leser anreizen und zumindest ein Mitspracherecht haben
    sollten

weil ein Medienhaus auch ein wirtschaftliches Unternehmen ist

Weil es auch hier viele Ideen für Geschäftsmodelle gibt und die Redaktiondie Bedürfnisse
    der Leser gut einschätzen kann

weil es eine gemeinschaftliche Aufgabe ist

weil es Etats, Personalstrukturen, inhaltliche Konzepte betrifft

weil es gute Ideen gibt und sie dazu beitragen können

weil es im journalistischen Bereich immer mehr um die Kreativität und den Multimedia-Be-
    reich geht. Sie können es besser bewerten, weil sie es als Erster sehen

weil es letztlich um die berufliche Existenz geht

weil es um die Sicherung unserer Arbeitsplätze geht und unsererseits möglw. wertvolle Ideen
    einfließen können

weil es um die Vermarktung der Inhalte geht, die von der Redaktion produziert werden

weil es viel Kreativität gibt und viele andere Möglichkeiten

weil finanzielles Wachstum nach unserer Erfahrung am schnellsten und umfassensten im
    Internet generiert werden kann

weil ich denke, dass das was man an neuen Ideen hat auch dort dann umsetzen kann

weil ich glaube, dass das was im Internet angeboten wird scheitern wird

weil im digitalen Zeitalter alle mehr zusammen arbeiten müssen

weil Journalisten auch kreativ sind und Ideen umsetzen

weil Journalisten Praxiserfahrung haben und gut beraten können

weil man letztendlich davon betroffen ist

weil Redakteure grundsätzlich mitentscheiden sollten

weil Redaktionen die Produktentwickler sind

weil Redaktionen entsprechend Reaktionen entwickeln können

weil Redaktionen schon einen Blick dafür haben und auch um auf die Trennung und Werbung hinzu weisen

Weil Redaktionen Teil des Zeitungshauses sind und über Änderungen im Verlag Bescheid wissen sollten

weil sich die Medienwelt verändert

weil sie Ahnung von Inhalten haben

weil sie crossmedial sind

weil sie das Fachwissen haben

weil Sie den Kontakt zum Markt haben und zu möglichen anderen Produkten

Weil sie ein großer Kostenfaktor sind und die Qualität der Zeitung wesentlich von der finanziellen Ausstattung der Red. abhängt

weil sie einfach nah dran sind

weil sie gute Ideen haben

weil sie insgesamt gute Ideen haben, gute Verbindungen und gute Vernetzung

weil sie Kompetenz mit einbringen können

Weil sie kreative Ideen beisteuern können

weil sie noch einen anderen Blick haben und frischen Wind mit hinein bringen

weil sie relativ nah dran und nicht so betriebsblind sind

weil sie selbst das Geld brauchen

weil sie sich langfristig vermarkten lassen

weil Sie zukunftsträchtige Modelle erstellen können

weil wir es am besten einschätzen können und nah am Leser sind

weil wir Inhalte verkaufen.

weil wir Teil des Geschäftsmodells sind und die ethischen Grenzen sehen sollten

Wenn es so etwas gäbe, wäre es gut

Wichtig ist, neue Geschäftsmodelle zu finden, um den Qualitätsjournalismus finanzieren zu können.

wir sind nah am Kunden. Sie sollten beteiligt sein, um journalistische Entwicklung einschätzen können

Zusammenarbeit mit Marketing, Anzeigen, Vertrieb- unter steter Wahrung der journalistischen Unabhängigkeit

Das sollte nicht die Aufgabe der Journalisten sein, dennoch sollten sie sich damit auseinandersetzen

Die Aufgabe der redaktion ist die Orientierung auf den Inhaltenutzer

Eine Trennung von Redaktion und Verlagseinheiten scheint nach wie vor geboten.

Es gibt zwar eine Kommunikation, aber der Journalismus steht im Vordergrund

Fehlende Kompetenz, nicht deren Aufgabe

Ich finde, es sind zu verschiedene Interessenlagen

Journalisten sind Journalisten

keine Angabe

Klare Aufgabentrennung Verlag und Redaktion

lieber mehr Journalismus als Kaufleute.

Redakteure sind keine Finanzexperten

Redaktionen stehen für journalistischen Inhalt, der Verlag für die wirtschaftliche Basis. Diese Trennung ist + bleibt bedeutsam.

Sie müssen sich ganz auf ihr Kerngeschäft konzentrieren: Sammeln, Recherchieren, Erklären, Schreiben

um die Trennung und Verlag aufrecht zu erhalten

um die Unabhängigkeit der Redaktion zu sichern

Unabhängigkeit der Redaktion vom Verlags- und Anzeigengeschäft

weil das dann sehr in die Vermischung geht

weil das ein Bereich ist, der nicht in den Journalismus gehört

weil das eine gewisse Abhängigkeit erzeugen wird

weil die Produzenten von Inhalten am Besten um den Wert „Ware" wissen und deshalb kreative Ideen mit entwickeln können.

weil die Redaktionen sich auf ihre Kernaufgaben konzentrieren sollen

weil die Suche nach Inhalten nicht ökonomisch gesteuert sein sollte. Dafür haben wir andere Experten

weil es Aufgabe des Verlages ist.

weil es für Finanzierungsstrategien eigene Experten gibt, eigene Berufsbilder. Jeder sollte das tun, was er am besten kann.

weil es von den eigentlichen Aufgaben ablenkt

weil ich glaube, dass die Unabhängigkeit der Redaktion gewahrt werden muss

weil man das strikt trennen sollte

weil Redaktion und Verlag streng getrennt werden sollen

weil sie Journalismus machen sollen

weil wir einen guten Verlag haben

weil wir unabhängig bleiben müssen

Wir sind keine Betriebswirte.

Tabelle 62 Clusteranalyse; 3-Clusterlösung
(Test von Mojena, standard. Fusionskoeff. = 2,290)

Gruppenwerte und Test auf Mittelwertunterschiede zwischen den Gruppen (Anova); rev = umgekehrte Polung der Originalvariable; aus methodischen Gründen wurden nicht alle Variablen in die Clusteranalyse aufgenommen, am Ende aber auf Mittelwertunterschiede mitgetestet.

		N	Mittel-wert	Min	Max
Alter*	1	35	45,2143	32,00	60,00
(p = .034)	2	22	46,8182	31,00	58,00
[Nicht in der Clusteranalyse	3	13	52,0000	36,00	64,00
enthalten]	Ges.	70	46,9786	31,00	64,00
Regionalität	1	35	1,6333	1,00	3,00
(p = .82)	2	22	1,8258	1,00	3,00
[Nicht in der Clusteranalyse	3	13	2,0769	1,00	3,00
enthalten]	Ges.	70	1,7762	1,00	3,00
Indexzahl 1 lokal bis 3 überregional					
Information & Vermittlung**	1	35	4,0762	1,00	5,00
(p = .007)	2	22	4,0379	2,00	5,00
Indexzahl 1 min. bis 5 max.	3	13	3,2308	2,00	5,00
	Ges.	70	3,9071	1,00	5,00
Service & Unterhaltung***	1	35	3,5762	2,00	4,00
(p = .000)	2	22	3,2197	1,00	4,00
Indexzahl 1 min. bis 4 max.	3	13	2,0769	,00	4,00
	Ges.	70	3,1857	,00	4,00
Kritik, Kontrolle & Engagement*	1	35	4,1571	1,00	5,00
(p = .010)	2	22	3,7197	1,00	5,00
Indexzahl 1 min. bis 5 max.	3	13	3,1538	1,00	5,00
	Ges.	70	3,8333	1,00	5,00
Arbeitszufriedenheit	1	35	4,2222	2,00	5,00
(p = .125)	2	22	4,0303	1,83	5,00
Indexzahl 1 min. bis 5 max.	3	13	4,4744	3,83	5,00
	Ges.	70	4,2087	1,83	5,00
Sorge um die Finanzierung des Verlags – rev.	1	35	2,7619	1,00	4,00
(p = .456)	2	22	2,4848	1,00	4,00
1 groß bis 5 keine	3	13	2,5385	2,00	4,00
	Ges.	70	2,6333	1,00	4,00
Krise-Normalität-Aufbruch**	1	34	2,3922	1,00	3,00
(p = .001)	2	22	1,7955	1,00	3,00
1 min. bis 3 max.	3	13	2,0769	1,00	3,00
	Ges.	69	2,1425	1,00	3,00

	N	Mittel-wert	Min	Max
Bedeutung Tageszeitung – rev.*	1	35	1,8857	1,00	3,00
(p = .009)	2	22	1,5530	1,00	2,00
1 unwichtiger bis 3 wichtiger	3	13	1,3846	1,00	3,00
	Ges.	70	1,6881	1,00	3,00
Bedeutung Journalismus – rev.*	1	35	2,4762	2,00	3,00
(p = .010)	2	22	2,3636	1,00	3,00
1 unwichtiger bis 3 wichtiger	3	13	2,8462	2,00	3,00
	Ges.	70	2,5095	1,00	3,00
Angst vor Laien – rev.	1	35	1,8476	1,00	2,00
(p = .139)	2	22	1,7955	1,00	2,00
1 eher ja bis 2 eher nein	3	13	2,0000	2,00	2,00
	Ges.	70	1,8595	1,00	2,00
Blogs – rev.**	1	35	2,7095	1,00	4,00
(p = .001)	2	22	1,8864	1,00	3,00
1 unwichtig bis 5 wichtig	3	13	2,1538	1,00	4,00
	Ges.	70	2,3476	1,00	4,00
Podcasts- rev. **	1	35	2,4286	1,00	4,00
(p = .002)	2	22	1,7652	1,00	4,00
1 unwichtig bis 5 wichtig	3	13	1,6154	1,00	3,00
	Ges.	70	2,0690	1,00	4,00
Bewegtbild –rev. ***	1	35	3,6952	2,33	5,00
(p = .000)	2	22	2,3864	1,00	4,00
1 unwichtig bis 5 wichtig	3	13	3,2308	1,00	5,00
	Ges.	70	3,1976	1,00	5,00
Twitter – rev. ***	1	35	3,3333	1,00	5,00
(p = .000)	2	22	2,4015	1,00	4,00
1 unwichtig bis 5 wichtig	3	13	3,5385	2,00	5,00
	Ges.	70	3,0786	1,00	5,00
Soziale Netzwerke***	1	35	4,1333	3,00	5,00
(p = .000)	2	22	3,2121	1,50	5,00
1 unwichtig bis 5 wichtig	3	13	4,0769	3,00	5,00
	Ges.	70	3,8333	1,50	5,00
Datenjournalismus	1	27	3,5309	1,00	5,00
(p = .434)	2	14	3,2381	2,00	4,33
[nicht in der Clusteranalyse enthalten]	3	3	3,0000	2,00	4,00
1 unwichtig bis 5 wichtig	Ges.	44	3,4015	1,00	5,00

		N	Mittel-wert	Min	Max
Mitwirkung Recherche – rev. ***	1	35	2,7619	1,50	4,00
(p = .000)	2	22	1,9318	1,00	4,00
1 sehr niedrig bis 5 sehr hoch	3	13	2,2308	1,00	3,00
	Ges.	70	2,4024	1,00	4,00
Mitwirkung Texten – rev. ***	1	35	2,2000	1,00	4,00
(p = .000)	2	22	1,4621	1,00	3,00
1 sehr niedrig bis 5 sehr hoch	3	13	1,5385	1,00	3,00
	Ges.	70	1,8452	1,00	4,00
Mitwirkung Redigieren – rev. **	1	35	1,4667	1,00	3,00
(p = .005)	2	22	1,0758	1,00	1,50
1 sehr niedrig bis 5 sehr hoch	3	13	1,0769	1,00	2,00
	Ges.	70	1,2714	1,00	3,00
Leserdistanz*	1	35	3,4190	2,67	4,33
(p = .009)	2	22	3,0152	2,00	3,50
1 weit weg bis 5 nah	3	13	3,4615	2,00	5,00
	v	70	3,3000	2,00	5,00
Weiterbildungspraxis***	1	35	4,0190	1,00	6,00
(p = .000)	2	22	3,2121	,00	6,00
Indexzahl 0 keine bis 7 hoch	3	13	1,8462	,00	4,00
	Ges.	70	3,3619	,00	6,00

Autoren

Stephan Weichert, Jg. 1973. Magisterstudium an den Universitäten Trier und Hamburg (Soziologie, Psychologie, Journalistik und Kommunikationswissenschaft). Nach dem Studium journalistische Tätigkeiten, u.a. für den *Tagesspiegel* und überregionale Tageszeitungen (u. a. *Süddeutsche Zeitung, NZZ, Der Freitag*). Ab 2005 Projektleiter an dem von Lutz Hachmeister gegründeten Institut für Medien- und Kommunikationspolitik mit Sitz in Berlin. 2006 Promotion zum Dr. phil. mit einer Arbeit über den „11. September im deutschen Fernsehen".  Seit 2008 Professur für Journalismus und Kommunikationswissenschaft an der Macromedia Hochschule für Medien und Kommunikation in Hamburg und Leiter des Bachelorstudiengangs. Seit 2012 Aufbau und wissenschaftliche Leitung des berufsbegleitenden Masterstudiengangs Digital Journalism an der Hamburg Media School (HMS). Seit 2014 Programmdirektor der Executive Education Journalism an der HMS. Forschungsaufenthalte u.a. an Graduate School of Journalism der Columbia University New York und am Tow-Knight Center for Entrepreneurial Journalism der City University of New York. Gründungsherausgeber des Debattenportals vocer.org, Direktor des *VOCER Innovation Medialab* und Gründungsmitglied des *Vereins für Medien- und Journalismuskritik e.V.*. Gemeinsam mit Martin Welker und Andreas Elter Mitherausgeber der 12-bändigen Lehrbuchreihe „Journalismus-Bibliothek – Basiswissen für die Medienpraxis" (Herbert von Halem Verlag). Forschung: Digitaler Qualitätsjournalismus, Medieninnovationen, Strukturwandel der Öffentlichkeit, Medienpolitik und politische Kommunikation, Terrorismus und Medien.

Leif Kramp, Jg. 1980. Magisterstudium an der Universität Hamburg (Journalistik und Kommunikationswissenschaft, Geschichte, Betriebswirtschaftslehre). Im und nach dem Studium Tätigkeit als freier
Kultur- und Medienjournalist für Nachrichtenagen-
turen, Tages- und Wochenzeitungen, Publikums-
und Fachzeitschriften sowie Online-Medien. 2010
Promotion zum Dr. phil. mit einer zweibändigen Arbeit zur Relevanz des Fernsehens für die gesellschaftliche Erinnerung und Strategien der Fernseherbe-
Verwaltung in Deutschland und Nordamerika. 2008-
2009 wissenschaftlicher Referent des Instituts für
Medien- und Kommunikationspolitik in Berlin,
wissenschaftliche Mitarbeit am Gutachten für den
Kommunikations- und Medienbericht der Bundes-

regierung am Hans-Bredow-Institut für Medienforschung in Hamburg, ab 2008
wissenschaftlicher Mitarbeiter und Lecturer an der Macromedia Hochschule für
Medien und Kommunikation in Hamburg. Seit März 2011 Forschungskoordinator
des Zentrums für Medien-, Kommunikations- und Informationsforschung an der
Universität Bremen. Forschungsaufenthalte u.a. in Los Angeles, New York, Chica-
go, Nashville, Toronto und London. Gründungsherausgeber des Debattenportals
vocer.org und Direktor des *VOCER Innovation Medialab*. Gründungsmitglied des
Vereins für Medien- und Journalismuskritik e.V. und der *Initiative Audiovisuelles
Erbe*. 2011-2012 Associate der *Stiftung Neue Verantwortung* im Projekt „Zukunft des
Journalismus". Seit 2011 Jurymitglied der *Initiative Nachrichtenaufklärung*. Autor
und Mitherausgeber von zahlreichen Fachbüchern zu den Themen Medien und
Journalismus. Forschung: Journalismusforschung, Transkulturelle Kommunika-
tionsforschung, Internationale Medienkulturen, Medieninnovationen, Medien- und
Kulturpolitik, Mediengeschichte und Media Heritage Management.

Martin Welker, Jg. 1963. Magisterstudium an der Universität Mannheim
(Politikwissenschaft, Anglistik, Philo-
sophie, Volkswirtschaftslehre). Nach
dem Studium Journalist, u. a. für die
Deutsche Presse Agentur. 2001 Promotion an der Universität Mannheim.
Projektleiter MFG Medienentwicklung
Baden-Württemberg. FH-Professor in
München, regionaler Studiengangleiter
für Journalistik. Vertretungsprofessor für Journalistik an der Universität Leipzig
und Habilitation. 2014/15 Vertretungsprofessor für Kommunikations- und Me-
dienwissenschaften an der TU Braunschweig. Mitherausgeber der Neuen Schriften
zur Online-Forschung und der „Journalismus-Bibliothek" (beide: Herbert von
Halem Verlag). Mitherausgeber der Open-Access Reihe der DGPuK Fachgruppe
Computervermittelte Kommunikation: „Digital Communication Research", DCR
(www.digitalcommunicationresearch.de). Forschungsgebiete: Innovationsprozesse,
Strukturwandel der Öffentlichkeit, Partizipation.

The manufacturer's authorised representative in the EU is Springer
Nature Customer Service Centre GmbH, Europaplatz 3, 69115 Heidelberg,
Germany. If you have any concerns regarding our products, please
contact ProductSafety@springernature.com

Printed and bound by CPI Group (UK) Ltd, Croydon, CR0 4YY
27/04/2026
02097610-0001